“十三五”国家重点出版物出版规划项目
高等教育网络空间安全规划教材

信息安全审计

朱建明　康海燕　宋　彪　编著

机械工业出版社

当前信息安全受到全社会的关注，信息安全技术日益重要。信息安全审计以信息安全管理领域的相关标准和规范等为依据，并基于一系列的控制体系，可以有效地控制信息安全风险，提高安全性。

本书重点介绍如何根据相关标准、法规进行合规性安全审计，以及如何对计算机信息系统中的所有网络资源（包括数据库、主机、操作系统、网络设备、安全设备等）进行安全审计，记录所有发生的事件，为系统管理员提供系统维护以及安全防范的依据。

本书可作为信息安全、网络空间安全、信息管理与信息系统以及其他信息技术类专业的教材，同时也可以作为从事 IT 审计、信息安全审计工作的专业人员的参考书。

本书配有授课电子课件，需要的教师可登录 www.cmpedu.com 免费注册，审核通过后下载，或联系编辑索取（微信：15910938545，电话：010-88379739）。

图书在版编目（CIP）数据

信息安全审计 / 朱建明，康海燕，宋彪编著. —北京：机械工业出版社，2021.6

“十三五”国家重点出版物出版规划项目 高等教育网络空间安全规划教材

ISBN 978-7-111-68360-5

Ⅰ. ①信… Ⅱ. ①朱… ②康… ③宋… Ⅲ. ①计算机网络-信息安全-审计-高等学校-教材 Ⅳ. ①F239.62

中国版本图书馆 CIP 数据核字（2021）第 099806 号

机械工业出版社（北京市百万庄大街 22 号 邮政编码 100037）
策划编辑：郝建伟 责任编辑：郝建伟 张翠翠 陈崇昱
责任校对：张艳霞 责任印制：李 昂
北京中科印刷有限公司印刷
2021 年 6 月第 1 版 · 第 1 次印刷
184mm×260mm · 12.25 印张 · 300 千字
0001－1500 册
标准书号：ISBN 978-7-111-68360-5
定价：59.00 元

电话服务
客服电话：010-88361066
010-88379833
010-68326294
封底无防伪标均为盗版

网络服务
机 工 官 网：www.cmpbook.com
机 工 官 博：weibo.com/cmp1952
金 书 网：www.golden-book.com
机工教育服务网：www.cmpedu.com

高等教育网络空间安全规划教材

编委会成员名单

前　　言

信息安全审计（Information Security Audit）是一个新的研究领域，也是由正处于发展中的信息技术、信息安全、法律与审计等专业形成的新的交叉学科。要保障组织的信息安全，不仅要有先进的信息安全技术和信息安全管理措施，还要有规范的信息技术应用环境和业务流程。信息安全审计是揭示信息安全风险的最佳手段，是改进信息安全现状的有效途径，更是满足信息安全合规要求的有力武器。

本书从信息安全审计的概念讲起，在介绍信息安全技术的基础上，从实体访问控制审计、数据中心和灾备机制审计、路由器和防火墙审计、Web 应用审计、数据库和云存储审计到信息系统审计，内容由浅入深，逐步介绍当前信息安全审计的主要理论与方法。最后，介绍了信息安全审计风险、标准与法规，以及信息安全审计流程。本书可作为信息安全、网络空间安全、信息管理与信息系统以及其他 IT 类专业的教材，同时也可以作为从事 IT 审计、信息安全审计工作的专业人员的参考书。本书建议授课学时为 48 学时，实验学时为 12 学时，并要求先修信息安全、管理信息系统等信息技术相关课程。

全书由朱建明、康海燕、宋彪编著。其中，朱建明负责全书的统稿并编写第 1 章，康海燕编写第 2、5、8、9 章，宋彪编写第 3、4、6、7、10 章。在本书的编写过程中，参考了国内外大量的有关信息安全审计、IT 审计方面的著作和教材，由于篇幅所限，未能一一列出，在此表示感谢。还要感谢参与本书材料搜集和校对的老师和同学们。

由于编者水平有限，书中难免存在不妥之处，欢迎读者提出宝贵意见。

编　者

目 录

第 1 章　信息安全审计概述

本章学习要点：

- ➢ 了解信息安全现状。
- ➢ 了解信息系统安全的基本要求。
- ➢ 了解信息安全审计的现状。
- ➢ 掌握信息安全审计的基本概念。

随着计算机网络应用水平的不断提高和企业信息化进程的加快，国民经济与社会活动之间的依赖关系不断加强。在日常工作和生活中，人们越来越依赖于信息系统，越来越多地通过信息系统管理企业的产、供、销、人、财、物，越来越多地使用计算机网络来传递敏感信息，如供应链管理、电子资金转移、商业数据交换等。但是，随着网络拓扑结构和应用复杂度的增加，其现有的安全机制的脆弱性也暴露无遗，针对网络基础设施的攻击屡有发生。这说明先进的信息技术一方面为信息资源的共享带来了极大的方便，另一方面也为攻击者开发更复杂、更难对付的攻击程序提供了更高级的技术手段。而且随着网络集成度和开放性的日益提高，一次入侵或故障所造成的影响更大，涉及面也更广。因此，提高信息系统的安全保障能力就显得更加重要了。

习近平总书记于 2014 年 2 月 27 日在中央网络安全和信息化领导小组第一次会议中指出“没有网络安全就没有国家安全，没有信息化就没有现代化”。我国的信息化是由不同层次的政府机构、不同类型的企事业单位的信息系统构成的，不同层次、不同组织的信息安全成为国家信息安全的重要组成部分。因此，每一个组织的信息安全将会影响国家的信息安全，需要加强各级各类组织的信息安全保障能力，这不仅要建立相应的信息安全体系，还要加强信息安全审计。

本章在分析信息安全现状的基础上，着重论述信息安全审计的必要性和现状，以及信息安全审计的基本概念。

1.1　信息安全现状分析

1.1.1　信息安全现状

习近平于 2014 年 2 月 27 日在中央网络安全和信息化领导小组第一次会议中指出“网络安全和信息化是一体之两翼、驱动之双轮，必须统一谋划、统一部署、统一推进、统一实施”，进一步明确了网络安全与信息化的关系。

2021 年 2 月 3 日，中国互联网络信息中心（CNNIC）发布的第 47 次《中国互联网络发展状况统计报告》指出，截至 2020 年 12 月，我国网民规模为 9.89 亿，较 2020 年 3 月增长 8540 万。互联网普及率达 70.4%。我国网络支付用户规模达 8.54 亿，占网民整体的 86.4%。由此可见，信息化的影响越来越大，同时信息安全也越来越重要。

在信息社会中，信息技术占主导地位，信息产业是主导产业，信息经济是其主要经济形态，信息资源变成重要经济资源，信息、知识和智力决定其发展力量。从一般意义上看，网络信息安全涉及物理安全、网络安全、数据安全、信息内容安全、信息网络基础设施安全以及公共与国家信息安全等多个方面，具有多维性、多因素、多层次和多目标的特点；在网络信息安全中，网络安全是基础，系统安全是关键，信息安全是核心，制度安全是保障。

在信息社会，如果没有各种信息的有效支持，没有信息安全作为保障，组织就不可能生存和发展。试想，如果不对信息加以妥善保护，那么一旦由于人员疏忽、跳槽、破坏，或竞争对手及商业间谍进行收买、盗窃、网络攻击，或者网络设备出现故障、系统存在缺陷和发生灾害（爆炸、雷击、火灾、地震）等原因，就有可能造成信息资产在一瞬间毁灭、消失、损坏或转移，那必然会给组织带来致命的打击。

例如，2018 年 10 月 24 日，国泰航空在港交所发布关于乘客资料外泄事件的公告称，国泰航空及子公司港龙航空有限公司约 940 万乘客资料泄露。被泄露资料包括乘客姓名、国籍、出生日期、电话号码、电子邮件地址、地址、护照号码、身份证号码、飞行常客计划的会员号码、顾客服务备注及过往的飞行记录资料。

那么，为什么会产生如此严重的信息安全问题？信息安全的威胁来自哪里？概括起来有以下三方面的原因。

1）信息技术自身的缺陷与信息系统的复杂性是造成信息安全问题的内因。

一方面，信息技术日新月异，由于人们认识能力和实践能力的局限性，新技术还处于不断发展和完善的过程中，存在缺陷不可避免。另一方面，信息技术所面临的问题日趋复杂，信息系统的规模越来越大，并且越来越复杂，例如，像 Windows 7 这样的操作系统约有超过 5000 万行的代码，而中等规模的信息系统也有 100 万行以上的代码。特别是近年来大数据、人工智能、区块链等新技术的应用进一步加剧了技术的复杂性。尽管在信息系统开发方面，人们已经积累了丰富的经验，提出了许多理论与方法，但是至今仍然无法证明信息系统的正确性和安全性，而只能用测试的方法尽可能多地找出存在的错误。因此，从信息技术自身的缺陷和信息系统的复杂性来看，信息安全问题不可避免，这是产生信息安全问题的内因。

例如，2019 年 5 月 14 日，微软发布了 5 月安全更新补丁，其中修复了远程桌面协议（RDP）远程代码执行漏洞，即 Microsoft 远程桌面服务远程代码执行漏洞（CNVD-2019-14264）。攻击者利用该漏洞，可在未授权的情况下向目标 Windows 主机发送恶意构造请求，可以在目标系统上执行任意代码。由于该漏洞存在于 RDP 的预身份验证阶段，因此利用该漏洞无须进行用户交互操作。该漏洞存在被不法分子利用以进行蠕虫攻击的可能。

2）信息系统所处理的数据涉及的机密和隐私越来越多，信息安全要求也越来越高。

随着互联网应用的普及，政府、企业和个人的相关数据都由信息系统来处理，其中涉及国家机密、商业秘密和个人隐私，这些信息具有重要价值，对犯罪分子具有极大的吸引力。特别是移动互联网的普及，使得网络无处不在，用户可以 24 小时随时在线，信息安全问题更加突出。信息系统面临的信息安全威胁如表 1.1 所示，具有不同目的的攻击者是造成信息系统安全问题的外因。

表 1.1　信息系统面临的安全威胁

威胁分类	攻击者	攻击行为描述
国家安全威胁	信息战士	主动攻击重要目标，制造混乱
	情报机构	搜集政治、军事、经济信息
共同威胁	恐怖分子	破坏公共秩序，制造混乱
	商业间谍	获取商业机密，占据竞争优势
	犯罪团伙	进行报复，以实现经济目的
局部威胁	社会型黑客	通过恐吓、挑衅，获取金钱和声望
	娱乐型黑客	不以经济利益为目的，喜欢挑战

3）互联网增加了信息安全技术与管理的难度。

当今的信息系统已经不再是孤立的系统，而是与 Internet 相连、高度集成的信息系统。而 Internet 具有国际化、社会化、开放化、个人化的特点。

① 国际化。信息系统的攻击不仅来自本地网络用户，也可以来自 Internet 上的任何一个终端。

② 社会化。全球信息化飞速发展，信息系统已经成为国家的关键基础设施，诸如电子政务、电子商务、社会网络等，社会对互联网的依赖日益增强。

③ 开放化。网络技术是全开放的，任何个人和组织都可以接入互联网。开放性和资源共享是互联网的特点和优势，同时也是网络安全问题的根源。

④ 个人化。随着网络应用的深入，人类生活越来越离不开网络，人们可以自由地访问网络，不仅可以通过网络获取信息，同时也可以通过互联网发布信息。网络中的每一个用户不仅是信息的接收者，同时也是信息的发布者。网络的个人化使得网络应用面临着来自网络的多种安全威胁。

例如，2018 年 10 月 15 日，美国安全厂商 Cyren 披露，有数千名冰岛民众在一周前收到了网络钓鱼邮件。这一攻击行动始于 2018 年 10 月 6 日，黑客以所入侵的账号注册了 www.logregian.is 网域名称，与冰岛警方的官网 www.logreglan.is 只差了一个字母，并在邮件中威胁使用者若不遵守规定可能会遭到逮捕，随后提供伪造网站的链接。当使用者造访假冒的警方网站时，会被要求输入社会安全码，输入之后，该网站竟然能够验证使用者的身份，从而弹出使用者的姓名，还要求使用者输入邮件中所附的验证码以再次验证。至此使用者几乎已不再怀疑，很容易就会听从网页上的指示，下载一个具有密码保护的.rar 文件，输入网页上所提供的密码，解压缩后则会出现一个 Yfirvold.exe 执行文件，这是兼具键盘侧录（按键监听）功能的远端存取木马，执行后会开始搜集存放于浏览器中的机密数据并侧录键盘，再将资料上传至黑客设于德国与荷兰的远端服务器。冰岛警方已认定这是冰岛迄今所出现的最大的网络攻击行动，也已确认许多收件人都已沦为受害者，并根据电子邮件及网站所使用的文字，以及黑客所拥有的冰岛民众资料，推测出这是内贼所为。

1.1.2 信息系统面临的主要安全威胁

一个组织的信息系统面临的主要安全威胁可以概况为以下 4 类：

第一，信息泄露。指信息被泄露或透露给某个非授权的个人或组织。这种威胁主要来自窃听、搭线或其他更加复杂的信息探测攻击。

第二，完整性破坏。指数据的一致性通过非授权的增删、修改或破坏而遭到损坏。

第三，拒绝服务。指对信息或其他资源的合法访问被无条件地阻止。例如，攻击者通过对系统进行非法的、根本无法成功的访问尝试而产生过量的负载，从而导致系统资源耗尽，无法接收合法用户的访问请求。

第四，非法使用。指某一资源被某个非授权的人或以某一非授权的方式使用。例如，侵入某个计算机系统的攻击者会利用这一系统作为盗用系统服务的基点，或者作为入侵其他系统的出发点。

在安全威胁中，主要的可实现威胁是人们需要面对的真正威胁。在互联网环境下，主要的可实现威胁有非授权访问，伪装，篡改信息，重放、重路由、错误路由、删除消息，网络泛洪（Flooding）等。这些威胁中的任何一种都可能直接导致基本威胁的实现。

（1）非授权访问

非授权访问指入侵者能够访问未授权的资源或收集有关信息。对限制资源的非授权访问有两种方式：一种是入侵者突破安全防线，访问资源；另一种是入侵者盗用合法用户授权，以合法用户身份进行非法访问。入侵者可以查看、删除或修改机密信息，造成信息泄露、完整性破坏和非法使用。

（2）伪装

伪装指入侵者能够伪装成其他实体或授权用户对机密信息进行访问，或者伪装成服务器以接收合法用户的信息。例如，在无线局域网中，攻击者可用一个大功率的“基站”覆盖真正的基站，使移动设备与之相连，接收用户信息。黑客大多采用伪装或假冒等方式来实施攻击。

（3）篡改信息

当非授权用户访问系统资源时，在有些情况下会篡改信息，从而破坏信息的完整性。

（4）重放、重路由、错误路由、删除消息

重放攻击是指攻击者将复制的有效的消息事后重新发送或重用以访问某种资源。重路由攻击指攻击者改变消息路由以便捕获有关信息。错误路由攻击能够将消息路由到错误的目的地，而删除消息是指攻击者在消息到达目的地前将其删除，使接收者无法收到消息。

（5）网络泛洪

当入侵者发送大量假的或无关的消息时会发生网络泛洪，使系统忙于处理这些伪造的消息而耗尽资源，进而无法为合法用户提供服务。

1.2 信息安全目标与主要安全业务

1.2.1 信息安全的目标

在企业信息化过程中，企业的经营管理活动通过信息系统进行。企业信息无论是在计算机上存储、处理，还是在通信网络上传输，都可能面临安全威胁。这些安全威胁包括机密信息被非授权者访问而导致泄密，信息被篡改、破坏而导致不完整，信息的发送者事后否认等。这些威胁可能是有意的，如黑客攻击、病毒破坏；也可能是无意的，如操作失误、程序错误等。

信息安全的目标就是保证信息的机密性、完整性、可用性、认证和不可否认性。

（1）机密性

机密性（Confidentiality）指保护信息不能泄露给那些未经授权掌握这一信息的实体。为此，必须防止信息经过传输通道被泄露出去，即使数据泄露也要使攻击者从某个数据项中推出敏感信息会十分困难，或者攻击者想要通过观察网络的业务流来获得敏感信息也会十分困难。这里的“十分困难”是指理论上不可能，实现上代价很大。

（2）完整性

完整性（Integrity）就是指确保数据的价值和存在性没有改变。改变数据的价值是指对数据进行修改和重新排序，而改变数据的存在性则意味着新增或删除数据。完整性服务能够对付新增或修改数据的企图，但未必能够对付复制或删除数据。

（3）可用性

可用性（Availability）指虽然存在可能的突发事件，如供电中断、自然灾害、事故或攻击等，但用户依然可以得到基本服务，系统仍然能够处于基本正常的运行状态，保证系统中机密数据的安全性。

（4）认证

认证（Authentication）指提供关于某个人或某事物身份的保证，是一种最重要的安全服务，其他安全服务在某种程度上都依赖于认证。口令是一种提供认证服务的基本方法。认证分为实体认证和数据来源认证。实体认证只确认实体本身的身份，数据来源认证可确认某个指定的数据项是否来自于某个特定的实体。认证对电子商务在线交易和电子政务在线服务起着关键作用，是实现在线服务的基础。

（5）不可否认性

不可否认性（Non-repudiation）指保护用户免遭来自系统中其他合法用户的威胁。这种服务可用于任何一种能够影响两方或多方的事件，特别是在发生纠纷的时候作为一种证据。《中华人民共和国电子签名法》已由中华人民共和国第十届全国人民代表大会常务委员会第十一次会议于 2004 年 8 月 28 日通过，自 2005 年 4 月 1 日起施行。该法的实施为不可否认性的确定奠定了法律基础。

（6）隐私保护

隐私（Privacy）保护是指对企业或个人敏感的数据进行保护的措施。每个企业或个人都享有控制或影响其相关信息被收集和存储，以及这些信息可被何人或对何人披露的权利。

1.2.2 主要安全业务

在网络通信中，主要的安全防护措施称为安全业务或安全服务。有 5 种通用的安全业务：

1）认证：提供某个实体的身份保证或信息来源的确认。

2）访问控制：保护资源以防止其被非法使用和操纵。

3）保密：保护信息不被泄露或暴露给非授权的实体。

4）数据完整性：保护数据以防止未经授权的增删、修改或替换。

5）不可否认：防止参与某次信息交换的一方事后否认本次交换曾经发生过。

在具体环境下，可根据安全策略决定采用哪些安全业务。

1.3 信息系统安全设计

企业信息系统对企业高效运营和快速发展起着非常重要的作用，但是如果网络崩溃、系统瘫痪，将会造成无法弥补的重大损失。为此，企业信息管理部门承受着巨大的压力，保证网络和信息系统安全、可靠、高效地运行成为企业信息管理部门的关键任务。要保障信息系统安全，必须掌握相关的信息安全技术。

信息系统安全设计要贯穿信息系统的整个生命周期，具体内容包括按安全级别对信息资产分类、识别影响信息系统安全的风险事件、评估风险事件发生的概率及其影响、设计信息安全机制、制定风险事件的安全应对策略等。

1.3.1 信息系统设计

1954 年，美国通用公司采用计算机计算工资，揭开了信息技术在企业经营管理中运用的序幕。随着信息技术的不断发展，信息系统经历了由单机到网络，由低级到高级，由电子数据处理系统（EDPS）、管理信息系统（MIS）到企业资源计划（ERP）、决策支持系统（DSS）以及商务智能（BI）系统的发展过程。

尽管不同国家的信息化起点不同，信息化的路径也不可能完全一样，但是信息系统建设的规律有相似之处。今天，信息系统已经普及，并且已经成为企业管理的基础。与此同时，随着信息技术的发展，面临的新问题也越来越多且越来越复杂，需要开发的新系统也越来越多。特别是随着 Internet 和电子商务与电子政务的发展，信息系统的运行环境变得复杂多变，不同组织的信息系统必须协作，任何一个信息系统不再是孤立的，而是与许多不同的信息系统相连，构成系统的系统（System of Systems，SoS）。现有的信息系统必须能够适应这种环境的变化，如多种信息系统整合的挑战、关键信息系统之间的连接等。信息系统建设进入了一个新的发展阶段。

在信息系统建设的众多方法中，基于系统生命周期的一类方法较早形成并得到广泛应用。任何系统均有其产生、发展、成熟、消亡或更新换代的过程，这个过程称为系统的生命周期（Life Cycle）。系统生命周期的概念对于复杂系统的建设具有重要的指导意义。

信息系统建设是一项长期、艰巨的任务，从用户提出要求到系统建成，存在着一系列相互联系的工作环节。每个环节工作的好坏都直接影响相关环节，进而影响整个系统建设的质量与运行效果。因此，正确认识系统的发展规律，合理划分系统建设的工作阶段，了解不同发展阶段的特点和相互关系，才能设计出满足用户需求的、安全的信息系统。

1. 信息系统的生命周期

尽管近年来又涌现出了信息系统建设的很多新思想、新观点和新方法，但生命周期法所提供的思路、逻辑、技能、工具与工作规范，仍然是当前分析和处理信息系统建设中各类实际问题的重要基础。生命周期法将整个系统的建设过程分解成若干阶段，并对每个阶段的目标、活动、工作内容、工作方法及各阶段之间的关系做出了具体规定。信息系统的生命周期可以分为系统规划、系统开发、系统运行与维护、系统更新 4 个阶段。

（1）系统规划阶段

在信息系统的生命周期中，系统规划是决定系统开发成功的关键。其主要工作内容包括对组织的环境、目标及现行系统的状况进行初步调查，根据组织目标和发展战略确定信息系统的发展战略，对建设新系统的需求做出分析和预测，同时考虑建设新系统所受的各种约束，研究建设新系统的必要性和可能性。系统规划是系统开发的基础和依据。

（2）系统开发阶段

系统开发阶段是信息系统建设中最重要也是工作任务最繁重的阶段。这一阶段的主要任务是根据系统规划阶段确定的拟建系统总体方案和开发项目的安排，分期分批进行系统开发。每一个项目的开发工作一般包括整个系统的一个或几个子系统的建立。从项目开发开始到结束的整个过程，称为系统开发的生命周期，一般包括以下 3 个阶段。

1）系统分析。这一阶段的主要任务是明确用户的信息需求，提出新系统的逻辑方案。该阶段进行的工作有系统的初步调查、可行性研究、现行系统的详细调查及新系统逻辑模型的提出等。

2）系统设计。这一阶段的主要任务是根据新系统的逻辑方案设计出新系统的物理模型。该阶段的主要工作包括总体方案设计、软件总体结构设计、输出设计、输入设计、处理过程设计和数据存储设计等。

3）系统实施。这一阶段的主要任务是将设计的系统付诸实施。主要工作有软件的程序编制，计算机软硬件设备的购置，系统的安装、调试与测试，新旧系统的转换等。

（3）系统运行与维护阶段

系统运行与维护阶段是信息系统建设中历时最久的阶段。这一阶段的主要任务是完成每个系统开发项目投入正常运行后的管理、维护和评价工作。科学地组织与管理是系统正常运行、充分发挥其效益的必要条件，而及时、完善地维护系统是系统正常运行的基本保证。

（4）系统更新阶段

系统更新阶段是信息系统建设中新旧系统并存的阶段。当前组织所处的环境在不断变化，组织的目标、战略和信息需求也必须与环境的变化相适应，而信息系统的维护工作只限于通过小范围内的局部调整来适应变化不很显著的情况。当现有的整个系统或系统的某些部分已经不能通过维护来适应环境和用户信息需求的变化时，或者用维护的方法在原有系统上进行调整已不经济时，整个系统或系统的某些部分就要被淘汰，现有系统进入更新阶段，新系统的建设工作也将随之开始。

2．信息系统的开发方式

信息系统的开发方式主要有自主开发方式、委托开发方式、合作开发方式、购买现有软件方式。这 4 种开发方式各有优缺点，需要根据企业的技术力量、资金情况、外部环境等各种因素进行综合考虑和选择。但是，不论哪一种开发方式，都需要为信息安全审计留下文档和审计线索。

表 1.2 对上述 4 种开发方式从分析设计能力的要求、编程能力的要求、系统维护难易程度、开发费用等方面进行了比较。

表 1.2　信息系统 4 种开发方式的比较

特点	开发方式			
	自主开发	委托开发	合作开发	购买现有软件
分析设计能力的要求	较高	一般	逐渐培养	较低
编程能力的要求	较高	不需要	需要	较低
系统维护难易程度	容易	较困难	较容易	较困难
开发费用	少	多	较少	较少
开发时间	较长	较短	一般	短
人才培养情况	好	较差	较好	较差
说明	需要强有力的领导，最好向专业人士或公司咨询	必须配备精通业务的人员，需要经常监督、检查和协调	合作双方的沟通非常重要，要及时达成共识	要有鉴别与校验软件包功能及适应条件的能力，需要编制接口软件

1.3.2　信息系统的安全保护等级

公安部于 2007 年发布了《信息安全等级保护管理办法》（以下简称《办法》），进一步规范了信息安全等级保护的相关规定。《办法》指出：信息安全等级保护（简称等保），是指对国家秘密信息，公民、法人和其他组织的专有信息以及公开信息，存储、传输、处理这些信息的信息系统分等级实行安全保护，对信息系统中使用的信息安全产品实行按等级管理，对信息系统中发生的信息安全事件分等级响应、处置。

信息系统的安全保护等级应当根据信息和信息系统在国家安全、经济建设、社会生活中的重要程度，信息和信息系统遭到破坏后对国家安全、社会秩序、公共利益以及对公民、法人和其他组织的合法权益的危害程度，信息和信息系统应当达到的基本的安全保护水平等因素确定。

《办法》将信息系统的安全保护等级分为 5 级：

1）第一级，信息系统受到破坏后，会对公民、法人和其他组织的合法权益造成损害，但不损害国家安全、社会秩序和公共利益。

2）第二级，信息系统受到破坏后，会对公民、法人和其他组织的合法权益产生严重损害，或者对社会秩序和公共利益造成损害，但不损害国家安全。

3）第三级，信息系统受到破坏后，会对社会秩序和公共利益造成严重损害，或者对国家安全造成损害。

4）第四级，信息系统受到破坏后，会对社会秩序和公共利益造成特别严重损害，或者对国家安全造成严重损害。

5）第五级，信息系统受到破坏后，会对国家安全造成特别严重损害。

在信息系统开发过程中，要正确划分信息系统的安全保护等级，采取相应的安全措施。《办法》要求信息系统运营、使用单位及个人要依据本办法和相关技术标准对信息系统进行保护，国家有关信息安全职能部门对其信息安全等级保护工作进行监督管理。

《办法》要求信息系统的运营、使用单位应当根据已确定的安全保护等级，依照本办法和有关技术标准，使用符合国家有关规定的满足信息系统安全保护等级需求的信息技术产品进行信息系统建设。信息系统建设完成后，其运营、使用单位应当依据本办法选择具有国家相关技术资质和安全资质的测评单位，按照技术标准进行安全测评，符合要求的，方可投入使用。因此，要将信息安全的相关要求贯穿于信息系统的整个生命周期。

2019 年 5 月，为适应新技术的发展，解决云计算、物联网、移动互联网和工控领域信息系统的等级保护工作的需要，国家市场监督管理总局正式发布《信息安全技术 网络安全等级保护基本要求（GB/T 22239—2019）》《信息安全技术 网络安全等级保护测评要求（GB/T 28448—2019）》，标志着信息安全等级保护正式进入 2.0 时代，并于 2019 年 12 月 1 日开始实施。

从等保 1.0 到等保 2.0，安全防护的范围从原有的信息系统扩展到整个网络空间，涵盖了云计算平台、大数据、物联网、移动互联网等多个系统平台和工控安全等。除了等保 1.0 要求的定级、备案、建设整改、等级评测与监督检查这五个规定动作之外，等保 2.0 还增加了风险评估、安全监测、通报预警、态势感知等新的安全要求。

1.3.3 信息系统安全风险的分析与控制

本小节根据中华人民共和国国家标准 GB/T 20984—2007《信息安全技术 信息安全风险评估规范》对信息系统安全风险进行分析，并提出控制风险的方法。

1．信息安全风险管理概述

信息安全风险管理包括对象确立、风险评估、风险处理、审核批准、监控审查和沟通咨询 6 个方面的内容。对象确立、风险评估、风险处理和审核批准是信息安全风险管理的 4 个基本步骤，“监控审查”和“沟通咨询”则贯穿于这 4 个基本步骤中，如图 1.1 所示。

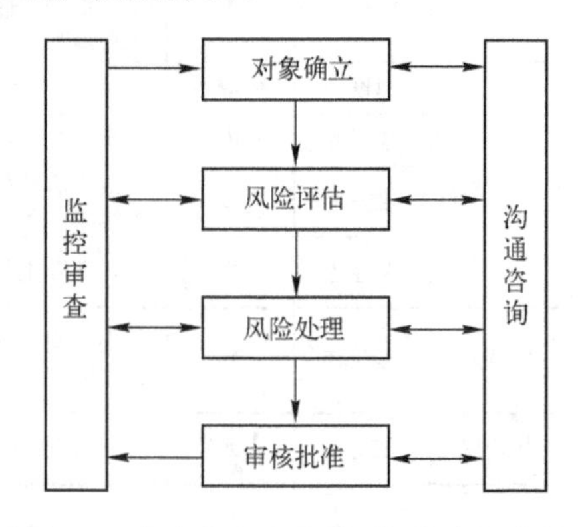

图 1.1 信息安全风险管理的内容和流程

第 1 步是对象确立，根据要保护系统的业务目标和特性确定风险管理对象。

第 2 步是风险评估，针对确立的风险管理对象所面临的风险进行识别、分析和评价。

第 3 步是风险处理，依据风险评估的结果选择和实施合适的安全措施。

第 4 步是审核批准，包括审核和批准两部分。审核是指通过审查、测试、评审等手段，检验风险评估和风险处理的结果是否满足信息系统的安全要求；批准是指机构的决策层依据审核的结果，做出是否认可的决定。

当受保护系统的业务目标和特性发生变化或面临新的风险时，需要再次进入上述 4 个步骤，形成新一次的循环。因此，对象确立、风险评估、风险处理和审核批准构成了一个螺旋式上升的循环，使得受保护系统在自身和环境的变化中能够不断应对新的安全需求和风险。

“监控审查”对上述 4 个步骤进行监控和审查。监控是监视和控制，一是监视和控制风险管理过程，即过程质量管理，以保证上述过程的有效性；二是分析和平衡成本效益，即成本效益管理，以保证上述 4 个步骤的成本有效性。审查是跟踪受保护系统自身或所处环境的变化，以保证上述 4 个步骤的结果有效性。“监控审查”依据对当前步骤的监控和审查结果，控制上述 4 个步骤的主循环，形成许多局部循环。也就是说，在当前步骤的“监控审查”结果通过时，进入下一个步骤，否则继续当前步骤或退到前面的适当步骤。由此，保证主循环中各步骤的有效性。

“沟通咨询”为前 4 个步骤中的相关人员提供沟通和咨询。沟通是为上述过程的参与人员提供交流途径，以保持协调一致，共同实现安全目标。咨询则是为上述过程的所有相关人员提供学习途径，以提高他们的风险意识和知识，配合实现安全目标。

信息安全风险管理是基于风险的信息系统安全管理。因此，信息安全风险管理涉及的人员，既包括信息安全风险管理的直接参与人员，也包括信息系统的相关人员。表 1.3 对信息安全风险管理相关人员的角色和责任进行了归纳和分类。

表 1.3　信息安全风险管理相关人员的角色和责任

<table>
<tr><th rowspan="2">层面</th><th colspan="3">信息系统</th><th colspan="3">信息安全风险管理</th></tr>
<tr><th>角色</th><th>内外部</th><th>责任</th><th>角色</th><th>内外部</th><th>责任</th></tr>
<tr><td>决策层</td><td>主管者</td><td>内</td><td>负责信息系统的重大决策</td><td>主管者</td><td>内</td><td>负责信息安全风险管理的重大决策</td></tr>
<tr><td>管理层</td><td>管理者</td><td>内</td><td>负责信息系统的规划，以及建设、运行、维护和监控等方面的组织和协调</td><td>管理者</td><td>内</td><td>负责信息安全风险管理的规划，以及实施和监控过程中的组织和协调</td></tr>
<tr><td rowspan="4">执行层</td><td>建设者</td><td>内或外</td><td>负责信息系统的设计和实施</td><td rowspan="3">执行者</td><td rowspan="3">内或外</td><td rowspan="3">负责信息安全风险管理的实施</td></tr>
<tr><td>运行者</td><td>内</td><td>负责信息系统的日常运行和操作</td></tr>
<tr><td>维护者</td><td>内或外</td><td>负责信息系统的日常维护，包括维修和升级</td></tr>
<tr><td>监控者</td><td>内</td><td>负责信息系统的监视和控制</td><td>监控者</td><td>内</td><td>负责信息安全风险管理过程、成本和结果的监视及控制</td></tr>
<tr><td>支持层</td><td>专业者</td><td>外</td><td>为信息系统提供专业咨询、培训、诊断和工具等服务</td><td>专业者</td><td>外</td><td>为信息安全风险管理提供专业咨询、培训、诊断和工具等服务</td></tr>
<tr><td>用户层</td><td>使用者</td><td>内或外</td><td>利用信息系统完成自身的任务</td><td>受益者</td><td>内或外</td><td>反馈信息安全风险管理的效果</td></tr>
</table>

2．信息系统安全风险分析与控制的实施

信息安全风险管理要依靠风险评估的结果来确定随后的风险处理和审核批准活动。风险评估使得机构能够准确“定位”风险管理的策略、实践和工具，能够将安全活动的重点放在重要的问题上，能够选择成本效益合理的且适用的安全对策。

风险评估的过程包括风险评估准备、风险因素识别、风险程度分析和风险等级评价 4

个阶段。在信息安全风险管理过程中，接收对象确立的输出，为风险处理提供输入，监控审查和沟通咨询贯穿风险评估的 4 个阶段，如图 1.2 所示。

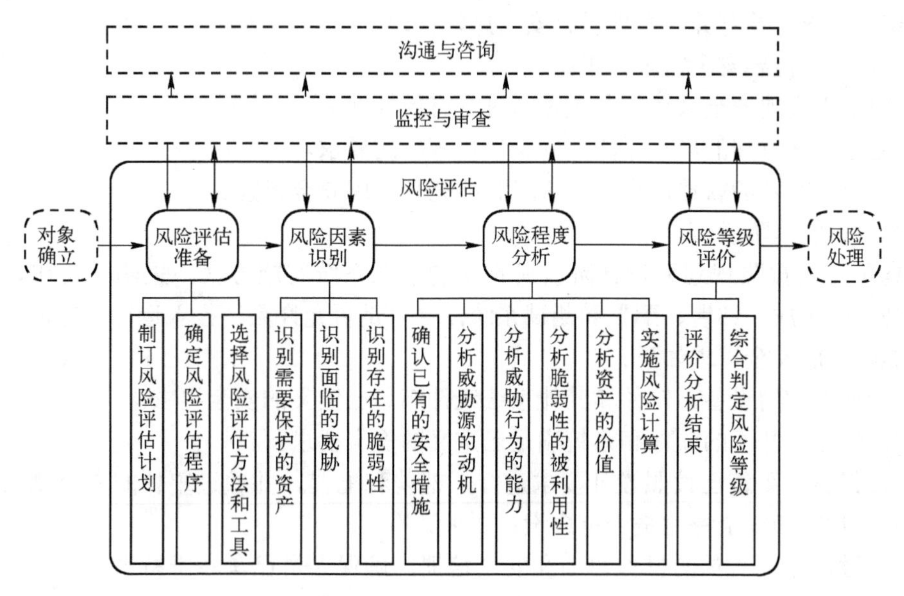

图 1.2　风险评估过程及其在信息安全风险管理中的位置

表 1.4 汇总了对象确立过程中各阶段的监控与审查内容。

表 1.4　对象确立过程中各阶段的监控与审查内容

阶　段	监　控		审　查
	过程有效性	成本有效性	结果有效性
风险管理准备	风险管理计划制订的流程及其相关文档	风险管理计划的成本与效果	《风险管理计划书》的时效
信息系统调查	信息系统调查的流程及其相关文档	信息系统调查的成本与效果	《信息系统的描述报告》的时效
信息系统分析	信息系统分析的流程及其相关文档	信息系统分析的成本与效果	《信息系统的分析报告》的时效
信息安全分析	信息系统安全要求分析的流程及其相关文档	信息系统安全要求分析的成本与效果	《信息系统的安全要求报告》的时效

按照信息系统的建设过程，落实安全风险分析与控制措施分以下 5 个方面进行。

（1）系统规划阶段

在该阶段，风险管理者应能清楚、准确地描述机构的安全总体方针、安全策略、风险管理范围、当前正在进行的或计划将要执行的风险管理活动以及当前的特殊安全要求等。为了保证该阶段风险管理目标的实现，需要使用《信息技术 安全技术 信息安全风险管理》（GB/T 31722—2015）标准提供的方法，首先确定管理对象，然后通过恰当的风险评估方法来发现安全风险，并对这些风险采取适当的处理手段进行合理处理，以保证其达到机构核查批准的要求，使风险处于可接受的风险范围内。

（2）系统设计阶段

该阶段依据系统规划阶段输出的总体方案来设计信息系统的实现结构（包括功能划

分、接口协议和性能指标等）和实施方案（包括实现技术、设备选型和系统集成等）。此时，在技术的选择、配置、管理等众多环节均容易引入安全风险，因此对关键环节应提出必要的安全要求，并有针对性地进行安全风险管理。

设计阶段的主要安全需求如下：

① 对用于实现安全系统的各类技术进行有效性评估。

② 用于实施方案的产品需满足安全保护等级的要求。

③ 对自主开发的软件，在设计阶段就要充分考虑安全风险。

（3）系统实施阶段

实施阶段是按照规划和设计阶段所定义的信息系统实施方案，采购设备和软件，开发定制功能，集成、部署、配置和测试系统，并对是否允许系统投入运行进行审核批准。

实施阶段的安全需求如下：

① 确保采购的设备、软件和其他系统组件满足已定义的安全要求。

② 确保定制开发的软件和系统满足已定义的安全要求。

③ 确保整个系统已按照设计要求进行了部署和配置，并通过整体的安全测试来验证系统的安全功能和安全特性是否符合设计要求。

④ 通过对相关人员的操作培训和安全培训，确保人员已具备维持系统安全功能和安全特性的能力。

⑤ 通过对系统投入运行前的审核批准，确保信息系统的使用已得到授权。

在实施阶段，风险管理的主要目标是确保上述安全需求得到实现。

（4）运行维护阶段

该阶段是在信息系统经过授权并投入运行之后，通过风险管理的相关过程和活动，确保信息系统在运行过程中或其运行环境发生变化时维持系统的正常运行和安全性。

运行维护阶段的安全需求如下：

① 在电子政务系统未发生更改的情况下维持系统的正常运行，进行日常的安全操作及安全管理。

② 在系统及其运行环境发生变化的情况下进行风险评估，并针对风险制定处理措施。

③ 定期进行风险再评估工作，维持系统的持续安全。

④ 定期进行系统的重新审批工作，确保系统授权的时间有效性。

在运行维护阶段，风险管理的主要目标是确保上述安全需求得到实现。

（5）系统废弃阶段

该阶段是对信息系统的过时或无用部分进行报废处理的过程。在废弃阶段，风险管理的目标是确保信息、硬件和软件在执行废弃的过程中能够被安全废弃，防止系统的安全目标遭到破坏。这一点对于信息系统非常重要。

这一阶段主要的风险管理活动是对系统废弃的风险评估和风险处理。

系统废弃阶段涉及信息、硬件和软件的安全处置，应防止将敏感信息泄露给外部人员。系统废弃的风险管理活动包括废弃对象的确定，对废弃对象的风险评估，对废弃对象及废弃过程的风险处理。同时，在上述过程中通过监控审查、沟通咨询来确保本阶段风险管理目标的实现。

1.4 信息安全事件、审计及审计案例

1.4.1 信息安全事件

1. 信息安全事件分类

近年来，信息安全事件屡有发生，图 1.3 所示为近年来发生的企业信息安全事件。

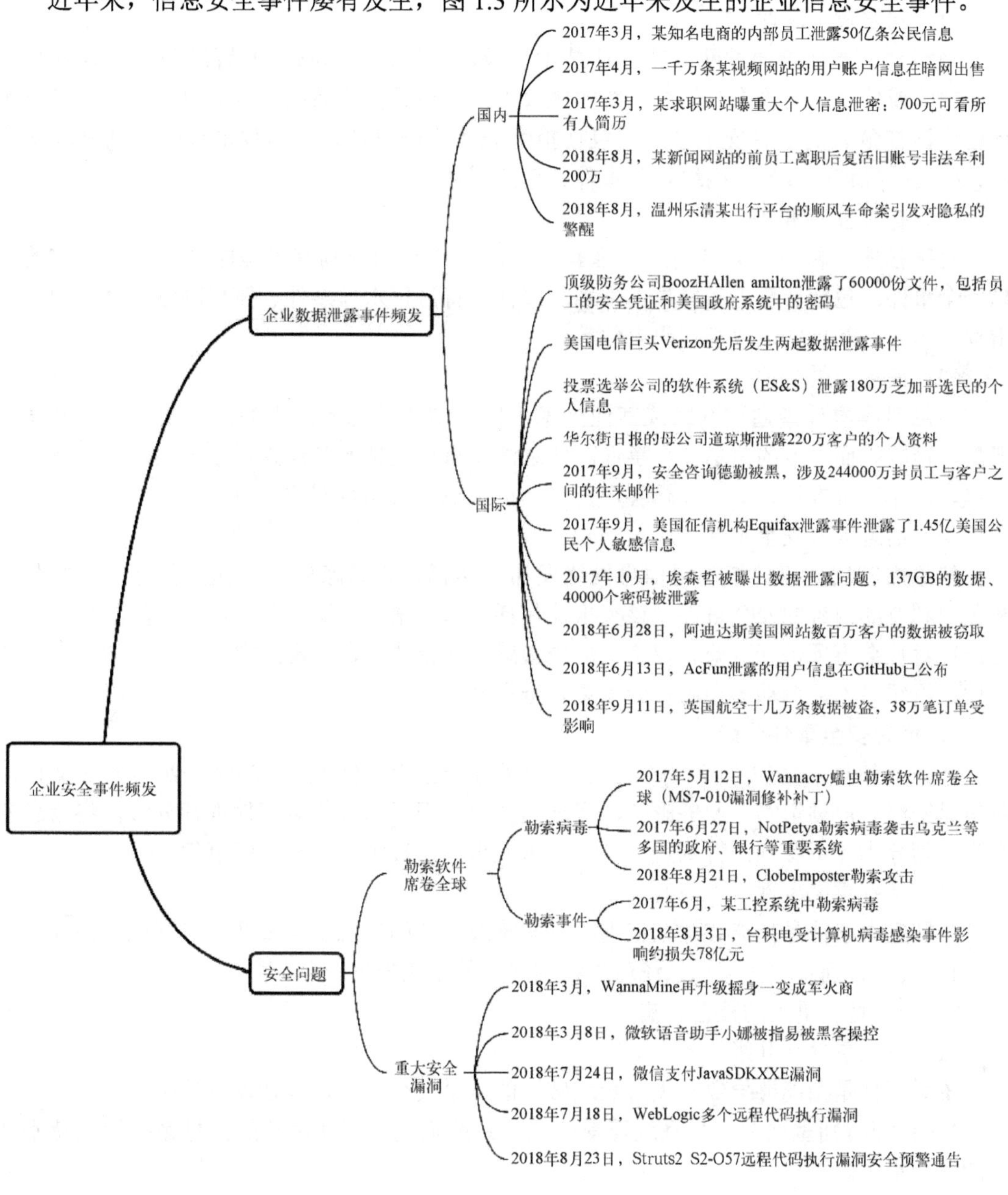

图 1.3　企业信息安全事件

从图 1.3 可以看出，企业信息安全事件与个人、企业和国家密切相关，这些事件引起了全社会的关注。依据《中华人民共和国网络安全法》《信息安全技术 信息安全应急响应计划规范》（GB/T 24363—2009)、《信息安全技术 信息安全风险评估规范》（GB/T 20984—2007)、《信息安全技术 信息安全事件分类分级指南》（GB/Z 20986—2007）等多个文件，根据信息安全事件发生的原因、表现形式等，将信息安全事件分为网络攻击事件、有害程序事件、信息泄露事件和信息内容安全事件四大类。

（1）网络攻击事件

网络攻击事件指通过网络或其他技术手段，利用信息系统的配置缺陷、协议缺陷、程序缺陷或使用暴力攻击对信息系统实施攻击，并造成信息系统异常或对信息系统当前运行造成潜在危害的信息安全事件，包括拒绝服务攻击事件、后门攻击事件、漏洞攻击事件、网络扫描窃听事件、网络钓鱼事件、干扰事件等。

（2）有害程序事件

有害程序事件指蓄意制造、传播有害程序，或是因受到有害程序的影响而导致的信息安全事件，包括计算机病毒事件、蠕虫事件、特洛伊木马事件、僵尸网络事件、混合攻击程序事件、网页内嵌恶意代码事件等。

（3）信息泄露事件

信息泄露事件指通过网络或其他技术手段，造成信息系统中的信息被篡改、假冒、泄露、窃取等而导致的信息安全事件。信息泄露事件包括专利泄露、系统主动监控及异常查单、产品竞价推销、员工泄露客户资料、员工泄露公司合同等。

（4）信息内容安全事件

信息内容安全事件指利用信息网络发布、传播危害国家安全、社会稳定、公共利益和公司利益的内容的安全事件。该类事件包括：违反法律、法规和公司规定的信息安全事件；针对社会事项进行讨论、评论，形成敏感的舆论热点，出现一定规模炒作的信息安全事件；组织串连、煽动集会游行的信息安全事件。

2. 信息安全事件分级

依据《信息安全技术 信息安全事件分类分级指南》（GB/Z 20986—2007）等文件，从信息密级、声誉影响、业务影响、资产损失等方面对信息安全事件进行分级。将信息安全事件划分为 4 个级别：特别重大事件、重大事件、较大事件和一般事件。

（1）特别重大事件（Ⅰ级）

特别重大事件是指能够导致特别严重影响或破坏的信息安全事件，包括以下情况：

1）会使特别重要的信息系统遭受特别严重的系统损失。

2）产生特别重大的社会影响。

（2）重大事件（Ⅱ级）

重大事件是指能够导致严重影响或破坏的信息安全事件，包括以下情况：

1）会使特别重要的信息系统遭受严重的系统损失，或使重要的信息系统遭受特别严重的系统损失。

2）产生重大的社会影响。

（3）较大事件（Ⅲ级）

较大事件是指能够导致较严重影响或破坏的信息安全事件，包括以下情况：

1）会使特别重要的信息系统遭受较大的系统损失，或使重要的信息系统遭受严重的系统损失，使一般信息系统遭受特别严重的系统损失。

2）产生较大的社会影响。

（4）一般事件（Ⅳ级）

一般事件是指不满足以上条件的信息安全事件，包括以下情况：

1）会使特别重要的信息系统遭受较小的系统损失，或使重要的信息系统遭受较大的系统损失，使一般信息系统遭受严重或严重以下级别的系统损失。

2）产生一般的社会影响。

1.4.2 信息安全审计

什么是信息安全审计（Information Security Audit）？目前还没有统一的定义。

百度百科中将信息安全审计定义为：根据预先确定的审计依据（信息安全法规、标准及用户自己的规章制度等），在规定的审计范围内，通过文件审核、记录检查、技术测试、现场访谈等活动，获得审计证据，并对其进行客观的评价，以确定被审计对象满足审计依据的程度。信息安全审计在使组织掌握其信息安全是否满足安全合规性要求的同时，也可以帮助组织全面了解和掌握其信息安全工作的有效性、充分性和适宜性。

信息安全审计与 IT 审计、信息系统审计在内容上有重合。2013 年，中国内部审计协会发布《中国内部审计准则（第 2203 号内部审计具体准则——信息系统审计）》，其中第二十条规定的“内部审计人员应当关注组织的信息安全管理政策，物理访问及针对网络、操作系统、数据库、应用系统的身份认证和逻辑访问管理机制，系统设置的职责分离控制等”，包含了部分信息安全审计的内容。

每个信息系统在建设和运行过程中，都应该接受相关的安全审计，以确保系统的安全策略和安全标准得到落实。虽然很多国际规范以及国内对重要网络的安全规定中都将安全审计放在重要的位置，但是目前大部分的安全审计还只是停留在审查“日志记录”上。如果仅仅靠日志功能就能满足安全审计的需求，那么目前绝大部分的操作系统、网络设备、网管系统都有不同程度的日志功能，也就是说大多数的网络系统都满足安全审计的需求。但实际上，这些日志并不能从根本上保障系统的安全，而且也无法满足事后侦察和取证的要求。安全审计并非日志功能的简单改进，也并不等同于入侵检测。

企业信息系统中需要重点进行安全审计的主要内容如下。

1）网络通信系统。主要包括对网络流量中典型协议的分析、识别、判断和记录，对 Telnet、HTTP、E-mail、FTP、文件共享等的入侵检测；还包括流量监测以及对异常流量的识别、报警，对网络设备运行的监测等。

2）重要服务器主机操作系统。主要包括对系统启动、运行情况，管理员登录、操作情况，系统配置更改（如注册表、配置文件、用户系统等）以及病毒或蠕虫感染，资源消耗情况的审计；对硬盘、CPU、内存、网络负载、进程、操作系统安全日志、系统内部事件、重要文件访问等的审计。

3）重要服务器主机应用平台软件。主要包括对重要应用平台进程的运行、Web

Server、Mail Server、Lotus、Exchange Server、中间件系统等的审计。

4）重要数据库操作的审计。主要包括对数据库进程运转情况、绕过应用软件直接操作数据库的违规访问行为、对数据库配置的更改、数据备份操作和其他维护管理操作、对重要数据的访问和更改、数据完整性等的审计。

5）重要应用系统的审计。主要包括对办公自动化系统、公文流转和操作、网页完整性、相关政务业务系统等的审计。其中，相关政务业务系统包括业务系统正常运转情况，用户开设、中止等重要操作，授权更改操作，数据提交、处理、访问、发布操作以及业务流程等内容。

6）重要网络区域的客户机。主要包括对病毒感染情况，通过网络进行的文件共享操作，文件复制、打印操作，通过调制解调器（Modem）擅自连接外网情况，非业务异常软件的安装和运行等的审计。

总之，在信息系统安全中，安全管理与安全技术同样重要。在安全管理中，安全审计是其中最重要的一个环节。在企业信息化过程中，要有相应的安全管理机构具体落实信息系统安全策略，开展安全宣传、安全培训、安全检查和处理等工作。建立应急技术处理专业队伍，根据安全策略和安全要求定期对系统开展风险评估分析、安全性评估等工作，对紧急情况进行应急处理。

1.4.3　网上银行审计案例

当前，网上银行已经成为网络支付的重要平台，其安全性至关重要，网上银行信息安全审计是保障网上支付安全的重要手段。

网上银行审计的内容主要包括以下几个方面：

1）各种交易的账务处理是否准确。

2）资产是否能够满足业务需求。

3）是否能够对业务需求的变化及时做出响应，以支持公司的战略目标。

4）系统是否可靠，是否能够为用户提供持续的服务。

5）系统是否安全，是否能够抵御病毒、木马以及黑客的攻击。

6）系统是否保密，敏感信息是否会被非法访问。

7）IT 投资是否合理，是否得到应有的回报。

8）交易和处理方式是否符合相关的法律法规。

9）怎样才可以做得更好。

审计从 3 个方面进行：

1）组织业务及操作层面的管理，由组织的一线业务部门负责。职责是识别和管理信息系统固有风险，并对风险实施有效的控制措施。

2）风险的专职管理，由组织的风险管理部门和 IT 部门负责。职责是建立风险管理框架，实施独立的风险评估、计量、监测和报告，确保风险管理政策及措施有效执行，将风险控制在可接受水平。

3）对网络安全独立地监督评价，即审计，由组织的审计监督部门负责。职责是对风险管理的相关控制、流程和系统进行独立审阅和检查，促进 1）和 2）方面的内容积极履职，进一步揭示风险，为防线提供改进建议。

1.5 本章小结

随着政府部门、金融机构、企事业单位、商业组织等对信息系统依赖程度的日益增强，信息安全问题受到普遍关注。本章对当前信息安全的现状进行了详细分析，指出造成信息安全问题的主要原因。在此基础上，从信息系统安全设计的角度介绍了信息安全等级保护的要求和信息系统安全设计的基本方法，分析了信息系统安全风险识别与控制的基本方法。最后，介绍了信息安全审计的基本概念和现状。

习题 1

1．你认为信息安全面临的挑战有哪些？请举例说明。

2．在工作和生活中，你所用到的安全技术有哪些？

3．通过网络检索，确定当前主要的防火墙产品有哪些？并比较其性能。

4．漏洞扫描是保证系统和网络安全必不可少的手段，查询相关资料，学习远程安全扫描器 Nessus 的使用方法。

5．运用所学的信息安全理论与技术，检查你使用过的某一信息系统的安全机制，并列出你认为不安全的因素。

第 2 章　信息安全技术

本章学习要点：

- 了解密码学。
- 了解网络安全技术。
- 理解信息系统安全的威胁。

案例：2011 年 12 月，多家网站的用户数据库被曝光在网络上，由于部分密码以明文方式显示，因此导致大量网民受到隐私泄露的威胁。最早牵涉的这一事件为 CSDN 的安全系统遭到黑客攻击，600 万用户的登录名、密码及邮箱遭到泄露。

网络安全专家表示，一些网站安全系数低，被黑客入侵服务器，盗取了包含用户的用户名和密码的数据库。若使用加密机制，则信息就不会直接暴露给非授权的实体或进程，从而实现信息的保密性。一些互联网公司缺乏安全意识，对于数据安全和系统安全认识不够。互联网数据大规模被泄露，这个问题已经存在很长时间，长久以来，整个信息系统都存在着问题。

请思考：在信息安全中密码处于何种地位？是否存在对安全审计的忽视？

2.1　密码学

2.1.1　密码学基础

1．密码学历史

石刻或史书中的记载表明，许多古代文明，包括埃及人、希伯来人、亚述人都在实践中逐步发明了密码系统。从某种意义上说，战争是科学技术进步的催化剂。人类自从有了战争，就面临着通信安全的需求，密码技术源远流长。

古代加密方法大约起源于公元前 400 年，斯巴达人发明了“斯巴达密码棒”，即把长条纸螺旋形地斜绕在一个多棱棒上，沿棒的水平方向从左到右书写文字，写一个字旋转一下，写完一行再另起一行从左到右写，直到写完。解下来后，纸条上的文字消息杂乱无章、无法理解，这就是密文，但将它绕在另一个同等尺寸的棒子上后，就能看到原始的消息。这是最早的密码技术，如图 2.1 所示。

我国古代也有以藏头诗、藏尾诗、漏格诗及绘画等的形式，将要表达的真正意思或“密语”隐藏在诗文或画卷中特定位置的记载，一般人只注意诗或画的表面意境，而不会注意或很难发现隐藏其中的“话外之音”。

密码学的发展历史大致可划分为 3 个阶段。

（1）第一阶段（古代到 1949 年）

这一时期可看作科学密码学的前夜时期，这段时期的密码技术可以说是一种艺术，而不是一门科学。密码学专家常常凭直觉和信念来进行密码设计和分析，而不是推理证明。

这个阶段使用的一些密码体制称为古典密码体制，大多数都比较简单，而且容易破译，但这些密码的设计原理和分析方法对于理解、设计和分析现代密码是有帮助的。这一阶段的密码主要应用于军事、政治和外交。

最早的古典密码体制主要有单表代换密码体制和多表代换密码体制。这是古典密码的两种重要体制，曾被广泛地使用过，但是在现代计算机技术条件下都是不安全的。自 1925 年开始的十年里，德国军队大约装备了 30000 台 ENIGMA（英格码）密码机，使德国在第二次世界大战（以下简称“二战”）初期具有了可靠的加密系统，如图 2.2 所示。在第二次世界大战后，英国政府发表的两份关于第二次世界大战的文件表明，以著名科学家图灵为代表的英国密码专家破译了德军的“英格码”密码算法，帮助盟军制服了德国潜艇，从而直接影响了战争的结果。密码机开始被重视。

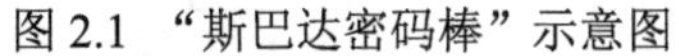

图 2.1 “斯巴达密码棒”示意图

图 2.2 ENIGMA 密码机

（2）第二阶段（1949—1975 年）

1949 年，香农发表的《保密系统的信息理论》一文为对称密码系统建立了理论基础，从此密码学成为一门科学。

20 世纪 60 年代以来，计算机和通信系统的普及带动了个人对数字信息保护及各种安全服务的需求。IBM 在 1977 年的研究成果被采纳并成为加密非分类信息的美国联邦信息处理标准，即数据加密标准（DES），DES 至今依然是世界范围内许多金融机构进行安全电子商务的标准手段，是迄今为止世界上最为广泛使用的一种分组密码算法。

然而，随着计算机硬件的发展及计算能力的提高，DES 已经不再安全。美国国家标准技术研究所（NIST）现在已经启用了新的加密标准——AES。

以上这两个阶段所使用的密码体制都称为对称加密体制，因为这些体制中，加密密钥和解密密钥都是相同的。

（3）第三阶段（1976 年至今）

密码学历史上最突出的发展标志乃是 1976 年 Diffie 和 Hellman 发表的《密码学的新方向》一文。他们首次证明了在发送端和接收端进行无密钥传输的保密通信是可能的，从而开创了非对称密码学的新纪元。这篇论文引入了非对称密码学的革命性概念，并提供了一种密钥交换的创造性的方法，其安全性基于离散对数问题的困难性。

1978 年，由 Rivest、Shamir 和 Adleman 3 人提出了第一个比较完善的、实际的非对称加密及签名方案，这就是著名的 RSA 方案。另一类强大而实用的公钥方案在 1985 年由 ElGamal 得到，称作 ElGamal 方案。这个方案在密码协议中有着大量的应用，它的安全性是基于离散对数问题的。这些非对称密码体制都是计算上安全的，而不是无条件安全的。而且相对于对称密码体制，非对称密码体制的运行速度较慢。

非对称密码学所提供的最重要的贡献之一是数字签名。数字签名的应用非常广泛。目前来说，除了 RSA、ElGamal 等非对称体制，还有其他的非对称体制提出，如基于格的 NTRU 体制、基于多元多项式方程组的 HFE 体制等。

密码学发展的第三个阶段是密码学最活跃的阶段，不仅有许多的非对称算法提出，同时对称密钥技术也在飞速地向前发展，而且密码学应用的重点也转到与人们息息相关的问题上。随着信息和网络的迅速发展，相信密码学还会有更多、更新的应用。

2. 密码学的基本概念

密码学是研究密码编制、密码破译和密钥管理的一门综合性应用科学。图 2.3 所示为密码学的传统模型。发送方要传递消息（明文）给接收方，发送方使用事先和接收方约定好的方法（或将密钥通过安全通道发送），用加密密钥加密消息。当接收方接收到加过密的消息（密文）后，使用解密密钥将密文解密成明文。

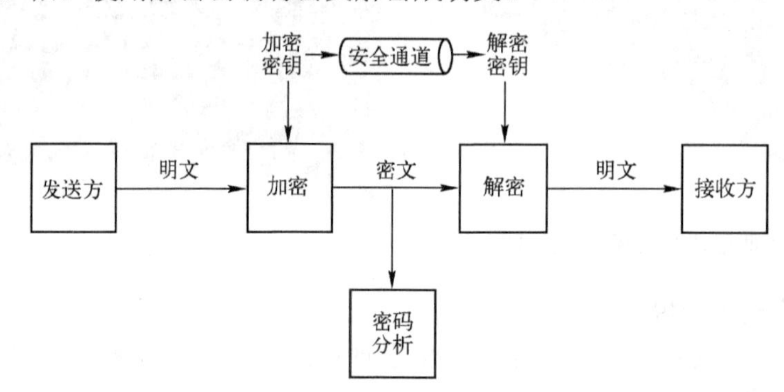

图 2.3　密码学的传统模型

（1）专业术语

密钥（Key）：加密和解密算法通常是在一组密钥（Key）的控制下进行的，分别称为加密密钥和解密密钥。

明文：没有进行加密，能够直接代表原文含义的信息，通常用 m 表示。

密文：经过加密处理之后，隐藏原文含义的信息，通常用 c 表示。

加密（Encryption）：将明文转换成密文的实施过程。

解密（Decryption）：将密文转换成明文的实施过程。

加/解密算法：密码系统采用的加密方法和解密方法，对明文进行加密时采取的一组规则称作加密算法，密文的接收方对密文进行解密时采取的一组规则称为解密算法。

（2）基本功能

数据加密的基本思想是通过变换信息的表示形式来伪装需要保护的敏感信息，使非授权者不能了解被保护信息的内容。网络安全使用密码学来辅助完成传递敏感信息的相关问题，主要包括：

1）机密性（Confidentiality）：仅有发送方和指定的接收方能够理解传输的报文内容。窃听者可以截取到加密了的报文，但不能还原出原来的信息，即不能得到报文内容。

2）鉴别（Authentication）：发送方和接收方都应该能证实通信过程所涉及的另一方，通信的另一方确实具有其所声称的身份。即第三者不能冒充通信的对方，能对对方的身份进行鉴别。

3）报文完整性（Message Integrity）：即使发送方和接收方可以互相鉴别，也需要确保其通信的内容在传输过程中未被改变。

4）不可否认性（Non-repudiation）：接收方在收到通信对方的报文后，还要证实报文确实来自所宣称的发送方，发送方也不能在发送报文以后否认自己发送过报文。

2.1.2 密码学主要技术

密码学的主要技术包括古典密码、对称密码、非对称密码、散列密码、数字签名密码分析学等。

1. 古典密码

古典密码编码方法归根结底主要有两种，即置换和代换。

置换密码是一种通过一定规则改变字符串中字符的顺序从而实现加密的密码算法。常见的是将明文字符串按照 n 个一行形成矩阵，然后按列读出，矩阵的列数（n）和按列读出的顺序便是密钥。

这里以字符串“hello-my-cipher”为例来演示加密过程：

选择密钥，这里使用“4213”作为密钥。该密钥共 4 位，表示中间结果的矩阵共 4 列，4213 表示按照第四列、第二列、第一列、第三列的顺序读出并形成密文列。

生成中间结果矩阵（最后一行不够 4 个，则用明文中不包含的固定字符填充，这里使用‘@’）：

h e l l
o - m y
- c i p
H e r @

按照密钥所示的列顺序读出：lyp@e-ceho-hlmir，至此加密完成。解密过程即按照密钥所示的长度顺序恢复出矩阵，再按行读取。

代换密码则是将明文中的字符替代成其他字符。

（1）单表代换密码

这里以凯撒密码为例来演示加密过程。

凯撒密码的替换方法是排列明文字母表和密文字母表，密文字母表是通过将明文字母表向左或向右移动一个固定数目的位置来得到的。

例如，当偏移量是左移 3 的时候（解密时的密钥就是 3）：

明文字母表：A B C D E F G H I J K L M N O P Q R S T U V W X Y Z。

密文字母表：D E F G H I J K L M N O P Q R S T U V W X Y Z A B C。

使用时，加密者查找明文字母表中需要加密消息中的每一个字母的所在位置，并且写下密文字母表中对应的字母。需要解密的人则根据事先已知的密钥反过来操作，得到原来的明文。例如：

明文：THE QUICK BROWN FOX JUMPS OVER THE LAZY DOG。

密文：WKH TXLFN EURZQ IRA MXPSV RYHU WKH ODCB GRJ。

（2）多表代换密码

单表代换密码的安全性不高，一个原因是一个明文字母只由一个密文字母代替，可以利用频率分析来破译。故产生了更为安全的多表代换密码，即构造多个密文字母表，在密钥的控制下用一系列代换表依次对明文消息的字母序列进行代换。

这里以 Playfair 密码为例。

Playfair 密码是把明文中的双字母音节作为一个单元进行两两代换。Playfair 算法基于一个由密钥词组成的 5×5 字母矩阵（字母 I 和 J 当作一个字母）。选择好密钥词后，首先将密钥词从左到右、从上至下填在矩阵格子中，再将剩余字母按字母顺序依次填满格子。

如密钥 crazy dog，可编制成如下矩阵：

C	D	F	M	T
R	O	H	N	U
A	G	I (J)	P	V
Z	B	K	Q	W
Y	E	L	S	X

然后整理明文。将明文的每两个字母组成一对。如果成对后有两个相同字母紧挨着或最后一个字母是单个的，就插入一个字母 X（或者 Q）。

例如，communist，应整理为 co,mx,mu,ni,st。

最后编写密文。对明文加密的规则如下：

1）若 p1、p2 在同一行，对应密文 c1、c2 分别是紧靠 p1、p2 右端的字母。其中第一列被看作是最后一列的右方。例如，按照前表，ct 对应 dc；

2）若 p1、p2 在同一列，对应密文 c1、c2 分别是紧靠 p1、p2 下方的字母。其中第一行被看作是最后一行的下方。

3）若 p1、p2 不在同一行，不在同一列，则 c1、c2 是由 p1、p2 确定的矩形的其他两角的字母。例如，按照前表，wh 对应 ku 或 uk。

例如依照上表，明文“where there is life, there is hope.”可先整理为 WH ER ET HE RE IS LI FE TH ER EI SH OP EX，然后密文为 KU YO XD OL OY PL FK DL FU YO LG LN NG LY，然后几个字母一组排列。

例如，5 个一组就是 KUYOX DOLOY PLFKD LFUYO LGLNN GLY。

Playfair 解密算法首先将密钥填写在一个 5×5 的矩阵中（去 Q 留 Z），矩阵中其他未用到的字母按顺序填在矩阵剩余位置中，根据替换矩阵由密文得到明文。

对密文解密的规则如下：

1）若 c1、c2 在同一行，对应明文 p1、p2 分别是紧靠 c1、c2 左端的字母。其中最后一列被看作是第一列的左方。

2）若 c1、c2 在同一列，对应明文 p1、p2 分别是紧靠 c1、c2 上方的字母。其中最后一行被看作是第一行的上方。

3）若 c1、c2 不在同一行，不在同一列，则 p1、p2 是由 c1、c2 确定的矩形的其他两角的字母。

2．对称密码

采用单密钥密码系统的加密方法，同一个密钥可以同时用作信息的加密和解密，这种加密方法称为对称密码，也称为单密钥密码。对称密码是需要对加密和解密使用相同密钥的加密算法。由于其速度快，因此对称性密码通常在消息发送方需要加密大量数据时使用。在对称密码算法中，常用的算法有 DES、3DES、TDEA、Blowfish、RC2、RC4、RC5、IDEA、SKIPJACK、AES 等。

下面举个例子来简要说明对称密码的工作过程。甲和乙是一对生意搭档，他们住在不同的城市。由于生意上的需要，他们经常会相互之间邮寄重要的货物。为了保证货物的安全，他们商定制作一个保险盒，将物品放入其中。他们打造了两把相同的钥匙分别保管，以便在收到包裹时用这个钥匙打开保险盒，以及在邮寄货物前用这把钥匙锁上保险盒。上面是一个将重要资源安全传递到目的地的传统方式，只要甲、乙小心保管好钥匙，那么就算有人得到保险盒，也无法打开。

这个思想被用到了现代计算机通信的信息加密中。在对称密码中，数据发送方将明文（原始数据）和加密密钥一起经过特殊加密算法处理后，使其变成复杂的加密密文发送出去。接收方收到密文后，若想解读原文，则需要使用加密密钥及相同算法的逆算法对密文进行解密，才能使其恢复成可读明文。在对称密码算法中，使用的密钥只有一个，发收信双方都使用这个密钥对数据进行加密和解密。对称密码的原理如图 2.4 所示。

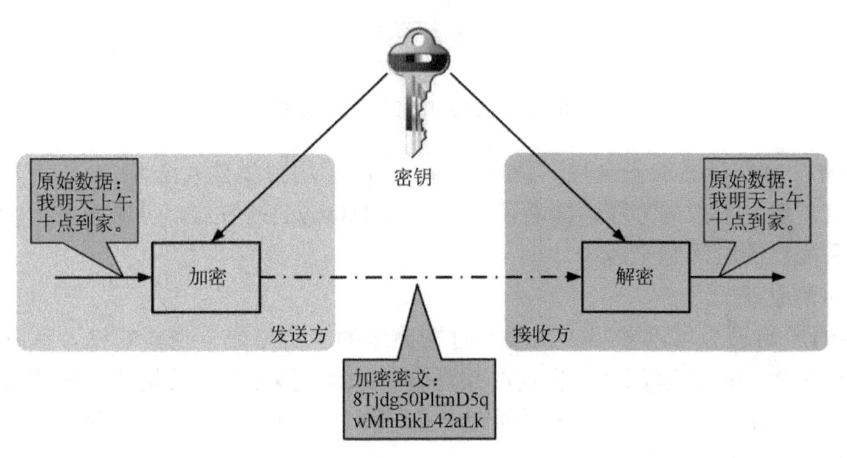

图 2.4　对称密码原理图

加密的安全性取决于加密算法本身，然而密钥管理的安全性也很重要。因为加密和解密都使用同一个密钥，如何把密钥安全地传递到解密者手上就成了必须要解决的问题。

DES（Data Encryption Standard，数据加密标准）是一种使用密钥加密的块算法，1977 年被美国联邦政府的国家标准局确定为联邦资料处理标准（FIPS），并授权在非密级政府通信中使用，之后该算法在国际上广泛流传开来。

DES 设计中使用了分组密码设计的两个原则，即混淆（Confusion）和扩散（Diffusion），其目的是抗击敌手对密码系统的统计分析。

DES 算法的入口参数有 3 个：Key、Data、Mode。其中，Key 为 7 个字节共 56 位，是 DES 算法的工作密钥；Data 为 8 个字节共 64 位，是要被加密或被解密的数据；Mode 为 DES 的工作方式，有两种：加密或解密。图 2.5 所示为 DES 加密算法原理图，具体实现方式此处不进行详述。

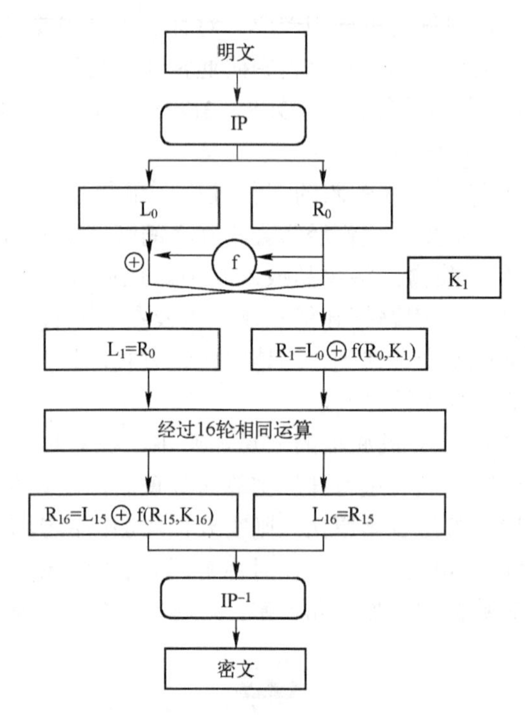

图 2.5　DES 加密算法原理图

DES 算法具有极高的安全性，到目前为止，除了用穷举搜索法对 DES 算法进行攻击外，还没有发现更有效的方法。随着硬件技术和 Internet 的发展，其破解的可能性越来越大，而且所需要的时间越来越少。

（1）加密原理

DES 的原始思想可以参照“二战”时期德国的“英格码”密码算法，其基本思想大致相同。传统的密码加密都是由古代的循环移位思想而来的，“英格码”密码算法在这个基础之上进行了扩散模糊，但是本质原理都是一样的。现代 DES 在二进制级别做着同样的事：替代模糊，增加分析的难度。

DES 使用一个 56 位的密钥以及附加的 8 位奇偶校验位（每组的第 8 位作为奇偶校验位），产生最大 64 位的分组大小。这是一个迭代的分组密码，使用称为 Feistel 的技术将加密的文本块分成两部分。使用子密钥对其中一部分应用循环功能，然后将输出与另一部分进行“异或”运算；接着交换这两部分，这一过程会继续下去，但最后一个循环不交换。DES 进行 16 轮循环，使用异或、置换、代换、移位 4 种基本运算。

DES 算法的步骤包括 IP 置换、密钥置换、E 扩展置换、S 盒代替、P 盒置换和末置换。过程如下：

1）输入 64 位明文数据，并初始置换 IP。

2）在初始置换 IP 后，明文数据再被分为左、右两部分，每部分 32 位，以 L_0、R_0 表示。

3）在密钥的控制下，经过 16 轮运算（f）。

4）16 轮后，左、右两部分交换，并连接在一起，再进行逆置换。

5）输出 64 位密文。

（2）三重 DES

DES 的常见变体是三重 DES（3DES），使用 168（56×3）位的密钥对资料进行 3 次加密（3 次使用 DES）的一种机制。它通常（但非始终）提供极其强大的安全性。比起最初的 DES，3DES 更为安全。

3DES（即 Triple DES）是 DES 向 AES 过渡的加密算法（1999 年，NIST 将 3DES 指定为过渡的加密标准）。其具体实现如下：设 $E_K()$和 $D_K()$代表 DES 算法的加密和解密过程，K 代表 DES 算法使用的密钥，M 代表明文，C 代表密文，这样：

3DES 加密过程为：$C=E_{K3}(D_{K2}(E_{K1}(M)))$。

3DES 解密过程为：$M=D_{K1}(E_{K2}(D_{K3}(C)))$。

K1、K2、K3 决定了算法的安全性，若 3 个密钥互不相同，本质上就相当于用一个长为 168 位的密钥进行加密。多年来，它在对付强力攻击时是比较安全的。若数据对安全性要求不高，那么 K1 可以等于 K3。

（3）破解方法

攻击 DES 的主要形式被称为穷举，即重复尝试各种密钥直到有一个符合为止。如果 DES 使用 56 位的密钥，则可能的密钥数量是 2^{56} 个。随着计算机系统功能的不断发展，DES 的安全性比它刚出现时弱得多，然而从非关键性质的实际出发，仍可以认为它的安全性是足够的。

（4）安全性

1）DES 是安全性比较高的一种算法，目前只有一种方法可以破解该算法，那就是穷举法。

2）DES 采用 64 位密钥技术，实际只有 56 位有效，8 位是用来校验的。譬如，有这样的一台 PC，它能每秒计算一百万次，那么 256 位要穷举的时间约为 2285 年。所以这种算法还是比较安全的一种算法。

3. 非对称密码

对称密码算法在加密和解密时使用的是同一个密钥；而非对称密码算法需要两个密

钥来进行加密和解密，这两个密钥是公开密钥（Public Key，公钥）和私有密钥（Private Key，私钥）。

1976 年，美国学者 Diffie 和 Hellman 为解决信息公开传送和密钥管理问题，提出了一种新的密钥交换协议，允许通信双方在不安全的媒体上交换信息，安全地达成一致的密钥，这就是“公开密钥系统”。

与对称密码算法不同，非对称密码算法需要两个密钥：公钥和私钥。公钥与私钥是一对，如果用公钥对数据进行加密，只有用对应的私钥才能解密；如果用私钥对数据进行加密，那么只有用对应的公钥才能解密。因为加密和解密使用的是两个不同的密钥，所以这种算法叫作非对称密码算法。在非对称密码中使用的主要算法有 RSA、ElGamal、背包算法、Rabin、D-H、ECC（椭圆曲线加密算法）等。

图 2.6 所示为非对称密码原理图，甲、乙之间使用非对称密码的方式完成了重要信息的安全传输。

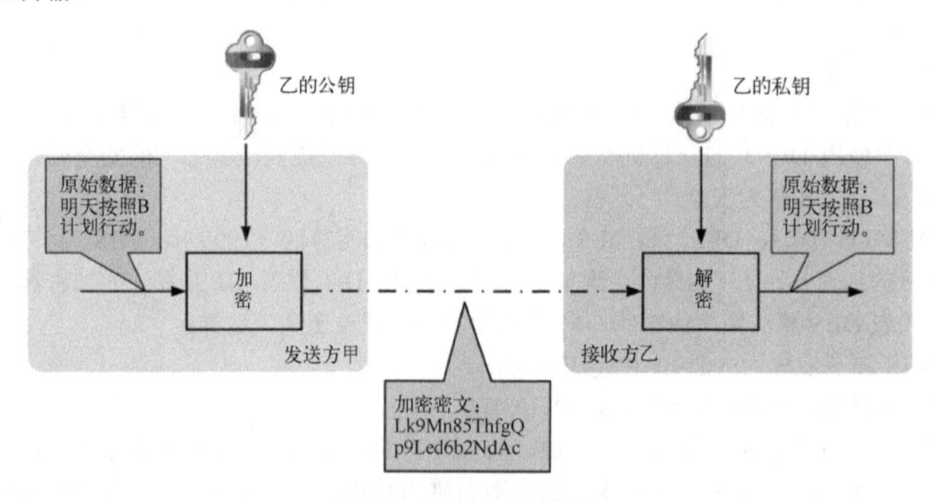

图 2.6　非对称密码原理图

1）乙方生成一对密钥（公钥和私钥），并将公钥向其他方公开。

2）得到该公钥的甲方使用该密钥对机密信息进行加密后发送给乙方。

3）乙方再用自己保存的另一把专用密钥（私钥）对加密后的信息进行解密。乙方只能用其专用密钥（私钥）解密由对应的公钥加密后的信息。

在传输过程中，即使攻击者截获了传输的密文，并得到了乙的公钥，也无法破解密文，因为只有乙的私钥才能解密密文。同样，如果乙要回复加密信息给甲，那么需要甲先公布甲的公钥给乙以用于加密，甲自己保存甲的私钥用于解密。

非对称密码与对称密码相比，其安全性更好：对称密码的通信双方使用相同的密钥，如果一方的密钥遭泄露，那么整个通信就会被破解；而非对称密码使用一对密钥，一个用来加密，另一个用来解密，而且公钥是公开的，密钥是自己保存的，不需要像对称密码那样在通信之前先同步密钥。

非对称密码的缺点是加密和解密花费的时间长、速度慢，只适合对少量数据进行加密。

RSA 加密算法是一种非对称加密算法。在公开密钥加密和电子商业中，RSA 算法被广泛使用。

它通常是先生成一对 RSA 密钥，其中之一是保密密钥，由用户保存；另一个为公开密钥，可对外公开，甚至可在网络服务器中注册。为提高保密强度，RSA 密钥至少为 500 位长，一般推荐使用 1024 位。这就使加密的计算量很大。为减少计算量，在传送信息时，常采用传统加密方法与公开密钥加密方法相结合的方式，即信息采用改进的 DES 或 IDEA 密钥加密，然后使用 RSA 密钥加密对话密钥和信息摘要。对方收到信息后，用不同的密钥解密，并核对信息摘要。

RSA 算法是第一个能同时用于加密和数字签名的算法，也易于理解和操作。RSA 是被研究得最广泛的非对称算法，从提出到现今的几十年里，经历了各种攻击的考验，逐渐为人们接受，被认为是最优秀的公钥方案之一。

4. 散列密码

Hash，一般翻译作“散列”，也有直接音译为“哈希”的，就是把任意长度的输入（又叫作预映射，Pre-image），通过散列算法变换成固定长度的输出，该输出就是散列值。这种转换是一种压缩映射，也就是散列值的空间通常远小于输入的空间，不同的输入可能会散列成相同的输出，而不可能从散列值来唯一地确定输入值，简单地说就是一种将任意长度的消息压缩到某一固定长度的消息摘要的函数。HASH 函数是不可逆的，无法通过生成的数据摘要恢复出原始数据。MD5 和 SHA1 可以说是目前应用最广泛的 Hash 算法。

（1）Hash 算法在网络安全方面的应用

Hash 算法在网络安全方面的应用主要体现在以下的 3 个方面。

1）文件校验。

人们比较熟悉的校验算法有奇偶校验和 CRC 校验，这两种校验并没有抗数据篡改的能力，它们在一定程度上能检测并纠正数据传输中的信道误码，但却不能防止对数据的恶意破坏。

MD5 Hash 算法的“数字指纹”特性，使它成为应用最广泛的一种文件完整性校验和（Checksum）算法，不少 UNIX 系统有提供计算 md5 checksum 的命令。它常被用在下面的两种情况：

① 文件传送后的校验。将得到的目标文件计算 md5 checksum，与源文件的 md5 checksum 比对，可以由两者 md5 checksum 的一致性从统计上保证两个文件的每一个码元也是完全相同的。这可以检验文件传输过程中是否出现错误，更重要的是可以保证文件在传输过程中未被恶意篡改。一个很典型的应用是 FTP 服务，用户可以用来保证多次断点续传，特别是从镜像站点下载的文件的正确性。

② 保存二进制文件系统的数字指纹，以便检测文件系统是否未经允许时被修改。不少系统管理、系统安全软件都可以提供这一文件系统完整性评估的功能，在系统初始安装完毕后，建立对文件系统的基础校验和数据库，因为散列校验和的长度很小，因此它们可以方便地被存放在容量很小的存储介质上。此后，可以定期或根据需要再次计算文件系统的校验和，一旦发现与原来保存的值不匹配，就说明该文件已经被非法修改，或者是被病毒感染，或者被木马程序替代。

2）数字签名。

Hash 算法也是现代密码体系中的一个重要组成部分。由于非对称算法的运算速度较慢，所以在数字签名协议中，单向散列函数扮演了一个重要的角色。

3）鉴权协议。

鉴权协议又被称作挑战—认证模式：在传输信道是可被侦听但不可被篡改的情况下，这是一种简单又安全的方法。

需要鉴权的一方向将被鉴权的一方发送随机串（“挑战”），被鉴权方将该随机串和自己的鉴权口令字一起进行 Hash 运算后返还给鉴权方，鉴权方将收到的 Hash 值与在己端用该随机串和对方的鉴权口令字进行 Hash 运算的结果相比较（“认证”），如果相同，则可在统计上认为对方拥有该口令字，即通过鉴权。

（2）常用 Hash 算法

1）MD4：MD4 信息摘要算法（MD4 Message-Digest Algorithm）是麻省理工学院的 Ronald L. Rivest 在 1990 年设计的，MD 是 Message Digest（消息摘要）的缩写，它适合在 32 位字长的处理器上用高速软件实现。

2）MD5：MD5 消息摘要算法（MD5 Message-Digest Algorithm）是一种被广泛使用的密码散列函数，可以产生一个 128 位（16 字节）的散列值（Hash Value），用于确保信息传输完整、一致。MD5 由美国密码学家 Ronald L. Rivest 设计，于 1992 年公开，用于取代 MD4 算法。

MD5 的应用众多，包括一致性验证、数字签名、安全访问认证。

3）SHA-1：SHA-1（Secure Hash Algorithm 1，安全散列算法 1）是一种密码散列函数，由美国国家安全局设计，并由美国国家标准技术研究所（NIST）发布为联邦数据处理标准（FIPS）。SHA-1 可以生成一个被称为消息摘要的 160 位（20 字节）散列值，散列值通常的呈现形式为 40 个十六进制数。

5. 数字签名

数字签名（又称公钥数字签名、电子签章）是一种类似写在纸上的普通的物理签名，但是使用公钥加密领域的技术来实现，用于鉴别数字信息的方法。一套数字签名通常定义两种互补的运算，一个用于签名，另一个用于验证。对于数字签名，只有信息的发送者才能产生别人无法伪造的一段数字串，这段数字串同时也是对信息的发送者发送信息真实性的一个有效证明。数字签名是非对称密钥加密技术与数字摘要技术的应用。

数字签名就是附加在数据单元上的一些数据，或是对数据单元所做的密码变换。这种数据或变换允许数据单元的接收者用于确认数据单元的来源和数据单元的完整性，并保护数据，防止被人（如接收者）进行伪造。它是对电子形式的消息进行签名的一种方法，一个签名消息能在一个通信网络中传输。

基于公钥密码体制和私钥密码体制都可以获得数字签名，主要是基于公钥密码体制的数字签名。数字签名包括普通数字签名和特殊数字签名。普通数字签名算法有 RSA、ElGamal、Fiat-Shamir、Guillou-Quisquarter、Schnorr、Ong-Schnorr-Shamir 数字签名算法、Des/DSA、椭圆曲线数字签名算法和有限自动机数字签名算法等。特殊数字签名有盲签名、代理签名、群签名、不可否认签名、公平盲签名、门限签名、具有消息恢复功能的签名等，它与具体应用环境密切相关。

（1）主要功能

数字签名技术是将摘要信息用发送者的私钥加密，与原文一起传送给接收者。接收者只有用发送者的公钥才能解密被加密的摘要信息，然后用 HASH 函数对收到的原文产生一个摘要信息，与解密的摘要信息对比。如果相同，则说明收到的信息是完整的，在传输过程中没有被修改，否则说明信息被修改过，因此数字签名能够保证信息传输的完整性，实现发送者的身份认证，防止交易中的抵赖发生。

（2）签名过程

发送报文时，发送方用一个 HASH 函数从报文文本中生成报文摘要，然后用自己的私钥对这个摘要进行加密，这个加密后的摘要将作为报文的数字签名和报文一起发送给接收方，接收方首先用与发送方相同的 HASH 函数从接收到的原始报文中计算出报文摘要，接着再用发送方的公钥来对报文附加的数字签名进行解密。如果这两个摘要相同，那么接收方就能确认该数字签名是发送方的。

（3）数字签名原理

1）被发送文件用安全 Hash 编码法（Secure Hash Algorithm，SHA）进行编码、加密，产生 128 位的数字摘要。

2）发送方用自己的私钥对摘要再加密，这样就形成了数字签名。

3）将原文和加密的摘要同时传给对方。

4）对方用发送方的公钥对摘要解密，同时对收到的文件用 SHA 编码、加密，产生又一个摘要。

5）将解密后的摘要和收到的文件与接收方重新加密产生的摘要相互对比。如果两者一致，则说明传送过程中信息没有被破坏或篡改过，否则不然。

（4）数字签名的好处

数字签名相对于手写签名在安全性方面具有的优点：数字签名不仅与签名者的私钥有关，而且与报文的内容有关，因此不能将签名者对一份报文的签名复制到另一份报文上，同时也能防止篡改报文的内容。

6. 密码分析学

根据密码分析者破译时已具备的前提条件，通常人们将密码分析学分为 4 种：

1）唯密文攻击：密码分析者掌握足够多的同一个密钥加密的密文。破译目的是求出密钥或明文。

2）已知明文攻击：密码分析者掌握足够多的同一个密钥加密的明文密文对。破译目的是求出其他密文对应的明文或密钥。

3）选择明文攻击：密码分析者可以任意选择对破译有利的足够多的明文，得到相应的密文。破译目的是求出其他密文对应的明文或密钥。

4）选择密文攻击：密码分析者可任意选择对攻击有利的密文，得到相应的明文。破译目的是求出其他密文对应的明文或密钥。选择密文攻击更多地用于非对称密码的分析。

密码解码方法分为 4 种：

1）穷举攻击：穷举攻击又称蛮力攻击。这种攻击方法是对截获到的密文尝试遍历所有可能的密钥，直到获得一种从密文到明文的可理解的转换；或使用不变的密钥对所有可能的明文加密，直到与截获到的密文一致为止，这是最基本的攻击方法。

2）统计分析攻击：利用明文与密文之间内在的统计规律破译密码的方法。

3）解析攻击：密码分析者针对密码算法所基于的数学问题，利用数学求解的方法破译密码。这种攻击通常用于对非对称密码的攻击之中。

4）代数攻击：把破译问题归结为有限域上的某个低阶的多元代数方程组求解问题。

2.1.3 国密算法

国密算法是我国自主研发的一套数据加密处理系列算法，是符合国家密码局制定标准的一系列算法，目的是保障商用密码的安全性。国密算法包括 SM1、SM2、SM3、SM4、SM7、SM9、祖冲之序列密码算法（ZUC Stream Cipher）等，其中包括了对称加密算法、椭圆曲线非对称加密算法、杂凑算法。

商用密码是指能够实现商用密码算法的加密、解密和认证等功能的技术，包括密码算法编程技术和密码算法芯片、加密卡等的实现技术。商用密码技术是商用密码的核心，国家将商用密码技术列入国家秘密，任何单位和个人都有责任和义务保护商用密码技术的秘密。商用密码的应用领域十分广泛，比如，商用密码可用于企业门禁管理，企业内部的各类敏感信息的传输加密、存储加密，防止第三方非法获取信息内容；也可用于各种安全认证、网上银行、数字签名等。

SM1 为对称加密算法，加密强度为 128 位，与 AES 相当。该算法不公开，调用该算法时，需要通过加密芯片的接口进行调用。采用该算法已经研制了系列芯片、智能 IC 卡、智能密码钥匙、加密卡、加密机等安全产品，广泛应用于电子政务、电子商务及国民经济的各个应用领域（包括国家政务通、警务通等重要领域）。

SM2 为非对称加密算法，是由国家密码管理局公布的公钥算法，其加密强度为 256 位。由于该算法基于 ECC，故其签名速度与密钥生成速度都快于 RSA。ECC 256 位的安全强度比 RSA 的 2048 位高，但运算速度快于 RSA。

SM3 为密码杂凑算法，用于消息摘要。杂凑值长度为 32 字节，校验结果为 256 位，SM3 可以用 MD5 作为对比以促进理解，该算法已公开。

SM4 为对称加密算法，是用于无线局域网标准的分组数据算法，随 WAPI 标准一起公布，可使用软件实现，密钥长度和分组长度均为 128 位。

SM7 是一种分组密码算法，分组长度为 128 位，密钥长度为 128 位。SM7 适用于非接触式 IC 卡，应用包括身份识别类应用（门禁卡、工作证、参赛证）、票务类应用（大型赛事门票、展会门票）、支付与通卡类应用（积分消费卡、校园一卡通、企业一卡通等）。

SM9 为标识密码算法。标识密码将用户的标识（如邮件地址、手机号码、QQ 号码等）作为公钥，省略了交换数字证书和公钥的过程，使得安全系统变得易于部署和管理，非常适合端对端离线安全通信、云端数据加密、基于属性加密、基于策略加密的各种场合。SM9 算法不需要申请数字证书，适用于互联网中各种新兴应用的安全保障，如基于云技术的密码服务、电子邮件安全、智能终端保护、物联网安全、云存储安全等。这些安全应用可采用手机号码或邮件地址作为公钥，实现数据加密、身份认证、通话加密、通道加密等安全应用，并具有使用方便、易于部署的特点，从而开启了普及密码算法的大门。

祖冲之序列密码算法是我国自主研发的流密码算法，是运用于移动通信 4G 网络中的国际标准密码算法，该算法包括祖冲之算法、加密算法（128-EEA3）和完整性算法（128-EIA3）3 个部分。

2.2 网络安全技术

先进的安全技术是网络安全的根本保证，常见的网络安全技术有密码学、网络安全协议、网络攻击技术、入侵检测技术、访问控制技术、防火墙技术、VPN 技术、防病毒技术、PKI 技术等。

2.2.1 网络安全协议

网络安全协议是营造网络安全环境的基础，是构建安全网络的关键技术。设计并保证网络安全协议的安全性和正确性能够从基础上保证网络安全，避免因网络安全等级不够而导致的网络数据信息丢失或文件损坏等信息泄露问题。

主要的协议标准有：

安全超文本传输协议（HTTPS）：是一种通过计算机网络进行安全通信的传输协议。HTTPS 经由 HTTP 进行通信，但利用 SSL/TLS 来加密数据包。HTTPS 开发的主要目的是提供对网站服务器的身份认证，保护交换数据的隐私与完整性。依靠密钥对加密，保障 Web 站点间交易信息传输的安全性。

安全套接层（Secure Sockets Layer，SSL）协议：SSL 协议指定了一种在应用程序协议（如 HTTP、Telnet、NNTP 和 FTP 等）和 TCP/IP 之间提供数据安全性分层的机制，它为 TCP/IP 连接提供数据加密、服务器认证、消息完整性以及可选的客户机认证。

安全电子交易（Secure Electronic Transaction，SET）协议： SET 协议是一种应用于因特网（Internet）环境下的以信用卡为基础的安全电子交付协议，它给出了一套电子交易的过程规范。通过 SET 协议可以实现电子商务交易中的加密、认证、密钥管理机制等，保证了在因特网上使用信用卡进行在线购物的安全。其主要目的是解决信用卡电子付款的安全保障性问题。

IPSec 协议：IPSec 是网际层实现 IP 分组端到端安全传输的机制，是以 RFC 形式公布的一组安全协议集，是在 IP 包级为 IP 业务提供保护的安全协议。IPSec 将几种安全技术结合，形成一个比较完整的安全体系结构。注意，IPSec 是安全协议集。

TLS 协议：TLS 是传输层安全协议，TLS 提供的是 TCP 数据传输的安全保障。人们可以使用 TLS 记录协议来封装上层协议，然后封装到 TCP 报文中，最后形成 IP 分组。

网络认证协议 Kerberos：Kerberos 是一种网络认证协议，其设计目标是通过密钥系统为客户机/服务器应用程序提供强大的认证服务。该认证过程的实现不依赖于主机操作系统的认证，无须基于主机地址的信任，不要求网络上所有主机的物理安全，并假定网络上传送的数据包可以被任意地读取、修改和插入数据。

安全外壳（SSH）协议：SSH 为 Secure Shell 的缩写，是建立在应用层基础上的安全协议。SSH 协议是目前较可靠的、专为远程登录会话和其他网络服务提供安全性的协议。利用 SSH 协议可以有效防止远程管理过程中的信息泄露问题。SSH 在正确使用时可弥补网络中的漏洞，适用于多种平台。

2.2.2 网络攻击技术

网络攻击指利用网络存在的漏洞和安全缺陷对网络系统的硬件、软件及其系统中的数据进行的攻击。网络信息系统所面临的威胁来自很多方面，而且会随着时间的变化而变化。从宏观上看，这些威胁可分为人为威胁和自然威胁。

人为威胁是对网络信息系统的人为攻击，通过寻找系统的弱点，以非授权方式达到破坏、欺骗和窃取数据信息等目的。自然威胁是指对网络信息系统可能遇到的各种自然灾害、恶劣的场地环境、电磁干扰、电磁辐射、网络设备自然老化等。两者相比，精心设计的人为攻击威胁更加难以防备，种类更多，数量也更大。从对信息的破坏性上看，攻击类型可以分为主动攻击和被动攻击。

1．主动攻击

主动攻击会导致某些数据流的篡改和虚假数据流的产生。这类攻击可分为篡改、伪造和拒绝服务。

（1）篡改

篡改是指一个合法消息的某些部分被改变、删除，消息被延迟或改变顺序，通常用于产生一个未授权的效果。例如，修改传输消息中的数据，将“允许甲执行操作”改为“允许乙执行操作”。

（2）伪造

伪造指的是某个实体（人或系统）发出含有其他实体身份信息的数据信息，假扮成其他实体，从而以欺骗方式获取一些合法用户的权利和特权。

（3）拒绝服务

拒绝服务即常说的 DoS（Denial of Service），会导致对通信设备的正常使用或管理被无条件地中断。通常是对整个网络实施破坏，以达到降低性能、中断服务的目的。这种攻击也可能有一个特定的目标，如到某一特定目的地（如安全审计服务）的所有数据包都被阻止。

2．被动攻击

在被动攻击中，攻击者不对数据信息做任何修改。截取/窃听是指在未经用户同意和认可的情况下攻击者获得了信息或相关数据。被动攻击通常包括流量分析、窃听、破解弱加密的数据流等攻击方式。

（1）流量分析

流量分析攻击方式适用于一些特殊场合。例如敏感信息都是保密的，攻击者虽然从截获的消息中无法得到消息的真实内容，但攻击者还能通过观察数据报的模式，分析并确定出通信双方的位置、通信的次数及消息的长度，获知相关的敏感信息，这种攻击方式称为流量分析。

（2）窃听

窃听是最常用的手段。目前应用最广泛的局域网上的数据传送是基于广播方式进行的，这就使一台主机有可能收到本地子网上传送的所有信息。而计算机的网卡工作在混杂模式时，它就可以将网络上传送的所有信息传送到上层，以供进一步分析。如果没有采取加密措施，通过协议分析可以完全掌握通信的全部内容，窃听还可以用无限截获方式得到信息，通过高灵敏接收装置接收网络站点辐射的电磁波或网络连接设备辐射的电磁波，通过对电磁信号的分析恢复原始数据信号，从而获得网络信息。尽管有时数据信息不能通过电磁信号全部恢复，但可能得到极有价值的情报。

由于被动攻击不会对被攻击的信息做任何修改，留下的痕迹很少，或者根本不留下痕迹，因而非常难以检测，所以抗击这类攻击的重点在于预防，具体措施包括使用虚拟专用网（VPN），采用加密技术保护信息以及使用交换式网络设备等。被动攻击不易被发现，因而常常是主动攻击的前奏。

被动攻击虽然难以检测，但可采取措施有效地预防，而要有效地防止攻击是十分困难的，开销太大。抗击主动攻击的主要技术手段是检测，以及从攻击造成的破坏中及时地恢复。检测同时还具有某种威慑效应，在一定程度上也能起到防止攻击的作用，具体措施包括自动审计、入侵检测和完整性恢复等。

2.2.3 入侵检测技术

入侵检测技术是为保证计算机系统的安全而设计与配置的、一种能够及时发现并报告系统中未授权或异常现象的技术，是一种用于检测计算机网络中违反安全策略行为的技术。进行入侵检测的软件与硬件的组合便是入侵检测系统（Intrusion Detection System，IDS）。入侵检测是利用已经掌握的入侵来配置针对性的防范策略，从而及时发现和处理入侵。入侵检测系统可分为 4 个组件：事件产生器（Event Generators）、事件分析器（Event Analyzers）、响应单元（Response Units）和事件数据库（Event Databases）。入侵检测产品分为基于主机的入侵检测系统（HIDS）和基于网络的入侵检测系统（NIDS）。入侵检测只能应对已经被掌握的入侵，无法应对暂时不掌握的入侵。

入侵检测系统可以被定义为对计算机和网络资源的恶意使用行为进行识别和相应处理的系统。入侵包括系统外部的入侵和内部用户的非授权行为。

1. 异常检测技术

异常检测（Anomaly Detection），也称基于行为的检测，是指根据使用者的行为或资源使用情况来判断是否发生了入侵，而不依赖于具体行为是否出现来检测。该技术首先假设网络攻击行为是不常见的或是异常的，区别于所有正常行为。如果能够为用户和系统的所有正常行为总结活动规律并建立行为模型，那么入侵检测系统可以将当前捕获到的网络行为与行为模型相对比，若入侵行为偏离了正常的行为轨迹，就可以被检测出来。

例如，系统把用户早六点到晚八点登录公司服务器定义为正常行为，若发现用户在晚八点到早六点之间（如凌晨一点）登录公司服务器，则把该行为标识为异常行为。异常检测试图用定量方式描述常规的或可接受的行为，从而区别非常规的、潜在的攻击行为。

该技术的前提条件是入侵活动是异常活动的一个子集，理想的情况是异常活动集与入侵活动集相等。但事实上，两者并不总是相等的，有 4 种可能性：一是入侵但非异常；二是非入侵但表现异常；三是非入侵且非异常；四是入侵且异常。该技术主要包括以下几种方法。

（1）用户行为概率统计模型

这种方法是产品化的入侵检测系统中常用的方法，它是在对用户历史行为建模以及早期的证据或模型的基础上，审计系统的被检测用户对系统的使用情况，然后根据系统内部保存的用户行为概率统计模型进行检测，并将那些与正常活动之间存在较大统计偏差的活动标识为异常活动。它能够学习主体的日常行为，根据每个用户以前的历史行为生成每个用户的历史行为记录库，当用户行为与历史行为习惯不一致时，就会被视为异常。

在统计方法中，需要解决以下 4 个问题：

① 选取有效的统计数据测量点，生成能够反映主体特征的会话向量。

② 根据主体活动产生的审计记录，不断更新当前主体活动的会话向量。

③ 采用统计方法分析数据，判断当前活动是否符合主体的历史行为特征。

④ 随着时间变化，学习主体的行为特征，更新历史记录。

（2）预测模式生成

预测模式生成的前提是假设事件序列并非随机的，而是遵循可辨别模式的，这种检测方法的特点是考虑了事件的序列和相互关系。其中，基于时间的预测模式利用时间规则识别用户行为正常模式的特征，通过归纳学习产生这些规则集，能动态地修改系统中的规则，使之具有较高的预测性、准确性和可信度。如果规则大部分时间是正确的，并能够成功地预测所观察到的数据，那么规则就具有较高的可信度。通过观察用户的行为可以归纳并产生出一套规则集，以此构建用户的轮廓框架。如果观测到的事件序列能匹配规则集的左边，而后续事件显著地背离规则集的预测事件，那么系统就可以检测出这种偏离，从而表明用户操作是异常的。

基于预测模式生成的异常检测方法依赖于已进行的用户行为，当出现不可识别的行为模式时，由于此行为模式能匹配任何规则的左边，因此就会导致此行为模式被作为异常进行判断，这是该方法的主要弱点。相反，当用户的可识别行为模式可以预测出不正常的后继事件的片段，则在一定程度上可以断定用户行为的异常性。

2. 误用检测模型

误用检测（Misuse Detection），也称基于知识的检测，它是指运用已知攻击方法，根据已定义好的入侵模式，通过判断这些入侵模式是否出现来进行检测。它通过分析入侵过程的特征、条件、排列以及事件间的关系来描述入侵行为的迹象。误用检测技术首先要定义违背安全策略事件的特征，判别所搜集到的数据特征是否在所搜集到的入侵模式库中出现。这种方法与大部分杀毒软件采用的特征码匹配原理类似。

该技术的前提是假设所有的网络攻击行为和方法都具有一定的模式或特征，如果把以往发现的所有网络攻击的特征总结出来并建立一个入侵信息库，那么将当前捕获到的网络行为特征与入侵信息库中的特征信息相比较，如果匹配，则当前行为就被认定为入侵行为。该技术主要包括以下方法。

（1）专家系统

用专家系统对入侵进行检测，针对的是带有特征的入侵行为。该技术根据安全专家对可疑行为的分析经验来形成一套推理规则，然后在此基础上建立相应的专家系统，由此专家系统会自动对所涉及的入侵行为进行分析。所谓的规则，即是知识，专家系统的建立依赖于知识库的完备性，知识库的完备性又取决于审计记录的完备性与实时性。因此，该方法应当能够随着经验的积累而利用其自学习能力进行规则的扩充和修正。

（2）模型推理

入侵者在攻击一个系统时往往采用一定的行为序列，如猜测口令的行为序列，这种行为序列构成了具有一定行为特征的模型。该技术根据入侵者在进行入侵时所执行的某些行为程序的特征建立一种入侵行为模型，并根据这种模型所代表的入侵意图的行为特征来判断用户执行的操作是否属于入侵行为。该方法也是建立在对当前已知的入侵行为程序的基础之上的，对未知的入侵方法所执行的行为程序的模型识别需要进一步的学习和扩展。与专家系统通常放弃处理那些不确定的中间结论的缺点相比，这一方法的优点在于它基于的是完善的不确定性推理的数学理论。

（3）状态转换分析

状态转换分析法将入侵过程看作一个行为序列，这个行为序列导致系统从初始状态转入被入侵状态。该方法首先针对每一种入侵方法确定系统的初始状态和被入侵状态，以及导致状态转换的条件，即导致系统进入被入侵状态必须执行的操作（特征事件）。然后用状态转换图来表示每一个状态和特征事件。在分析审计事件时，根据对应的条件布尔表达式，若系统从安全状态转移到不安全的状态，则把该事件标记为入侵事件。系统通过对事件序列进行分析来判断入侵是否发生。

（4）模式匹配

该方法将已知的入侵特征编码成与审计记录相符合的模式，并通过将新的审计事件与已知入侵模式相比较来判断是否发生了入侵。当新的审计事件产生时，该方法将寻找与它相匹配的已知入侵模式。如果找到，则意味着发生了入侵。

（5）键盘监控

该方法假设入侵对应特定的击键序列模式，通过监测用户击键模式，并将这一模式与入侵模式进行匹配来检测入侵。其缺点是，在没有操作系统支持的情况下缺少捕获用户击键的可靠方法，存在无数击键方式表示同一种攻击的情况。而且，用户注册的 Shell 提供了简写命令序列工具，可产生所谓的别名，类似宏定义。因为这种技术仅仅分析击键，所以不能检测到恶意程序只执行结果的自动攻击。

3．其他检测技术

近年来，随着网络及其安全技术的飞速发展，一些新的入侵检测技术相继出现。这些技术不能简单地归类为误用检测或是异常检测，而是一种有别于传统入侵检测视角的技术层次。它们或者提供了更具普遍意义的分析技术，或者提出了新的检测系统架构，因此无论是对于误用检测还是对于异常检测，都可以得到很好的应用。其他检测技术主要如下。

（1）神经网络（Neural Network）

作为人工智能（AI）的一个重要分支，神经网络在入侵检测领域得到了很好的应用。神经网络是实现异常检测技术的关键方法，它使用自适应学习技术来提取异常行为的特征，需要对训练数据集进行学习以得出正常的行为模式。这种方法要求保证用于学习正常模式的训练数据的纯洁性，即不包含任何入侵或异常的用户行为。它也可以实现误用检测，解决非线性特征的攻击活动，还可以提高检测系统的准确性，是提高效率的重要手段。

（2）免疫学方法

Stephanie Forrest 提出将生物免疫机制引入计算机系统的安全保护框架中。免疫系统最基本的能力（也是最重要的能力）是识别“自我/非自我”（Self/Non-self），换句话讲，它能够识别哪些组织是属于正常机体的，而那些不属于正常机体的就认为是异常。这个概念和入侵检测中异常检测的概念非常相似。

（3）数据挖掘方法

Wenke Lee 提出将数据挖掘（Data Mining，DM）技术应用到入侵检测中，通过对网络数据和主机系统调用数据的分析挖掘，发现误用检测规则或异常检测模型。具体的工作包括利用数据挖掘中的关联算法和序列挖掘算法提取用户的行为模式，利用分类算法对用户行为和特权程序的系统调用进行分类预测。结果表明，这种方法在入侵检测领域有很好的应用前景。

（4）基因算法

基因算法是进化算法（Evolutionary Algorithms）的一种，引入了达尔文在进化论中提出的自然选择的概念（优胜劣汰，适者生存）对系统进行优化。该算法对于处理多维系统的优化是非常有效的。在基因算法的研究人员看来，入侵检测的过程可以抽象为：为审计事件记录定义一种向量表示形式，这种向量或者对应于攻击行为，或者代表正常行为。

（5）入侵容忍技术

入侵容忍的目的并不是在入侵发生之前就将攻击拒之门外，而是保证系统即使遭受了入侵仍然不会停止服务或产生服务异常。入侵容忍技术的研究范围包括入侵发现、入侵处理与灾难恢复。入侵发现，主要通过检测系统的异常来判断入侵是否已经发生，从而决定是否要启动入侵处理与恢复机制。入侵处理，可在发现入侵后对入侵行为进行一系列处理，以防止灾难进一步扩大。灾难恢复，可将已破坏的系统恢复到正常或降级的工作状态，以保证服务的持续性。入侵容忍技术可以有效弥补入侵检测技术的不足，有效防范各种未知的攻击。

2.2.4 VPN 技术

VPN 的英文全称是 Virtual Private Network，中文意思就是“虚拟专用网络”。VPN 被定义为通过一个公用网络（通常是因特网）建立一个临时的、安全的连接，是一条穿过复杂（混乱）的公用网络的安全、稳定的隧道。之所以称为虚拟网，主要是因为整个 VPN 网络的任意两个节点之间的连接并没有传统专网所需的端到端的物理链路，而是架构在公用网络服务商所提供的网络平台（如 Internet、ATM、Frame Relay 等）之上的逻辑网络，用户数据在逻辑链路中传输。

1. 隧道技术

隧道技术是 VPN 的基本技术，是一种通过使用互联网络的基础设施在网络之间传递数据的方式。使用隧道传递的数据（或负载）可以是不同协议的数据帧或包。隧道协议将其他协议的数据帧或包重新封装后通过隧道发送。新的帧头提供路由信息，以便通过互联网传递被封装的负载数据。

隧道技术可以分别以第 2 层或第 3 层隧道协议为基础。

第 2 层隧道协议对应 OSI 模型中的数据链路层，使用帧作为数据交换单位。PPTP、L2TP 和 L2F（第 2 层转发）都属于第 2 层隧道协议，都是将数据封装在点对点协议（PPP）帧中，通过互联网络发送。

第 3 层隧道协议对应 OSI 模型中的网络层，使用包作为数据交换单位。IP over IP 以及 IPSec 隧道模式都属于第 3 层隧道协议，都是将 IP 包封装在附加的 IP 包头中，通过 IP 网络传送。

2．VPN 隧道协议

对于构建 VPN 来说，隧道技术是一个关键技术。它用来在公共网络中建立一条点到点的通路，实现两个节点间的安全通信，使数据包在公共网络上的专用隧道内传输。

隧道协议存在多种可能的实现方式，按照工作的层次，可分为两类：一类是 2 层隧道协议，用于传输 2 层网络协议，它主要应用于构建拨号 VPN（Access VPN）；另一类是 3 层隧道协议，用于传输 3 层网络协议，它主要应用于构建内部网 VPN（Intranet VPN）和外联网 VPN（Extranet VPN）。

第 2 层隧道协议建立在点对点协议（PPP）的基础上，充分利用了 PPP 支持多协议的特性，先把 IP 封装到 PPP 帧中，再把整个数据帧装入隧道协议。这种双层协议封装方法形成的数据包依靠第 2 层（数据链路层）协议进行传输，所以称为第 2 层隧道协议。第 2 层隧道协议主要如下。

（1）PPTP（Point-to-Point Tunneling Protocol，点到点隧道协议）

PPTP 由微软、Ascend 和 3COM 等公司支持，在 Windows NT 4.0 以上版本中支持。该协议支持 PPP 在 IP 网络上的隧道封装。PPTP 作为一个呼叫控制和管理协议，使用一种增强的 GRE（Generic Routing Encapsulation，通用路由封装）技术为传输的 PPP 报文提供流量控制和拥塞控制的封装服务。

（2）L2F（Layer 2 Forwarding）协议

L2F（第 2 层转发）协议用于建立跨越公共网络（如因特网）的安全隧道来将 ISP、POP 连接到企业内部网关。这个隧道建立了一个用户与企业客户网络间的虚拟点对点连接。L2F 协议支持对更高级协议链路层的隧道封装，实现了拨号服务器和拨号协议连接在物理位置上的分离。

（3）L2TP（Layer 2 Tunneling Protocol）

第 2 层隧道协议是一种工业标准的 Internet 隧道协议，由互联网工程任务组（IETF）起草，微软等公司参与，结合 PPTP 和 L2F 两种第 2 层隧道协议的优点，为众多公司所接受，并且已经成为 IETF 有关第 2 层通道协议的工业标准。

第 3 层隧道协议是用公用网来封装和传输 3 层（网络层）协议（如 IP、IPX、AppleTalk 等），此时在隧道内传输的是网络层的分组。其在可扩充性、安全性、可靠性方面优于第 2 层隧道协议。第 3 层隧道协议主要如下。

（1）GRE（Generic Routing Encapsulation）协议

通用路由封装协议，用于实现任意一种网络层协议在另一种网络层协议上的封装。GRE 规定了如何用一种网络协议去封装另一种网络协议的方法。GRE 的隧道由两端的源 IP 地址和目的 IP 地址来定义，允许用户使用 IP 包封装 IP、IPX、AppleTalk 包，并支持全部的路由协议（如 RIP2、OSPF 等）。通过 GRE，用户可以利用公共 IP 网络连接 IPX 网络、AppleTalk 网络，还可以使用保留地址进行网络互联，或者对公网隐藏企业网的 IP 地址。

（2）IPSec（IP Security）协议

IPSec 协议是一种开放标准的框架结构，通过使用加密的安全服务来确保在 Internet 协议（IP）网络上进行保密而安全的通信。IPsec 协议工作在 OSI 模型的第 3 层，使其在单独使用时适于保护基于 TCP 或 UDP 的协议。

IPSec 协议不是一个单独的协议，它给出了 IP 网络上数据安全的一整套体系结构，包括 AH（Authentication Header，验证报文头）、ESP（Encapsulating Security PayLoad，封装安全负载）、IKE（Internet Key Exchange）等协议。

2.2.5 防病毒技术

防病毒技术可以分为病毒预防技术、病毒检测技术及病毒清除技术。计算机病毒的预防技术就是通过一定的技术手段防止计算机病毒对系统的传染和破坏。计算机病毒的检测技术是指通过一定的技术手段判定出特定计算机病毒的一种技术。计算机病毒的清除技术是计算机病毒检测技术发展的必然结果，是计算机病毒传染程序的一种逆过程。在主机上安装防病毒软件，能进行定时或实时的病毒扫描及漏洞检测，变被动清毒为主动截杀，既能查杀未知病毒，又可对文件、邮件、内存、网页进行实时监控，发现异常情况及时处理。

2.2.6 PKI 技术

PKI（Public Key Infrastructure，公钥基础设施）技术是 CA 安全认证体系的基础，为安全认证体系进行密钥管理提供平台。它提供的密钥和证书管理使网络进行加密和数字签名变得非常透明。在 PKI 中，CA（Certificate Authority，认证中心）和数字证书（数字身份证或数字 ID）是密不可分的。CA 是产生、分配、管理数字证书可信赖的第三方权威机构。数字证书是由 CA 发放并经 CA 数字签名，用于证明数字证书持有者的真实身份。总之，为有效地应对信息系统的各种安全威胁，必须首先认真分析威胁来源及攻击方式，然后遵循一定的安全原则，选用合适的安全技术，统筹规划和实施解决方案。

PKI 公钥基础设施体系主要由密钥管理中心、认证机构（CA）、注册审核机构（RA）、证书/CRL 发布系统和应用接口系统等组成。

（1）密钥管理中心（KMC）

密钥管理中心向 CA 提供相关密钥服务，如密钥生成、密钥存储、密钥备份、密钥恢复、密钥托管和密钥运算等。

（2）认证机构（CA）

认证机构（CA）是 PKI 的信任基础，它管理公钥的整个生命周期，其作用包括发放证书、规定证书的有效期和通过发布证书废除列表（CRL）确保必要时可以废除证书。

（3）注册审核机构（RA）

注册审核机构（RA）为用户和 CA 之间提供了一个接口，它可以获取并认证用户的身份，向 CA 提出证书请求。它主要完成收集用户信息和确认用户身份的功能。这里的用户，是指将要向认证机构（即 CA）申请数字证书的客户，可以是个人，也可以是集团或团体、某政府机构等。注册管理一般由一个独立的注册审核机构（即 RA）来承担。它接受用户的注册申请，审查用户的申请资格，并决定是否同意 CA 给其签发数字证书。注册审核机构并不给用户签发证书，而只是对用户进行资格审查。因此，RA 可以设置在直接面对客户的业务部门，如银行的营业部、机构认证部门等。当然，对于一个规模较小的 PKI 应用系统来说，可把注册管理的职能交给认证机构（CA）来完成，而不必设立独立运行的 RA。但这并不意味取消了 PKI 的注册功能，而只是将其作为 CA 的一项功能而已。PKI 国际标准推荐由一个独立的 RA 来完成注册管理的任务，可以增强应用系统的安全性。

（4）证书发布系统

证书发布系统负责证书的发放，如可以通过用户自己，或是通过目录服务器发放。目录服务器可以是一个组织中现存的，也可以是 PKI 方案中提供的。

2.3 信息系统安全

2.3.1 信息系统安全基本概念

信息系统安全可以防止信息网络的硬件、软件及其系统中的数据被毁坏、更改、泄露，保证系统运行正常，即保证信息的失密性、真实性、完好性、未受权复制和所寄生系统的安全性。

信息安全体系包括物理安全（环境安全、设备安全、媒体安全等）、计算机安全操作系统、各种安全协议、安全机制（数字签名、信息认证、数据加密等）直至安全系统。信息安全服务应包括信息网络安全服务，以及基于新一代信息网络体系构造的网络安全服务体系构造。

一个完整的信息系统安全需要实现以下目标：

1）保密性：保证机密信息不被窃听，或窃听者不能了解信息的真实含义。

2）完整性：保证数据的一致性，防止数据被非法用户篡改。

3）可用性：保证合法用户对信息和资源的使用不会被不当地拒绝。

4）真实性：对信息的来源进行判断，能对伪造来源的信息予以鉴别。

5）不可抵赖性：建立有效的责任机制，防止用户否认其行为。

6）可控制性：对信息的传播及内容具有控制能力。

7）可审查性：对出现的网络安全问题提供调查的依据和手段。

2.3.2 信息系统安全威胁

信息系统安全面临的威胁很多，威胁的主要来源有自然灾害、意外事故、计算机犯罪、人为错误（如使用不当、安全意识差等）、“黑客”行为、内部泄密、外部泄密、信息丢失、电子谍报（如信息流量分析）、信息窃取、信息战以及网络协议自身缺陷（如TCP/IP 的安全问题等）。概括起来，信息系统的安全威胁可分为两类：管理上的威胁和技术上的威胁。

1. 管理上的威胁

对信息系统的严格管理是企业、组织及政府部门和用户免受攻击的重要措施。事实上，很多企业、机构及用户的网站或系统都疏于这方面的管理，没有制定严格的管理制度。网络内部用户的误操作、资源滥用和恶意行为也有可能对网络的安全造成巨大的威胁。由于各行业、各单位现在都在建立局域网，计算机使用频繁，但是由于单位管理制度不严，不能严格遵守行业内部关于信息安全的相关规定，因此容易引起一系列安全问题。管理上的威胁分为以下 4 类。

1）安全组织不完善：主要指组织不健全，不能有效协调信息系统各方面的资源。

2）来自人员的威胁：主要指组织人员安全意识薄弱，存在错误操作和蓄意破坏行为。

3）政策措施不完善：政策错误、措施不当，会对信息系统的使用和维护起误导作用。

4）规范标准不统一：信息系统的各子系统采用不同的规范和标准，导致信息系统不统一。

2. 技术上的威胁

“黑客”（Hack）是一群利用自己的技术专长专门攻击网站和计算机而不暴露身份的计算机用户，黑客大多采用病毒进行破坏，它们采用的攻击和破坏方式多种多样，对没有网络安全防护设备（防火墙）的网站和系统（或防护级别较低）进行攻击和破坏，这给安全防护带来了严峻的挑战。

随着软件系统规模的不断增大，新的软件产品不断被开发出来，系统中的安全漏洞或“后门”也不可避免地存在。比如常用的操作系统，无论是 Windows 还是 UNIX，几乎都存在或多或少的安全漏洞；各类服务器、浏览器、一些桌面软件等都被发现过存在安全隐患。人们熟悉的一些病毒正是利用了微软系统的漏洞给用户造成巨大损失的，可以说任何一个软件系统都可能会因为程序员的一个疏忽、设计中的一个缺陷等原因而存在漏洞，不可能完美无缺。技术上的威胁主要有以下 4 类。

1）设备面临的威胁：指信息产生、存储、传输和使用所依赖的设备及其所处环境的威胁。

2）系统面临的威胁：指病毒、木马或黑客利用操作系统漏洞入侵或攻击信息系统。

3）应用面临的威胁：指应用程序使用不当给信息系统造成的安全威胁。

4）数据面临的威胁：指窃取、篡改、破坏等攻击手段造成数据泄露和缺失。

（1）信息泄露的途径

1）人为因素，即掌握了信息的公司、机构员工主动倒卖信息。

2）用户在享受互联网带来的便利与快捷功能的同时，不经意间感染了木马等恶意程序，造成个人重要信息泄露。

3）黑客利用网站漏洞入侵了保存信息的数据库。

（2）信息系统安全威胁的攻击方式

信息系统安全威胁的攻击方式很多，其中主要包括：

1）信息泄露：信息被泄露或透露给某个非授权的实体。

2）破坏信息的完整性：数据被非授权地进行增删、修改或破坏而受到损失。

3）拒绝服务：对信息或其他资源的合法访问被无条件地阻止。

4）非法使用：某一资源被某个非授权的人或以非授权的方式使用。

5）窃听：用各种可能的合法或非法的手段窃取系统中的信息资源和敏感信息。例如对通信线路中传输的信号搭线监听，或者利用通信设备在工作过程中产生的电磁泄漏截取有用信息等。

6）业务流分析：通过对系统进行长期监听，利用统计分析方法对诸如通信频度、通信的信息流向、通信总量的变化等参数进行研究，从中发现有价值的信息和规律。

7）假冒：通过欺骗通信系统（或用户）达到非法用户冒充成为合法用户或者特权小的用户冒充成为特权大的用户的目的。黑客大多采用假冒攻击。

8）旁路控制：攻击者利用系统的安全缺陷或安全性上的脆弱之处获得非授权的权利或特权。例如，攻击者通过各种攻击手段发现原本应保密但是却又暴露出来的一些系统“特性”，利用这些“特性”，攻击者可以绕过防线侵入系统的内部。

9）授权侵犯：本应被授权以某一目的使用某一系统或资源的某个人，却将此权限用于其他非授权的目的，也称作“内部攻击”。

10）特洛伊木马：软件中含有觉察不出的有害的程序段，当它被执行时，会破坏用户的安全。这种应用程序称为特洛伊木马（Trojan Horse）。

11）陷阱门：在某个系统或某个部件中设置的“机关”，使得在特定的数据输入时允许违反安全策略。

12）抵赖：这是一种来自用户的攻击，如否认自己曾经发布过的某条消息、伪造一份对方来信等。

13）重放：出于非法目的，将所截获的某次合法的通信数据进行复制，从而重新发送。

14）计算机病毒：一种在计算机系统运行过程中能够实现传染和侵害功能的程序。

15）人员不慎：一个授权的人为了某种利益或由于粗心，将信息泄露给一个非授权的人。

16）媒体废弃：信息从被废弃的光盘或打印过的存储介质中获得。

17）物理侵入：侵入者绕过物理控制而获得对系统的访问。

18）窃取：重要的安全物品（如令牌或身份卡）被盗。

19）业务欺骗：某一伪系统或系统部件欺骗合法的用户，或系统自愿地放弃敏感信息等。

2.3.3 信息系统安全防范

信息系统安全防范应遵守以下十项原则：

一是预防为主原则：在信息系统的规划、设计、采购、集成和安装中要同步考虑信息安全问题，不可心存侥幸。

二是木桶原则：“木桶的最大容积取决于最短的一块木板”，信息系统要防范最常见的攻击，提高最薄弱点的安全性能。

三是成熟技术原则：优先选用成熟的技术，谨慎使用前沿技术，以便得到可靠的安全保证。

四是适度安全原则：绝对的安全实际上是没有的，要正确处理安全需求与实际代价的关系。

五是规范标准原则：信息系统要遵守统一的规范和标准，确保互联通性和互操作性，实现各分系统的一致性。

六是全体参与原则：安全问题不光是少数安全管理人员的责任，同时也是全体相关人员的责任。如果安全管理人员制定的安全管理制度和措施得不到相关人员的切实执行，那么安全问题根本无法解决。

七是技术与管理结合原则：多数的安全问题起源于管理，信息系统安全涉及人员、技术、操作、设备等因素，仅靠技术或管理都无法保证安全，技术与管理必须有机结合。

八是分步实施原则：信息系统安全防护应该根据实际需要，首先保证最基本的必需的安全，然后逐步增强安全防护力度。

九是易操作原则：安全措施应当尽可能简单，措施复杂必然会提高出现错误的概率。

十是分权制衡原则：关键管理权限不能仅由一个人掌握，否则，一旦出现问题将全线崩溃。

2.4 本章小结

随着技术的不断发展，信息安全的侧重点不断在变化，安全威胁也在变化。本章首先讲述了密码学基础、古典密码、对称密码、非对称密码等密码学内容，然后介绍了网络安全协议、网络攻击技术、入侵检测技术、VPN 技术等网络安全技术，最后从多角度分析信息系统安全的威胁，提出信息系统安全防范原则。

习题 2

1. 什么是密码学？密码学的主要技术是什么？
2. 对称密码与非对称密码的区别是什么？
3. 在信息安全审计中，需要了解哪些常用的网络安全技术？
4. 面对信息系统的安全威胁，信息安全审计的作用是什么？

第3章　实体访问控制的审计

本章学习要点：

- 掌握实体审计的基本概念。
- 了解如何审计实体级控件。
- 了解实体审计战略规划和技术路线图。
- 了解实体审计项目审批和监测流程。

国家某信息中心的应用服务器包括 WWW 服务器、邮件服务器、全文检索服务器、数据库服务器、目录服务器、DNS 服务器、Radius 服务器、OA 服务器、Proxy 服务器等数十台。服务器操作系统为 Sun Solaris、HPUX、SGI IRIX、IBM AIX 以及 Windows 2000 等。为了提高安全管理水平，该信息中心计划在现有的安全管理设施的基础上建设一套网络安全管理系统，其中包括重点服务器的访问控制。网络安全公司在该信息中心需要进行重点保护的 10 台服务器上安装了 etrust Access Control 软件。对于其他的业务服务器，网络安全公司建议在下一阶段将其纳入主机防护系统。采用公司的方案后，该信息中心提高了对关键资源的控制力度，从根本上杜绝了对资源的非法、恶意访问和篡改，而 etrust Access Control 的跨平台能力使得管理员能够从一个中央控制台集中管理对 BM、HP、Sun、SG1 以及 Microsoft 等操作系统的访问许可，大大降低了管理难度。

由于实体级控件在整个组织中普遍存在，因此需要审计实体控件，以确认实体已涵盖整个公司的主题。本章讨论审计员期望在组织中集中看到的领域，如果本章中涉及的主题在公司中没有实现集中或很少集中协调，则应提出有关其整体有效性的问题。这些主题大多为 IT 组织设定了总体“顶部设计”，并提供整个 IT 环境的治理。如果它们不是集中和标准化的，那么审计员应该质疑整个 IT 环境是否受到了良好控制。实体级控件并不存在一致定义，而会因组织而异，具体取决于 IT 环境的定义方式。一个公司的实体级流程不一定是另一家公司的实体级流程。如果关键 IT 流程是集中的，则它是实体级控制评审的候选对象。许多公司都有多个分散的数据中心，这意味着这些实体级控制不是针对这些公司的集中的流程，但是，某些公司有一个数据中心和一组用于集中执行这些分散的数据中心的流程，那么其中的物理安全、环境控制和系统监视等功能将有资格被视作实体级控制。审计师必须运用对公司的良好判断和自身掌握的知识来确定哪些是实体级控制，哪些不是实体级控制。

高质量的 IT 实体级控制构成了公司内部 IT 控制环境的基础。本章在分析哪些是实体级控制的基础上，着重论述实体访问控制的审计流程，以及实体访问审计的相关概念。

3.1 IT 组织与策略的审计

3.1.1 IT 组织结构审计

不明确的 IT 组织结构可能会导致责任混乱，从而导致 IT 支持功能执行效率低下，导致关键功能可能被忽视或重复执行。此外，如果权力界限不明确，则可能导致对谁最终有能力做出最后决定的分歧。如果 IT 职责没有适当分离，则可能导致欺诈活动，并影响公司信息和流程的完整性。IT 组织的“一刀切”模型不存在，并且不能机械地使用检查表来确定公司的 IT 组织是否足够合理。相反，必须查看整个组织，并在确定它是否能充分解决最基本的要素时进行判断。

下面是审查期间需要考虑的一些关键领域。

1）查看 IT 组织结构图，并确保其清楚地描述了结构与功能。

组织结构图应指示各种 IT 组织在公司中所处的位置。例如，在大多数公司中，所有 IT 组织最终都向首席信息官（CIO）报告，以便最终授权机构能够为整个 IT 环境设置规则。确保公司拥有 IT 组织报告结构，最终向“足够接近”日常 IT 操作的单个来源报告，以便进行有效的治理和设置。如果 IT 组织向多个 CIO 报告或仅报告给首席执行官（CEO）等高级主管，则可能需要其他流程来制定有效的方法来为公司 IT 制定总体政策和优先事项。否则，IT 内部可能存在“自留地”，从而阻止建立真正的实体级 IT 控制。

2）查看 IT 组织结构图和章程，并确保它们明确划定职责范围。

应确定责任在组织之间分配是否明确，或评估是否存在重大混淆和重叠的可能。除了查看记录的组织图表和章程外，还要对 IT 员工和客户进行面谈，以确定其是否对责任划分有一致的理解。

3）评估 IT 组织内部的职责划分，以确保职责得到适当划分。

在做出判断时，还应考虑批判性。与为次要职能提供支持的系统（如公司的内部培训系统）相比，在关键财务系统上实行职责分离更为重要。

注意：

职责划分的具体细节虽然因公司而异，但是通常都会将启动、授权、输入、处理和检查数据的责任分开，以便一个人没有能力进行欺诈、授权和隐藏操作。换句话说，要试图阻止一个人能够颠覆关键过程。

以下是审查期间可考虑的一些基本准则。同样，这也不应作为固定的检查表，审计员在调查潜在异常时应审查补偿控制。

- IT 人员不应执行数据输入。

IT 组织在不同公司的组成上有所不同，因此某些数据输入人员可能会在其公司中归类为 IT 人员。在这种情况下，IT 人员指的是执行真正系统支持的 IT 人员。

- 程序员和对系统运行/维护支持的人员不应直接修改生产代码、生产数据或作业计划结构。

当职责分离问题显而易见时，审计员在确定其是否是一个真正的问题之前，应寻求补偿控制。如果严格的问责制和变更控制程序支持这种访问，则访问生产数据和代码可能不会产生很大的风险。

● 程序员和对系统运行/维护支持的人员应与执行 IT 操作的人员分开。

例如对网络、数据中心、操作系统等的支持。

● IT 安全组织应负责设置策略并监视这些策略的合规性。

3.1.2 审查 IT 战略规划流程

为了保持长期有效性，IT 组织必须制定某种战略规划。日常问题和危机是制定战略规划时考虑的唯一因素。IT 组织必须了解未来的业务需求和环境的变化，以便能够做出相应的规划和反应。IT 优先级与业务优先级保持一致非常重要。很多 IT 组织忽略了这样一个事实，即它们存在的唯一原因是支持公司实现其业务目标。相反，这些 IT 组织却专注于成为“世界级 IT 商店”，其目标并不能直接支持公司总体目标。IT 组织必须坚持其目标与公司目标挂钩。

具体内容如下：

1）查找 IT 内部战略规划流程的证据，并了解该规划是如何执行的。

2）确定在制定 IT 战略和优先级时如何使用公司战略和优先级。

3）查看记录的短期和长期 IT 优先级。

4）评估优先事项定期监测进展情况以及重新评估和更新这些优先事项而制定的程序。

3.1.3 审查技术和应用策略

IT 环境变化很快，IT 组织了解并规划变革非常重要。否则，公司的 IT 环境将面临过时或未充分利用技术的风险。

审计时应寻找长期技术规划正在实施的证据。对于已购买的应用软件和技术，应确定 IT 部门是否了解供应商对这些产品的支持路线图。IT 组织应了解何时不再支持其产品版本，并制订计划进行升级或更换产品，确定是否制定了流程来监控相关技术的变化，考虑这些变化将如何影响公司，并寻找机会使用新技术来帮助公司。

3.1.4 审查 IT 的业绩指标和衡量标准

确保流程和指标到位（并经关键利益相关者批准），以便根据服务级别协议、预算和其他运营要求来衡量日常活动的业绩并跟踪绩效。IT 组织的存在是为了支持业务及其日常运营。如果未建立和衡量最低绩效标准，则业务很难确定 IT 组织的服务是否以可接受的水平执行。

具体内容如下：

1）获取为 IT 组织的日常活动（如系统响应时间）捕获的任何指标的副本。

确定这些目标，并确保适当的利益相关者已批准这些目标。如果实际绩效明显低于目标，则需确定是否进行了根本原因分析以了解问题，以及是否已制订计划来解决问题。

2）查看为支持 IT 的关键利益相关者而建立的任何服务等级协议。

确保流程到位，以便根据服务等级协议的要求测量实际性能并纠正任何偏差。确保制定预算和让 IT 组织负责实现预算的流程。

3）获取当前和上年的 IT 预算副本，以及任何“预算与实际”分析的副本。

确定如何报告和解决任何问题的重大差异。

3.1.5 审查 IT 组织新项目及审批流程

确定审查 IT 组织新项目及审批流程的过程是否足以确保系统购置项目和开发项目在未经批准的情况下无法启动。确保管理层和主要利益相关者在重大项目的整个生命周期内定期审查项目状态、进度和预算。

如果没有一个结构化流程来审批和确定新 IT 项目的优先级，那么 IT 资源可能无法被有效地部署。相反，将临时分配给下一个潜在的项目。此外，IT 项目的启动可能不符合业务或没有部署这些资源的其他潜在项目重要。如果没有一个结构化流程，没有管理层和主要利益相关者定期审查项目进度，项目便有可能偏离轨道，无法实现关键目标。

具体内容如下：

1）查看有关项目建议和审批流程的任何可用文档，评估流程中可能存在的允许项目未经批准启动的潜在漏洞。

2）寻找证据，证明建议的项目在批准之前已被列为优先事项，并且此审批流程中存在某些规律和共性问题。

考虑并选择活动 IT 项目的示例，并获取这些项目经过适当建议、优先级和审批过程的证据。审计管理层和主要利益相关者要定期审查活动 IT 项目的状态、计划和预算的证据，确保项目审批流程要求在项目启动前进行全面的成本分析，以便管理层能够就项目的预期投资回报（ROI）做出科学决策。

对于这些成本分析，不仅应考虑项目启动成本，还应考虑持续成本，如软件维护、硬件维护、支持（人工）成本、系统硬件的电源和冷却要求成本等。这些问题经常被忽略，从而导致决策错误。启动成本只是实施新系统的持续总成本中的一小部分。作为初步项目分析的一部分，应开发多年（五年通常是一个好目标）总成本模型。

3.1.6 评估 IT 项目执行度及产品质量标准

如果标准在 IT 环境中没有落实到位或没有执行，那么项目可能会在违反纪律的情况下执行，IT 环境将可能出现不必要的多样化（导致内部支持成本和潜在的接口问题）。

确定记录的标准是否针对以下领域，如果是，则查看这些标准并判断这些标准是否足够。

1）项目管理：有关项目管理标准中应存在关键要素的准则。

2）软件开发：应存在规范代码开发的标准，包括命名、修订历史记录、注释和对其他程序的调用等标准。如果没有这些标准，那么一个人支持和排除他人代码故障所需的时间和精力会显著增加。根据 IT 组织的规模，编程标准在一定程度上分散是可以接受的，但是，每个重要的开发组织都应有一套标准。

3）系统配置：包括笔记本计算机、台式机、服务器和通用用户软件包的标准配置。通用配置有助于确保系统是可支持的，并且它们具有适当的安全设置。

4）硬件和软件：应制定规范以及供公司使用的硬件和软件的标准。这些规范和标准应支持特定版本。否则，IT 环境可能由多种执行类似功能的产品组成，从而提高 IT 支持成本，并导致各种产品相互连接的能力出现问题。

5）质量保证标准：应制定标准来确保开发过程包括安全风险和内部控制要求的评估。

注意：

查找将这些标准传达给所有相关 IT 员工的证据，并确定如何实施这些标准。应查看最近活跃的 IT 项目示例，以证明标准得到遵守。应查看系统示例，以检查是否与配置、硬件和软件标准存在偏差。

3.1.7 确保 IT 安全策略的存在

应确定如何传达策略以及如何监控和执行合规性。IT 安全策略为公司员工设定了期望的标准。如果策略不存在或没有提供足够的覆盖范围，员工将被迫制定自己的有关安全问题的规则。同样的概念也适用于计算机系统，这需要评估系统安全性的标准。如果 IT 安全策略过于宽松，那么将不会为公司的信息资产提供足够的保护。如果过于严格，那么它们要么被忽略，要么给业务带来不必要的开销和成本。

如果未向员工传达 IT 安全策略，则员工不会遵循这些策略。此外，如果不监控和执行这些策略的合规性，那么员工很快就会了解到可以忽略这些策略，而不会造成任何后果，从而导致策略成为“建议”而不是要求。

1. 验证足够的策略覆盖范围

获取公司 IT 安全策略的副本，确保它们充分覆盖公司的 IT 环境。至少，这些政策应包括以下范围：

1）可接受员工使用公司的信息资产（例如，员工是否可以出于个人原因使用公司的计算机、互联网和电子邮件）。

2）数据分类、保留和销毁。

3）远程连接（例如，虚拟专用网络（VPN）、拨号和与外部其他形式连接的总体网络安全要求）。

4）密码。

5）服务器安全性（如 UNIX 和 Windows 服务器的安全要求）。

6）客户端安全性（如台式机和笔记本计算机的安全要求）。

7）逻辑访问（如获取和授予对系统访问权限的要求）。

具体内容如下：

1）根据行业标准和公司的具体需求，查看充分性政策。

2）特别查看公司的密码策略。如公司密码的组成（如至少 8 个字符，字母和数字的组合，难以猜测等）、公司旧密码的更新（如要求每 90 天更改一次）、在一定数量的不成功登录尝试后锁定账户，以及保留密码历史记录等。

3）具体查看公司的逻辑访问策略。

它应提供足够的准则，规定每个用户都有唯一 ID、在员工离职或工作变更时暂停账户，以及授予用户执行作业所需的最低访问权限。

2．验证利益相关者的支持

确保在制定政策时关键利益相关者和与 IT 安全策略相关员工的参与。如果 IT 安全组织凭空创建 IT 安全策略，而不涉及其他人，则该策略可能被视为不现实，并且将被忽略。那些为 IT 环境提供日常支持的人员的参与将为政策带来重要的视角，并确保那些需要执行和遵守政策的人获得支持。

确保 IT 安全策略已获得执行官（如 CIO 或 CEO）的批准，这将为 IT 组织提供执行策略所需的授权和支持。

3．围绕策略验证流程

1）审计过程中应定期查看和更新策略，以确保它们可以适应不断变化的 IT 环境，查找这些进程已执行的证据。

2）审查及定期评估可能需要制定新策略的环境变化的流程，查找这些流程已执行的证据。

3）制定请求豁免政策的流程。

在特殊情况下，有人难免会不能遵守政策。应制定一个明确的程序，使这些人可以请求豁免该政策。应要求他们说明为什么豁免，并定义将实行的补偿控制。IT 安全组织应根据特殊请求提出风险建议和意见。这应该是一个商业决策。查看豁免流程的上报策略，并确保业务（与 IT 相比）管理层在某个时候参与。

注意：

- 查找 IT 安全策略已充分传达给所有公司员工的证据。其中包括在新员工招聘期间宣传安全策略，让所有员工定期签署他们已阅读并同意策略的声明。
- 查看 IT 安全部门和其他 IT 组织实施的流程，以监控策略的合规性。确保实施和上报流程到位，从而纠正不符合要求的情况。
- 查看最近适用的合规性监控报告示例，并确保跟踪重大问题以解决问题。确保存在员工报告安全事件或疑虑的机制，并确保对这些报告进行跟踪以解决问题。查看最近报告的事件样本，并确定这些事件是否已得到充分解决。

3.2 实体级控件的风险与管理的审计

3.2.1 审查和评估 IT 组织的风险评估流程

如果没有审查和评估 IT 组织的风险评估流程，IT 组织将不知道实现其目标的风险，因此无法根据是否接受或减轻这些风险做出相应的决定。

这一步骤与本章中提到的其他步骤之间存在一些重叠，其中许多步骤旨在确定 IT 组织如何评估自己的风险。如果认为此步骤已得到充分涵盖，而不执行，那么就应该寻找证据，表明IT组织正在定期考虑IT环境的风险，并有意识地决定是否接受、减轻或避免这些风险。风险评估机制可包括：

1）监控IT环境中的内部控制，包括内部审计和自我评估。

2）对关键数据中心和系统执行的威胁和风险评估。

3）定期审查战略IT计划和技术路线图，并评估实现这些计划的风险。

4）监控IT安全策略和其他相关IT策略的合规性。

3.2.2 审查和评估员工技能与知识流程

审查和评估员工技能与知识以确保公司的 IT 员工具备完成工作所需的技能和知识。如果IT组织的员工没有资格执行其任务，那么IT服务的质量将会很差。如果没有机制来维持和提高IT员工的知识和技能，那么他们的知识就会过时。

查看与IT员工相关的人力资源（HR）策略和流程，寻找确保聘用合格人员的机制，并持续提高员工技能和知识。可以从以下几个方面审查遵循这些政策和流程的证据：

1）确保所有IT岗位职责明确，并确保岗位描述能够具体说明每项工作所需的知识和技能，查看在招聘过程中是否引用了这些岗位职责描述的证据。审计流程，并使岗位职责的表述保持最新状态。

2）审查IT组织的培训政策，并确保这些政策可以为员工提供机会，让他们参加培训课程和研讨会，以提高和更新他们的技能和知识。寻找 IT 员工在过去一年中接受培训的证据。

3）审查绩效审计流程。寻找IT员工定期收到绩效反馈的证据。确保存在识别表现不佳的员工、辅导他们以及如果绩效仍没有提高则将他们从组织中移出的流程。相反，确保存在识别绩效优秀的员工、奖励他们以及激励他们留在公司的流程。

3.2.3 审查和评估数据政策和流程

这一部分是审查和评估分配公司数据所有权、对数据进行分类、按照分类保护数据以及定义数据生命周期的政策和流程。尽管 IT 负责提供保护公司数据的技术和机制，但必须建立一个框架，以决定特定数据元素（基于数据的关键性）需要何种级别的保护。如果没有这样的框架，数据的保护方式就会不一致，可能导致某些不需要保护的数据受到保护（从而使关键信息资产面临风险）或过度保护（导致不必要的成本）。如果不定义数据的生命周期，将导致数据的保留时间超过必要时间（导致额外的存储成本和可能的法律责任）或过早销毁（导致潜在的运营、法律或税务问题）。

具体内容如下：

1）查看公司的数据分类政策。用于识别公司所有关键数据的所有者。其中还应包括一个框架，根据数据的重要性（如机密数据、内部数据、公共数据）对数据进行分类。此框架应提供每个分类级别的特定定义，以及保护每个级别数据的特定要求（如加密）。

2）查看数据分类策略已实施的证据。查找数据所有者列表和文档，指示这些所有者已对其数据进行分类。对于这些数据的示例，应查看及保护已随分类一致实施的证据。

3）确定是否已为公司数据创建生命周期信息。对于有关主要数据元素的示例，要查看数据的生命周期要求的文档，包括保留、存档和销毁要求。理想情况下，将确定数据应处于活动状态的时间（联机、易于访问、适当可修改、定期备份）、何时存档以及存档时间（可能处于脱机状态，不一定易于访问、不再可修改且不再定期备份）以及何时应销毁。

4）审查已实施生命周期要求的证据。

3.2.4 审查和评估监管程序流程

确保具有有效的程序来遵守影响 IT 的适用法律和条例，保持对监管环境变化的认识。如果公司违反了适用的法律和法规，则可能面临严厉的处罚和罚款、声誉受损、诉讼，并可能导致公司破产。如果没有健全的流程来监控监管环境，那么公司可能会因为不知道新的法律和法规，从而导致不合规。

具体内容如下：

1）查找负责监控监管环境及其对 IT 影响的责任人。

责任人应负责识别适用于公司 IT 环境的法律和法规，确保将遵守这些规则的责任明确分配给相应的组织，并监控监管环境，以发现影响公司的新增和更改内容。如果没有一个人或组织对此负责，则很可能无法提供全面覆盖的保证。

2）查看用于监控监管环境的流程，并评估其有效性。

获取已识别的 IT 适用法规的列表，并查找已分配并正在接受监控遵守这些法规的责任的证据。

3.2.5 审查和评估用户满意度流程

为保证最终用户能够反馈问题，参与 IT 决策，提高用户的满意度，需要有用户参与和反馈的渠道与流程，以便员工能够对 IT 服务质量进行评价。

具体内容如下：

1）确保“帮助功能”具有为最终用户提供反馈问题的能力。

查看和评估流程以捕获问题并跟踪问题以解决问题。获取最近问题列表，并选择一个示例，确保所有问题都已解决，并且未经请求用户的同意不会关闭任何请求功能。

2）确保“帮助功能”不会以牺牲安全性为代价来寻求客户满意度，在响应用户重置密码和获取系统访问权限的请求之前，应查看策略和流程以获得适当的批准。

查看此类凭证的示例，确保遵循适当的流程并获得批准。

3）存在客户指导团队，以提供 IT 项目及增强功能的输入和优先级。

对于业务的重要领域，应确定关键利益相关者，以便对影响他们的项目和决策向 IT 组织提供指导。否则，IT 组织将做出没有依据的决策，并且可能会处理无法为业务提供最大价值的项目或增强功能。

3.2.6 审查和评估管理第三方服务的程序

确保明确界定第三方服务程序的作用和责任，并监测其业绩。许多公司外包其部分或全部 IT 支持流程，包括 PC 支持、Web 服务器托管、系统支持、编程等。如果对这些供应商的管理不当，则有可能导致 IT 环境中的服务不佳和出现质量问题。IT 环境已外包的部分，可能会显著影响公司的运营。

具体内容如下：

1）查看选择供应商的过程。

确保流程有多个竞争性投标，将每个供应商与预定义的标准进行比较，让知识渊博的采购人员参与帮助谈判合同，评估供应商的技术支持能力以及为与本公司规模和行业相似的公司提供支持的经验，进行彻底的成本分析，并调查每个供应商的资格和财务状况。对于有关供应商选择的示例，需查看流程得到遵循的证据。

2）确保与第三方服务提供商的合同中明确定义了供应商的角色和责任，并且包括了定义的安全等级（Safety Level，SL）。查看合同样本，以寻找明确定义期望的证据。

3）确保合同包含保密条款，防止供应商泄露公司信息。还应确保合同中包含审计权条款，允许审计公司至关重要的供应商活动。审查合同样本，以证明这些条款在适用时已经到位。

4）审查监控绩效和对现有第三方服务提供商进行监督的流程。

对于现有供应商的示例，应查看并监视其符合 SL，显示他们正在履行合同中定义的职责的证据。

3.2.7 审查和评估控制非员工逻辑访问的流程

大多数公司采用某种程度的外包和合同雇佣工来补充内部劳动力。此外，一些公司允许第三方供应商对购买系统进行一定程度的逻辑访问，以便进行故障排除和支持。由于这些人员不是公司的员工，因此他们不太可能对公司的成功进行个人投资，也不太可能对公司的政策和文化有所认识。如果他们对公司信息资产的访问不受控制，则公司信息资产有可能被不必要地暴露或被误用。

具体内容如下：

1）确保在非员工获得对公司系统的逻辑访问权限之前，需要得到员工的批准。如果可行，则获取非员工账户样本，并验证它们是否具有适当的批准。

2）在授予非员工系统访问权限之前，审计和评估向非员工传达公司策略（包括 IT 安全策略）的流程。

寻找这种沟通发生的证据，例如，如果所有非员工都必须签署已阅读并同意策略的声明，就提取非员工样本并获取这些协议的副本。

3）审计和评估流程，以便删除非员工不再与本公司合作或不再需要访问权限时的逻辑访问。

应考虑获取当前非员工账户示例，并验证这些非员工仍在与本公司合作，并且仍需要其具有当前访问级别。

4）确保非员工签署保密协议（NDA），以便在法律上保护公司免受不当使用数据的影响。

提取非员工账户的示例，并获取这些账户的保密协议副本。

5）确保已考虑及识别非员工不应访问的数据和非员工不应执行的活动。

例如，公司可能会决定绝不应授予非员工访问某些级别的财务数据，或者可能会决定绝不应授予非员工系统管理职责。这将取决于公司的理念，但是应进行评估，评估结果应记录在公司政策中并强制执行。此评估应成为数据分类工作的一部分，并应推动对非员工逻辑访问的限制。

3.2.8 审查和评估确保公司遵守适用软件许可证的流程

非法使用软件可能导致处罚、罚款和诉讼。公司员工从 Internet 下载软件越来越容易，如果公司没有防止或跟踪此类活动的流程（以及跟踪购买软件的公司许可证使用情况），可能会发现自己受到软件供应商审计，无法正确核算公司使用供应商软件的能力。

具体内容如下：

1）查找公司维护企业软件许可证列表（如 Microsoft Office、ERP 应用程序账户等），监视这些许可证的使用情况以及遵守协议条款过程的证据。

2）确定如何监视和跟踪非企业许可证。

这包括员工购买并放置在公司计算机上的软件，以及从 Internet 下载的软件。真正全面的软件资产管理需要一个集中式数据库，其中包含有关公司有权使用哪些软件（购买的许可证）以及环境中正在使用的软件（使用的许可证）的信息，并可以比较这些软件。

3）通过在计算机样本上执行自己的扫描或查看公司流程的证据，测试公司使用方法的有效性。

3.3 实体级控件相关的审计

3.3.1 审查和评估对公司网络远程访问的控制

拨号、VPN、专用外部连接等，基本上会导致远程访问网络超出其正常限制的范围，绕过正常的外围控制（如防火墙）。缺乏对此类访问的强大控制可能会导致对网络访问的不当和网络遭到破坏。

具体内容如下：

1）确保远程访问需要用户 ID 和强密码，并确保这些凭据能够通过安全（如加密）通信通道传输。

2）确定是否制定了授予远程访问的审批流程，尤其是对于非员工。

提取具有远程访问的用户示例，并查找批准的证据。还要评估员工离开公司时删除拨号和 VPN 远程访问账户的过程。提取具有远程访问的用户示例，并确保他们仍然是活动的员工。

3）评估不再需要与业务合作伙伴的专用外部连接的控制措施。

提取当前联系的样本，并通过访谈和文档审查来确定这些联系是否仍是合法的。

4）评估控件，以确保能够检测到未经授权的连接。

评估控件，以确保未经授权的调制解调器或 VPN 连接点不能放置在网络，或对它们进行检测。

5）确保策略能够提供远程访问网络的所有计算机应满足的最低安全要求。

这应包括操作系统修补程序级别和防病毒保护的要求。查找执行这些要求的预防性控制或侦探控制。

6）确保不允许远程访问网络的计算机具有良好的技术和明确的协议来进行审查和评估。

3.3.2 审查和评估雇佣及解雇程序

确保雇佣和解雇程序明确和全面，雇佣程序应确保员工在组织内开始工作之前，在当地法律允许的情况下提交人员筛选和背景调查。解雇程序应确保员工造成损害之前能够撤销其对公司系统和设施的访问，并确保公司财产被归还。雇佣或解雇程序不充分会使公司遭受破坏或使员工滥用特权，从而造成信息安全妥协。

具体内容如下：

1）审查员工招聘和解雇的人力资源政策及程序。

2）确保招聘程序包括背景调查、人员筛选和保密协议。

3）确保解雇程序包括物理和逻辑访问吊销、公司拥有的设备返回，以及在解雇员工前对其领取物品的行为进行监督。

3.3.3 审查和评估硬件采购及流动程序

资产管理可控制、跟踪和报告组织资产，以利于资产的核算。如果没有有效的资产管理，在设备可用且下落不明的情况下，公司将面临重复设备费用的增加。如果租赁设备未得到充分的跟踪和按时归还，公司也将被收取不必要的租赁费用。同样，如果没有充分的资产管理，可能无法注意设备寿命终止的情况，从而导致硬件故障风险增加。此外，失窃及未跟踪的设备可能会被忽视。在此步骤的上下文中，所引用的资产是指计算机硬件，如台式机、笔记本计算机、服务器等。

审查和评估公司的资产管理政策及程序，并确保这些政策和程序包括以下内容：

1）资产采购流程，确保此流程在购买硬件之前需要批准。

2）资产跟踪，确保公司使用资产标签，并具有资产管理数据库。

3）所有设备的当前库存，确保库存包含所有硬件的资产号和位置，以及有关设备保修状态、租赁到期时间和整体生命周期（即当设备不再有资格获得供应商支持时）的信息，确保建立有效的机制，使库存保持最新。还应明显检查资产标签样本，并将其与库存挂钩。

4）资产移动和处置程序，确保以安全的方式存储未使用的设备，还要确保数据在处置前已从设备中正确擦除。

3.3.4 审查和评估管理控制系统配置

确保通过变更管理控制系统配置，以避免不必要的系统中断。配置更改管理可确保控制和跟踪系统更改，以降低系统中断的风险。它包括规划、计划、应用和跟踪对系统的更改，以降低对环境更改的风险。更改活动可能会影响两个方面：硬件和软件（包括操作系统级别的更改）。确保配置管理过程包括以下内容：

1）请求更改（包括最终用户请求更改的过程）。

2）确定应更改内容的具体细节。

3）优先处理和批准建议的变更。

4）计划已批准的更改。

5）在实施前测试和批准变更。

6）在实施前传达计划变更。

7）实施更改。

8）在实施后回滚（删除）无法按预期工作的更改。

此外，还要查看更改控制文档，以验证更改是否已被完全记录、批准和跟踪。批准应包含风险评估，通常由利益相关者组成的委员会批准。应该能够从 IT 管理中获取更改控制请求的示例以及其他配置管理文档。

3.3.5 审查和评估审计媒体控制策略及程序

确保全公司政策和程序充分处理媒体运输、储存、再利用和处置问题。媒体控制可确保存储在数据存储介质上的信息保持机密，并受到保护，防止过早损坏或破坏。媒体运输、存储、重用、处置政策和程序不足，可能会使组织面临未经授权的披露或销毁关键信息的风险。一种越来越常见的安全事件类型是第三方运营商在传输过程中丢失备份介质。近年来，一些知名公司成为这一威胁的受害者，由于法律诉讼、声誉损害和事件响应成本而蒙受损失。

必须严格控制计算机介质，包括但不限于备份磁带、CD、DVD、硬盘、U 盘等，以确保数据隐私。由于备份操作员、计算机技术人员、系统管理员、第三方运营商甚至最终用户会处理存储介质，因此媒体策略和程序应处理这些不同的角色。审计媒体控制策略和程序时，应查看以下内容：

1）要求敏感信息在通过第三方运营商运输之前进行加密。

2）要求在重复使用或处置之前对磁性介质进行数字粉碎或消磁。

3）要求在处置前对光学和纸张介质进行物理粉碎。

4）要求用户接受有关存储和处置计算机媒体（包括跳转驱动器）的有效培训。

5）要求计算机介质存储在物理安全、温度可控制和干燥的位置，以防止介质损坏。

3.3.6 核实公司政策和程序是否有效

核实公司政策和程序是否能够充分处理监测和规划问题。预测和监控数据中心设施、计算机系统和应用程序的容量是确保系统可用性的关键部分。当公司忽视这些控制时，通常会遇到系统中断和数据丢失。

应查看以下内容：

1）选定的体系结构文档，以确保系统和设施的设计符合预期的容量要求。

2）系统监测程序，应特别注意容量阈值。

3）系统监控日志，确定接近或超过容量阈值的系统百分比。

4）系统可用性报告，以确保系统容量问题不会导致不必要的停机。

由于容量管理通常由负责数据中心、应用程序或系统管理的工作组处理，因此应在这些领域内处理特定程序。

3.3.7 确定和审计其他实体级 IT 流程

根据 IT 组织和流程的结构，确定和审计其他实体级 IT 流程。识别这些基准 IT 控件，应该能够减少其他审计期间的测试，并避免重复。例如，如果公司只有一个生产数据中心，则可以测试该数据中心的物理安全和环境控制一次。然后，对位于该数据中心的各个系统执行审计，而不是对每个系统的物理安全和环境控制进行审计（由于它们都位于同一位置，因此重复），此时可以仅引用对这些主题的实体级审计并继续前进。此外，执行集中式流程的审计，将会了解整个 IT 环境中的潜在补偿控制，这些控制可能会缓解人们对较低级别控件的担忧。

注意：

如果公司的关键 IT 流程是集中的，则它是在实体级控制审计期间进行审计的良好候选流程。对公司级别进行一次审计后，再对其他 IT 系统和流程执行审计时就可以依赖该审计结果。

3.4 本章小结

高质量的 IT 实体级控制构成了公司内部 IT 控制环境的基础。本章在分析哪些是实体级控制的基础上，指出了实体访问控制审计的必要性，着重论述实体访问控制的审计流程，并在此过程中介绍实体访问审计的相关概念。

习题 3

1．你认为实体访问控制审计面临的挑战有哪些？请举例说明。
2．在工作和生活中，你是否接触过实体访问控制审计？
3．你是否能够自行找到 IT 特定实体级控制的一般信息和准则？

第 4 章　数据中心和灾备机制的审计

本章学习要点：

- 了解数据中心的核心作用。
- 了解数据中心的审计要点。
- 掌握审计数据中心的测试步骤。

谷歌（Google）是一家位于美国的跨国科技企业，业务包括互联网搜索、云计算、广告技术等，同时开发并提供大量基于互联网的产品与服务，其主要利润来自于 AdWords 等广告服务。

2019 年 6 月 2 日，谷歌云平台（Google Cloud Platform，GCP）发生了严重的网络中断，影响了美国部分地区的托管服务。大约从美国东部时间上午 9 点开始，相关工作人员观察到试图连接到 GCP 的 us-west2-a 托管服务的全局监视器的数据包丢失率达到 100%。而 GCP 位于美国东部几个地区（包括 us-east4-c）的托管站点也出现了类似的情况。此次宕机也影响了 Google 自己的应用程序，包括 GSuite 和 YouTube。该宕机持续了 4 个多小时，几天后，Google 就此事件发布了官方报告。ThousandEyes 的优势在于能够实时查看宕机情况，并在更详细的信息公开之前有效地揭示宕机的特点和规模。事实证明，部分 Google 网络完全不可用是由于 Google 的网络控制平面意外脱机导致的。据谷歌后来透露，在宕机期间，一套自动策略确定了哪些服务可以在未受影响的网络中部分访问或不能访问。从云服务中断中获得的最重要的教训是确保任何云架构都具有足够的弹性措施（无论是在多区域基础上还是在多云基础上），以防止将来再次发生中断，这一点至关重要。可以说即使在云中，IT 基础架构和服务有时也会出现中断。

本章通过谷歌公司的案例，揭示数据中心的核心作用和审计要点，以及审计数据中心的测试步骤。

4.1　数据中心的核心作用

自 1946 年创建第一台通用电子计算机（ENIAC）以来，计算机系统就具备了特定的环境、电源和物理安全要求。从 20 世纪 50 年代末开始，随着大型计算机的普及，为了满足这些要求，创建了数据中心。现在，大多数组织都有自己的数据中心或将其系统布置于共享设施中。

当今的数据中心可以提供物理访问控制基础设施、环境控制、电源和网络连接、灭火系统和报警系统。此数据中心基础设施旨在维护恒定的最佳计算环境。审计员的职责是验证所有必要的系统和程序是否存在并正常工作，以保护公司系统和数据的机密性、完整性和可用性。

4.2 数据中心的审计过程

4.2.1 数据中心的审计要点

数据中心是一个设施，旨在容纳组织的关键系统，其中包括计算机硬件、操作系统和应用程序。利用应用程序来支持特定的业务流程，如订单履行、客户关系管理（CRM）和会计。图 4.1 所示为数据中心设施、系统平台、数据库、应用程序和业务流程之间的关系。

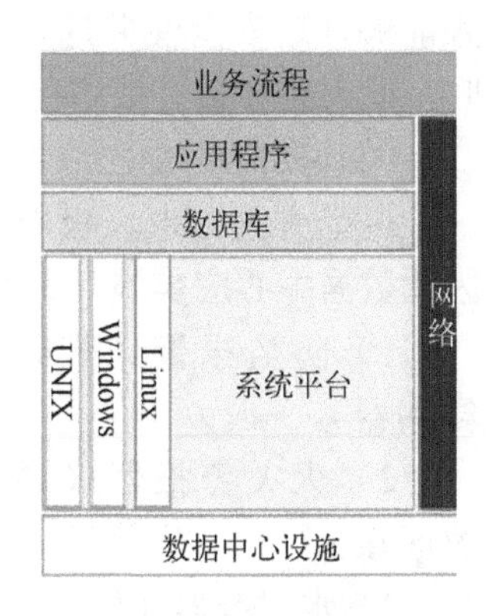

图 4.1 数据处理层次

数据中心设施是层次结构的基础，这就是它拥有必要的控制措施来降低风险的原因。数据中心的主要威胁包括：

① 自然威胁，如天气事件、洪水、地震和火灾。

② 人为威胁，如恐怖事件、暴乱、盗窃和破坏。

③ 极端温度和湿度等环境危害。

④ 电力和电信等公用事业的损失。

读者可能会注意到，这些威胁大多数是物理性质的。在这个具有先进技术的时代，人们很容易忘记物理控制的重要性，将精力集中在逻辑控制上。但是，即使具备出色的逻辑访问控制，这些物理威胁也会危及系统的安全性和可用性。

进入计算环境后，应该注意到位于凸起地板上的计算机系统机架。大多数时候，数英里的电力和网络电缆都在凸起的地板下，尽管许多数据中心将电缆放在天花板上的开放式管道中。还要注意发电机、大型电源调节器和 UPS（不间断电源）设备或充满电池的房间，应确保始终提供清洁、不间断的电源。大多数数据中心都拥有工业强度的加热、通风和空调系统，以保持设施内的最佳温度和湿度水平。

数据中心设施的大脑是控制中心。它通常由一系列控制台和计算机监视器组成，用于监控温度、湿度、功耗、警报和关键系统状态。很多时候，如果控制中心实际位于数据中心内，则控制中心和磁带操作可能是数据中心人员始终驻守的唯一区域。

为了进行数据中心审计，本小节将探讨物理安全和环境控制，系统和站点恢复能力控制，管理数据中心运营中使用的策略、计划和程序，以及与灾难恢复相关的控制。

1．物理安全和环境控制

数据中心包含多种类型的基于设施的控制，通常称为物理安全和环境控制，它包括设施访问控制系统、报警系统和灭火系统。这些系统旨在防止未经授权的入侵，在问题造成损坏之前检测问题。

（1）设施访问控制系统

设施访问控制系统在提供设施的物理进入之前对工作人员进行身份验证，目的是保护位于数据中心内的信息系统。物理访问控制系统使用与逻辑访问控制系统相同的概念，以便根据工作人员知道的内容、拥有的东西或存在的事物进行身份验证。例如，“您知道的内容”可能是门锁的密码。“您拥有的东西”可能包括信用卡、校园卡或者是一把开锁的钥匙。“存在的事物”可能包括生物识别设备，用于读取指纹、手形，甚至视网膜特征，以验证需要进入设施的个人。

访问控制系统可以使用人陷阱来强制执行身份验证机制。人陷阱由两扇门组成。进入设施的人必须首先进行认证，才能打开门，允许他们进入走廊。第一扇门关闭后，他们必须再次进行身份验证，才能打开通往数据中心设施的门。两扇门不能同时打开。即使某人能够规避安全性并通过第一扇门进入走廊，当访问控制系统阻止其访问数据中心本身时，此人也会被有效困住。

（2）报警系统

由于火灾、水、极端高温和湿度水平、功率波动和物理入侵会威胁数据中心操作，因此数据中心应实施几种不同类型的报警系统。具体而言，通常会看到以下类型的警报：

1）防盗报警（带磁性门、窗户或机柜的传感器，运动传感器，有时还有音频传感器）。

2）火灾警报器（通常将热传感器、烟雾激活传感器分解成覆盖设施不同部分的区域）。

3）水报警器（位于高架地板下方、浴室附近或水管管道中的传感器）。

4）湿度警报（通常在整个设施中使用传感器）。

5）功率波动报警（传感器靠近逻辑入口点）。

6）化学或气体报警器（有时在电池室和靠近气口处）。

这些报警系统通常位于数据中心操作中心。在报警条件下，操作员可以获取到特定的传感器，并参考监控摄像机来隔离故障原因。

（3）灭火系统

由于电气设备量大，火灾是数据中心的主要威胁。因此，数据中心通常配备先进的灭火系统，并且应该有足够的灭火器。一般来说，灭火系统有两种：水基系统和气体系统。

2．系统和站点恢复能力

由于驻留在数据中心的计算机系统被利用来自动执行业务功能，因此在业务运行时它们必须可用。因此，数据中心集成了各种类型的控件，以确保系统能够执行关键业务操作。这些控件旨在保护电源、计算环境和广域网（WAN）。

（1）电源

清洁电源对于维护计算机操作是非常关键的。功率波动（如峰值、浪涌、下垂、遮光）可能会损坏计算机组件或导致其中断。为了降低此风险，数据中心在多个层提供的电源冗余内容，包括：

1）冗余电源（将数据中心连接到多个电网）。

2）接地（在故障条件下将电源从关键部件中吸收）。

3）电源调节（平展有害峰值和电流下垂）。

4）电池备用系统或 UPS（在电源波动、断电或停电时提供不间断电源）。

5）发电机（在长时间停电期间提供电力）。

（2）加热、通风和空调（HVAC）

极端温度和湿度条件可能会损坏计算机系统。由于计算机需要特定的环境条件才能可靠运行，因此需要通过 HVAC 系统进行控制。数据中心通常提供复杂的冗余系统，以保持恒定的温度和湿度。

（3）网络连接

无论是从内部网络还是 Internet，用户都可以通过网络连接并访问数据中心设施内的信息系统。因此，网络连接至关重要。数据中心设施通常通过多个运营商进行冗余的 Internet 和 WAN 连接。如果一个运营商遇到网络中断，则另一个运营商可以提供设施服务。

3．数据中心运营

尽管数据中心被设计为自动化，但却需要员工才能运行。因此，数据中心操作应受策略、计划和程序的约束。审计员应找到政策、计划和程序涵盖的以下领域：

1）物理访问控制。

2）系统和设施监控。

3）设施和设备规划、跟踪和维护。

4）停机、紧急情况和报警条件的响应程序。

4．灾害

所有数据中心都容易受到自然和人为灾害的影响。历史表明，当灾难袭击数据中心时，此类设施所服务的组织将停止运行。审计员的工作是识别和衡量公司的物理和管理控制，以降低数据处理中断的风险，具体内容包括：

1）系统恢复能力。

2）数据备份和恢复。

3）灾难恢复规划。

注意：

这里主要介绍与组织 IT 环境的灾难恢复相关的控制，特别是与数据中心内系统相关的控制。

4.2.2 审计数据中心的测试步骤

在数据中心审计期间应讨论的主题领域包括：邻里和外部风险因素、物理访问控制、环境控制、电源、灭火、数据中心运营、系统恢复能力、数据备份和恢复、灾难恢复规划，下面就来逐个介绍。

1．邻里和外部风险因素

审计数据中心设施时，应首先评估数据中心所在的环境，目标是识别高风险威胁。例如，正在审计的数据中心可能位于区域机场、洪水区或高犯罪率区域的飞行路径中。这些类型的环境特征将揭示其他潜在的威胁。在审计中，将查找减少这些威胁发生可能性的控制措施。

2. 物理访问控制

限制物理访问与限制逻辑访问一样重要。在数据中心环境中，物理访问控制机制包括以下内容：

1）外门和墙壁。

2）出入控制程序。

3）物理身份验证机制。

4）保安。

5）用于保护敏感区域的其他机制和程序。

3. 环境控制

计算机系统需要特定的环境条件，如受控温度和湿度。数据中心旨在提供此类受控环境。审计数据中心时，应验证是否有足够的 HVAC 容量来为数据中心提供服务，即使在最极端的条件下也是如此。

4. 电源

计算机系统需要不间断的清洁电源才能运行。数据中心通常采用几种不同类型的控件来保持清洁能源。这些控件包括以下内容：

1）从两个或多个发电站供电的冗余电源。

2）接地到地面，在电气故障期间将多余的功率从系统带走。

3）电源调节系统，将潜在的脏功率转换为清洁电源。

4）提供即时电源的电池备份系统（UPS），通常供电时间很短。

5）发电机在延长断电期间提供持续供电。

5. 灭火

由于数据中心面临重大火灾风险，因此通常拥有复杂的灭火系统。通常有两种类型的灭火系统：基于气体的系统和水基系统。然而，数据中心不仅仅依赖灭火系统进行控制，还提供其他灭火控制，包括：

1）建筑施工。

2）灭火器。

3）正确处理和储存危险材料。

6. 数据中心运营

有效的数据中心运营需要严格遵守正式采用的政策、程序和计划。应涵盖的领域包括：

1）设施监控。

2）数据中心人员的角色和职责。

3）数据中心人员职责分离。

4）紧急情况和灾害应对。

5）设施和设备维护。

6）数据中心容量规划。

7）资产管理。

7．系统恢复能力

大多数驻留在数据中心内的信息系统都需要处理系统可用性高的信息。数据中心控制可确保相对于设施的高可用性，而冗余系统组件和站点则用于确保与计算机硬件相关的系统可用性。

8．数据备份和恢复

系统备份定期在大多数系统上执行。但是，当由于系统损坏或硬盘故障时，通常还原是首次进行。健全的备份和恢复过程对于发生破坏性事件后的重建系统至关重要。

9．灾难恢复规划

灾难恢复规划的目标是在飓风或洪水等灾害发生后有效地重建系统。

4.2.3 审计数据中心清单

1．查看数据中心外部照明、建筑方向、标牌、栅栏和邻里特征，以确定设施相关风险

数据中心设施应为人员和信息系统提供物理安全的环境。无论是通过物理入侵还是与天气相关的事件，对人身安全的侵犯都会危及信息。

对数据中心设施进行物理检查，包括建筑物离路边有多远，以及是否有障碍物。另外，应防止汽车离大楼太近。应寻找能够降低车辆事故等影响数据中心风险的控制措施。

确定数据中心所在建筑物的楼层。此信息非常重要，因为地下和地面数据中心容易受到洪水袭击。较高楼层的数据中心容易受到雷击和风的破坏。理想的是一个单层数据中心，位于地面 5 英尺（1 英尺=0.3048m）左右。

（1）标志

查看外部标牌，以确定路人是否清楚该设施包含数据中心。数据中心应该是匿名的，远离主要干道。如果有标记，则标记应不显眼。事实上，大多数数据中心都采用不引人注目的安全管理方式。保持匿名将减少该设施成为间谍、盗窃或破坏目标的可能性。最好不要引导大楼内的访客前往数据中心，特别是如果大楼有来自公司外部的常客。

（2）附近

通常还要审计“数据中心设施的邻居是谁；它是位于多租户建筑中，还是独立结构；如果邻居在附近，他们从事什么样的业务”。位于仓库或制造设施旁边的数据中心可能会增加危险气体泄漏或火灾影响的风险。理想的是一个独立的结构，没有任何近邻。同样，如果要审计现有数据中心，将很难想到这种情况，但了解此信息将有助于确定必要的补偿控制。例如，如果数据中心位于多租户建筑中，需要建议数据中心具有独立的隔离实用程序（如电源），以便租户不会对数据中心的电源、供水等产生潜在的负面影响。

（3）外部照明

审计时应评估外部照明。适当的照明可以阻止犯罪，以及阻止人员在设施周围闲逛。对于关键设施，应在强度级别均匀的情况下照亮外墙和停车场，以便以合理的距离进行查看。

（4）围栏

应评估设施周围的围栏是否足够高，以阻止入侵者。1 米以上的栅栏将阻止普通入侵者。顶部有铁丝网的 2.5 米以上围栏将阻止绝大多数入侵者。

2．研究数据中心所处的位置，并确定与紧急服务部门的距离

洪水、恶劣天气以及与交通相关的事故等环境威胁可能会破坏或严重损坏数据中心。在发生紧急情况时，快速反应至关重要。因此，靠近消防站、警察局和医院非常重要。

开展研究以确定现场访问期间尚未明确的环境危害，查找有关以下方面的信息：

1）洪水高程。

2）天气和地震威胁。

3）接近与运输相关的危险。

4）当地犯罪率。

5）靠近工业区。

6）靠近紧急服务。

可以在审计期间使用以上信息来确定应设置的补偿控件。理想情况下，在构建新数据中心期间进行咨询，使这些因素影响其位置。但是，即使数据中心已经建成，作为审计师，也有责任向管理层通报业务风险。管理层有责任决定将有限的资源用于何处，以努力减轻这些风险。如果重新定位数据中心不现实，那么实施额外的监视和灾难恢复功能操作可能是合理的。

（1）洪水高度

洪水是某些地区最常见的危险之一。在互联网上查找洪水区信息相对容易。

应识别因数据中心在建筑物内的位置而存在的任何洪水危险。确定位于紧邻数据中心和数据中心上方的房间中的内容。卫生间和其他经常用水的房间会带来泄漏的威胁，爆裂的管道会淹没数据中心。

（2）天气和地震威胁

不同的地理区域容易发生不同的天气和地震危险，应该了解这些威胁中的哪些在数据中心所在的地理区域中普遍存在。例如，如果正在审计的数据中心位于得克萨斯州的达拉斯，则威胁将是龙卷风、洪水和极端高温，而如果是位于加利福尼亚州北部，则威胁来自地震。

（3）接近与运输相关的危险

飞机、火车和汽车是数据中心运营的另一个风险。具体来说，应研究所审计的数据中心是否位于机场飞行路径中，或者是否位于机场附近的铁路线。虽然事故发生次数很少，但飞机确实会坠毁，火车也确实会出轨，并可能带来风险。地图和观察是识别附近交通相关危险的好方法。

（4）当地犯罪率

显然，如果数据中心位于高犯罪率区域，则被盗和其他犯罪的风险较高。因此，另一个需要研究的统计数字是当地的犯罪率。如果该地区犯罪率很高，则可以实施缓解控制措施，如加固围栏，增加安保人员、闭路电视（CCTV）和周边报警系统。

（5）靠近工业区

许多数据中心设施位于工厂和仓库附近的工业区。这些地区的犯罪率通常较高，影响数据中心运营的危险材料泄漏风险也较高。因此，如果数据中心位于工业区，则应评估该区域固有的风险，并确定任何必要的补偿控制。同样，应确定紧邻数据中心和数据

中心上方的房间的使用情况。制造过程和其他涉及化学品的工艺会带来化学品泄漏和爆炸的风险。

（6）邻近紧急服务

当数据中心内发生紧急情况时，每一分钟都非常珍贵。因此，务必评估到警察局、医院和消防站的距离。同样，这可能不是影响事故的一个领域，但它确实在执行其余审计时提供了良好的背景信息，可帮助衡量现场所需的功能级别与外部依赖的功能。

3．查看数据中心的门和墙壁，以确定它们是否能充分保护数据中心设施

数据中心的第一道也是最强大的防线应该是其建造中使用的门和墙壁。仔细观察门和墙壁，看能否防止入侵和其他危险。

通过访谈和观察，确定进入数据中心的所有潜在入口点，验证墙壁和门是否充分加固。外墙应用钢筋和混凝土加固，以保护设施。如果数据中心位于建筑物内，那么墙壁可能由薄石建造，但应用钢筋加固以防止入侵。外门也应加固，并应能够承受入侵企图。理想情况下，不应有面向外部的门或墙壁。如果有，则应提供额外的保护层，防止强行进入。

（1）活动地板和吊顶

大多数数据中心使用活动地板或吊顶来隐藏通风管道、电源和网络电缆。这有可能为非法进入者提供了入侵的条件。

（2）门

确保使用安全性高的门和锁。查看每扇门铰链的位置，以防止入侵者从铰链上弹出门而将其移开。

人陷阱是控制对关键设施访问的有效手段。应观察及验证人陷阱是否存在，以及它们是否正常工作。人陷阱配有两扇门，中间有一条走廊。为确保安全，在允许打开另一扇门之前，应要求一扇门被锁上。显然，人陷阱也应该用加固的墙壁和门来建造。

（3）窗户

查看数据中心的窗户，并确保所有窗户都采用增强的防碎玻璃。应确保不可以通过任何窗户从建筑物外部查看数据中心。

4．评估物理身份验证设备，以确定它们是否合适且是否正常工作

物理身份验证设备（如卡键读取器、接近徽章、生物识别设备、简单（组合）锁和传统钥匙锁）用于允许授权人员通过并防止未经授权的人员通过。这些设备的故障或误用可能允许未经授权的人员访问数据中心或阻止授权人员进入。

对于进入数据中心的每个入口点，确定物理身份验证机制并确保其具有以下特征：

1）根据个人的独特访问需求限制访问，甚至限制对特定门或一天中特定时间的访问。

2）如果员工被解雇或更换工作，或者钥匙/卡/徽章丢失或被盗，则立即停用。

3）难以复制或窃取凭据。

获取数据中心身份验证设备日志的示例，并验证设备是否记录以下信息：

① 用户身份。

② 访问尝试的日期、时间和地点。

③ 访问尝试的成功或失败。

审计流程以定期查看和调查这些日志。

（1）卡键和接近设备

卡键设备使用磁条或射频识别（RFID）芯片对拥有该卡的用户进行身份验证。由于被盗卡可用于未经授权的身份验证，因此，PIN 码设备最好与卡密钥读取器耦合。验证所有卡键读取器是否正常工作并记录访问尝试。

（2）生物识别设备

在过去几年中，生物识别身份验证设备变得更加准确和具有成本效益。因此，越来越多的数据中心正在采用该技术。生物识别设备能够测量指纹、视网膜和手几何形状。由于这些生物识别特征是每个人独有的，因此生物识别认证设备很难被攻破。审查生物识别系统的质量，以确定是否发生了过量的假阴性或任何观察到的误报。

（3）钥匙锁和组合锁

传统的密钥锁和简单（组合）锁是物理身份验证中最弱的形式，应避免使用。这些形式的物理身份验证无法识别谁有权访问数据中心。密钥可能会丢失、被盗、借用或复制。组合代码可以共享，也可以通过看到某人输入代码而被盗。当员工不再需要访问数据中心时，这些凭据也是最难撤销的。

5．确保物理访问控制程序全面，并由数据中心和安全人员遵守

物理访问控制程序可以控制员工和访客对数据中心设施的访问。如果物理访问控制过程不完整或未一致执行，那么数据中心的物理访问将受到威胁。

查看与物理访问控制过程相关的以下内容：

1）确保为员工和来宾记录并明确定义访问授权要求。在授予数据中心访问权限之前，应获得一组预定义的相关人员的批准。应制定需要持续访问数据中心的标准。例如，仅需要偶尔访问数据中心的员工不需要持续访问，而是可以在需要访问时安排陪同。在授予对数据中心设施的访问时，应采用“最低必要访问”的理念。

2）验证访客访问程序是否包括对拍照的限制，并概述数据中心内的行为要求。来访者应签名访客日志，注明其姓名、公司和访问原因，来访者应佩戴与员工徽章不同的识别徽章。应随时陪同来访者，现场还应监督供应商服务人员（包括清洁人员）。

3）查看访客访问和员工 ID 授权请求的示例，以确保遵循访问控制程序。

4）查看程序，以确保不再需要数据中心访问，包括收集物理设备（如徽章、密钥和卡）。这应该是终止检查表的一部分，最好是自动化的。它还应包括公司内部员工的工作变化，以便员工在数据中心访问时不会超出权限。

5）获取有权访问数据中心的所有人员的列表，选择具有数据中心访问权限的员工的代表性示例，并确定访问是否合适。

6）确定管理层是否定期审查物理访问授权的有效性。管理层应定期提取具有数据中心访问权限的人员列表，并查看其是否合适。审查这种情况正在发生的证据。

6．确保防盗报警和监控系统保护数据中心以免受物理入侵

防盗报警和监控系统通过充当侦探控制以及对可能的入侵者的威慑，降低了未被发现的物理入侵的风险。缺乏这些控制措施将增加盗窃和其他犯罪活动的风险。

大多数数据中心都使用闭路电视、音频监控系统或两者的组合。这些系统通常接入一个监控室，由安全人员监视它们并记录在磁带或数字存储系统上。数据中心还经常使用防盗报警器，通常放置在重要位置（如门和走廊）。

查看入侵传感器的位置，验证数据中心的关键区域是否得到充分覆盖，并查看维护日志，以确保系统得到正确维护和测试。查找以下常见传感器类型：

1）检测红外运动的运动传感器。

2）放置在车窗和门上的接触传感器，以检测何时打开或损坏。

3）音频传感器，用于检测碎玻璃或正常环境噪声的变化。

4）门道具警报，以检测数据中心的门何时处于打开状态及超过指定长度的时间（通常为 30s）。

查看摄像机质量和位置，确保它们位于数据中心的关键点（如每个入口点）。验证监控系统是否受到监控并评估监控频率。验证是否录制了视频监控以进行将来可能的播放，并查看磁带旋转或大容量存储存档计划。

这些步骤可以通过文档审阅和观察的组合执行。数据中心安全经理应该能够提供此信息。

7．审查安全人员构建的日志和其他文件，以评估安全人员职能的有效性

安全人员可能是最有效的物理访问控制之一。他们能起到威慑作用，还可以控制设施访问，并应对具有认知推理的事件。如果安全人员不起作用，那么应急响应很可能缓慢且无效，门可能会解锁，未经授权的人员可能有机会进入数据中心。

验证是否存在进出建筑、访问日志和事件日志/报告的文档，以及从安保人员处获取的样本是否正确记录了此信息。查找一致的进出时间、常规建筑参观以及全面的事件日志/报告。

8．验证数据中心内的敏感区域是否得到充分保护。确保数据中心操作所必需的所有计算机处理设备（如硬件系统和电源断路器）都位于计算机处理室内或安全区域

数据中心通常具有一些比其他区域更敏感的区域，如设备暂存区域、生成器和处理敏感信息的计算机系统。如果大量人员能够访问数据中心，则敏感设备可能需要隔离在高安全性区域。如果这些区域得不到充分保护，那么信息可能会被更改或披露给未经授权的人员，或由于破坏或事故造成的系统故障而被销毁。

如果数据中心运营所必需的设备不在数据中心（或同样受控的区域）内，则没有数据中心访问权限的人员可能会对数据中心的可用性及敏感信息产生负面影响。

根据访问数据中心的人数及其所包含设备的性质，评估在数据中心内进一步隔离访问的必要性。例如，处理敏感信息的计算机系统可能锁定在机柜中，只有选定的人员才能被赋予访问权限。在对数据中心的访谈和巡视中，验证这些区域是否通过适当的访问控制机制得到适当保护，并由摄像机、报警系统等进行监控。

查看所有数据中心系统的位置，包括电源、HVAC 设备、电池、生产服务器等，并确

保所有数据中心或同样安全的设施都位于数据中心内。

9．验证加热、通风和空调（HVAC）系统是否在数据中心内保持恒定温度

HVAC 系统用于提供恒定的温度和湿度水平。计算机系统可能受到两者的极端损坏。高湿度会导致计算机部件腐蚀，低湿度可能导致静电放电，导致系统主板短路。高温会缩短计算机设备的使用寿命，并导致系统崩溃。

查看以下领域：

1）温度和湿度日志，以验证每个记录在一段时间内是否属于可接受的范围内。一般来说，数据中心的温度应介于 18～24℃之间（温度高于 29℃，会损坏计算机设备），湿度水平应在 45%～55%之间。但是这会因设备的规格而异。确保数据中心工作人员知道设备的这些参数。

2）温度和湿度警报，以确保数据中心人员在任一系数超出可接受范围时都会收到条件通知。传感器应放置在数据中心存在电子设备的所有区域。查看体系结构图或巡视设施，确保传感器放置在适当的位置。查看维护和测试文档，以验证系统是否正常工作。

3）HVAC 设计，以验证数据中心的所有区域是否都得到适当覆盖。确定数据中心内的空气流量是否已建模，以确保充分和高效的覆盖范围。寻找冷通道和暖通道配置，这是设备机架的配置，使冷空气分离，从而提高冷却效率。

4）配置 HVAC 系统。数据中心应使用与其他建筑系统隔离且可与其他备用电源一起使用的独立空调系统。这样，HVAC 控件在断电时仍可以继续为数据中心工作。数据中心空调管道的设计应使其不穿透周边墙壁。否则，它们可能会被允许从数据中心外部进行未经授权的访问。

10．确保水报警系统配置为检测数据中心高风险地区的水源

数据中心通常会在靠近水源或地板下方等位置使用水传感器。水传感器可检测是否存在水，并用于在重大问题出现之前提醒数据中心人员。

识别潜在的水源，如排水管，以验证水传感器是否放置在最大风险的位置。设施经理应该能够在查看设施时指出水源和传感器。检查维护记录，确保定期维护报警系统。

应提供指示所有水系统关闭阀门的平面图。数据中心经理应了解安全区域内的所有水阀。

11．确定数据中心是否具有冗余电源

某些数据中心建在可以连接到多个电源的位置，冗余电源可用于保持公用电源的连续性。

12．核实存在地对地保护计算机系统

未接地的电源可能导致计算机设备损坏、发生火灾、人员伤害或死亡。这些危险会影响信息系统、人员和设施本身。与冗余电源不同，接地到地控制应始终存在。接地是所有电气装置的基本特征，由绿色导线连接，该绿色导线将所有电源插座连接到沉入地面的杆子。当发生短路或电气故障时，多余的电压将通过接地线安全地进入接地，而不会短路电气设备。

13．确保电源有调节功能，以防止数据丢失

电源尖峰和跌落会损坏计算机系统并破坏信息。电源调节系统可以通过缓冲峰值和暂降来减轻此风险。清洁功率可以表示为具有对称峰和谷的波形。普通公用电源具有不对称的波模式，导致瞬时尖峰和下垂。这些尖峰和跌落缩短了电子元件的使用寿命，有时还会导致系统故障。电源调节系统采用平滑波模式，使其对称。

通过访谈和观察，验证电源是否受电源调节系统（如浪涌保护器）或电池备用系统制约。

14．验证电池备用系统在瞬时停电和断电期间是否提供连续供电

电源故障可能造成系统突然关闭，从而导致数据丢失。UPS 电池系统通常在正常公用电源条件下提供 20～30min 的电源和电源调节，从而降低了这种风险。基本上，电池备用系统提供了足够的时间来打开发电机（如果有）并开始发电，或者使关键系统正常关闭，以尽量减少数据丢失。电池备用系统还执行电源调节功能，因为其在逻辑上位于公用电源和计算机中心设备之间。因此，电池实际上一直在为数据中心供电。当公用电源通电时，电池会不断充电。相反，当电力丧失时，电池开始耗尽电量。

采访数据中心设施经理并观察 UPS 电池备份系统，以验证数据中心 UPS 系统是否保护了所有关键计算机系统，并提供足够的运行时间（即确保电池的运行时间足够长，以便发电机启动或关键系统正常关闭）。在某些情况下，UPS 系统在容量达到特定阈值时会自动起动正常关机。

查看与 UPS 绑定的设备列表，并确保涵盖所有关键系统（如关键生产服务器、网络设备、HVAC 系统、火灾检测和抑制系统、监控系统、徽章读取器等）。

15．确保发电机免受长时间断电并处于良好的工作状态

对于任务关键型数据中心，就其性质而言，无法承受任何断电。由于通过安装电池来为数据中心供电超过一两小时是不切实际的，因此发电机允许数据中心在公用电源长期损失时自行发电。

16．评估紧急断电（EPO）交换机的使用和保护

EPO 交换机可在紧急情况下（如数据中心火灾或紧急疏散期间）立即关闭计算机和外围设备的电源。如果它们得不到充分的保护，则可能导致数据中心意外关闭。

查看数据中心的 EPO 交换机，确保它们标记清晰且易于访问，需防止未经授权的使用或意外使用。它们应安放在安全区域内和某种防护罩下方，以防止意外激活。

17．确保数据中心建筑具备适当的灭火功能

近几十年来，建筑法规要求建筑物以抵御火灾的方式建造。灭火功能包括：

1）防火墙壁和门，防止火灾从建筑物的一个区域移动到另一个区域。

2）防火站，其中防火墙或地板组件密封，以防止火势蔓延。

3）立管消防软管系统，为灭火提供现成的水。

缺少这些功能会导致火势蔓延得更快，造成额外损害，并可能危及人们的生命。

查看设施中内置的可用灭火功能。设施经理或当地消防队长应能够提供有关墙壁/门的防火等级和防火站的信息。立管水系统在查看建筑期间将清晰可见并易于观察。

18．确保数据中心人员接受过危险材料处理和存储培训，并严格遵守危险品程序。还要确定数据中心人员是否接受过如何应对火灾紧急情况的培训。

危险和高度易燃的材料是火灾的常见原因。这些材料包括：

1）柴油和其他燃料。

2）溶剂和稀释剂。

3）丙烷或乙烯割炬。

4）氯或氨基化学品。

5）胶水和黏结化合物。

这些材料应以适当的方式处理和储存，以降低火灾或溢漏的风险。此外，还应对数据中心的工作人员进行如何应对火灾的培训（如何时以及如何激活灭火系统等），以尽量减少对设备和人的生命的威胁。

查看危险品事件报告、危险品和火灾响应培训材料及程序，以及访谈数据中心工作人员。通过观察，确定在数据中心内或附近是否存储了易燃物（如纸张、碳粉、清洁剂或其他化学品）。如果是这样，建议清除。

19．验证灭火器是否战略性地放置在整个数据中心并被妥善维护

灭火器通常是防火的第一道防线。在数据中心中，它们应以每隔 15m 左右的间隔放置在走廊中。可以使用 3 种常见的灭火器：干化学基、水基和惰性气体基灭火器。在大多数情况下，数据中心应使用惰性气体灭火器（如 CO_2 灭火器），因为水和干化学品会损坏电气设备。缺少可用的灭火器可能会导致小火失去控制。

在数据中心巡查期间查看灭火器的位置以及附加服务标记的示例。确保每个灭火器的位置正确且易于看到。由于许多数据中心包含至少 1.8m 高的机架，因此标记应标识机架上方可见的每个灭火器的位置。

数据中心设施经理还应能够提供维护记录。灭火器应至少每年检查一次。

20．确保灭火系统保护数据中心免受火灾的影响

所有数据中心都应有一个灭火系统来帮助控制火灾。大多数系统都是基于气体的或基于水的，并且通常使用多级过程，其中，第一个传感器（通常是烟雾传感器）用于激活系统，第二个传感器（通常是热传感器）则会导致水或气体的排放。

（1）基于气体的灭火系统

气体灭火系统包括 CO_2、FM-200 和 CEA-410。基于气体的灭火系统价格昂贵，而且往往不切实际，但它们的使用不会损坏电子设备。

（2）水基系统

水基系统成本更低，更常见，但可能会损坏计算机设备。为了降低在数据中心或火灾扩展区域损坏所有计算机设备的风险，水基灭火系统仅用于在火灾现场从喷头滴水。有 4 种常见的水基灭火系统：

1）湿管管道。总是充满水。对于数据中心来说，这是最不理想的系统类型，因为管道漏水或喷头损坏会导致洪水泛滥。

2）干管管道。充满空气，排放时充满水。

3）预操作管道。在阶段 1 激活时充满水，在第 2 阶段排放水。

4）排放大量水以扑灭大火的干管系统。

由于缺乏灭火系统，火势会蔓延得很快，导致更多的设备损害，并可能造成人们生命损失。

审计系统设计、维护和测试记录。这些信息可以通过访谈、文件审阅和观察相结合获得。数据中心设施经理应该能够提供设计、维护和测试文档。

如果使用水基系统，需确定数据中心上方的管道是否始终充满水（湿管系统）。如果是这样，需确定使用了哪些缓解控制来最大限度地减少意外水流进入数据中心的可能性，例如来自破裂的喷头或漏水的管道。例如，在喷头周围查找水流传感器以及定期维护管道。

如果使用气基系统，需确定正在使用的气体类型，并确保吸入时对人体无害。

21．验证火灾报警是否到位，以保护数据中心免受火灾风险的影响

火灾报警可提醒数据中心人员和当地消防部门火灾情况的进展，以便他们开启火灾响应程序并疏散。火灾报警故障将使数据中心运营和人的生命处于危险之中。

数据中心火灾报警系统通常是多区域系统，降低了误报的风险。在这样的系统中，两个或两个以上区域的传感器必须在报警响起之前检测到火灾。可以使用 3 种类型的传感器：

1）热传感器。当温度达到预定阈值或温度快速上升时激活。

2）烟雾传感器。在检测到烟雾时激活。

3）火焰传感器。在感应到红外能量或火焰闪烁时激活。

烟雾传感器和热传感器最为常见。

手拉火灾报警器也应战略性地定位整个数据中心（如所有入口附近），以便员工在观察火灾情况时发出警报。

通过物理观察和访谈，查看火灾报警传感器的类型、放置位置、维护记录和测试程序。传感器应位于天花板的上方和下方以及凸起的地板下方。

观察手拉火灾警报是否战略性地位于整个数据中心，并查看维护记录和测试程序。

22．查看报警监控控制台、报告和程序，以验证数据中心人员是否持续监控警报

报警系统最常见的是进入监控控制台，使数据中心人员在呼叫相关部门或关闭设备之前响应报警条件。缺少监控控制台和适当的响应程序会导致报警情况被忽视。

查看报警报告并观察数据中心报警监控台，以验证数据中心人员是否持续监控入侵、火灾、水、湿度等报警系统。有时，数据中心安全人员会监控入侵警报。这里的主要目标是验证是否监控了所有适用的警报。

审查设施监控和响应程序，确保及时解决报警问题。设施监控程序可确保捕获所有关键报警条件并及时执行。它们应包括对将被监控的报警系统的描述，以及在出现所有合理可预见的警报（包括火灾、入侵、水灾、停电、数据电路中断、系统和系统组件报警条件）时要采取的步骤。验证报警状态是否清楚地勾勒出报警状态响应。对数据中心设施进行管理，以获取实际监控过程以及监控日志。

23．验证网络、操作系统和应用程序监视是否提供足够的信息，以识别数据中心内系统的潜在问题

系统监视可深入了解容量问题、配置错误和系统组件故障导致的潜在问题。系统监控不足会导致安全违规未被发现和系统中断的威胁。尽管此功能通常由 IT 服务组而不是数据中心人员管理，但监控是数据中心系统正常运行的关键组成部分。系统监控包括对网络设备、入侵检测系统、操作系统、系统硬件和应用程序的监视。入侵检测系统监视主要侧重于对安全违规的监视，网络设备、操作系统、系统硬件和应用程序监视主要侧重于对可能影响系统可用性项目的监视，如硬盘使用情况、并发连接数等。因此，在审计监控系统程序时，需要了解系统的目标。

确定数据中心内特定系统组件的临界性，并验证监控系统是否可以提供近乎实时的信息来检测这些系统组件的问题。确定如何监控计算机系统，以及是否针对硬/软件故障和停机维护自动/手动问题日志。可监视的项目示例包括系统发布时间、利用率、响应时间和错误。此外，查看监视日志和报告，以确定被监视的组件是否超过预定阈值，并验证是否已采取措施来修复这种情况。监视日志和报告通常可以从系统支持组、网络支持组以及安全和应用程序监视团队获取。

24. 确保明确定义数据中心人员的角色和责任

应明确员工角色和责任，确保数据中心职能的责任和问责制明确。角色和职责不足可能导致工作边界不明确，数据中心功能得不到解决，从而增加系统中断的风险。

审阅文档并验证是否涵盖所有工作职能，以及是否明确了与工作职能相关的职责。数据中心设施管理应该能够提供职位描述，包括角色和责任。

25. 核实数据中心人员的职责和工作职能是否得到适当分离

职责分离是人事管理的一个基本安全准则。目标是将高风险职责分给两名或两名以上员工，以降低欺诈或意外错误的风险。如果不分离出高风险功能，数据中心将面临更高的欺诈风险。

验证高风险作业功能（如访问授权）是否分离到两个或更多员工。这些流程应使用日志和表单进行跟踪，日志和表单可以对其进行审查，以验证职责是否有效分离。

26. 确保应急响应程序能够处理合理预期的威胁

数据中心面临各种威胁，包括：

1）火。

2）洪水。

3）物理或逻辑入侵。

4）断电。

5）系统故障。

6）电信中断。

这些威胁和其他已查明的威胁应通过应急计划加以解决。当发生火灾等情况时，数据中心人员需要制订明确的计划来解决这种情况并最大限度地减少损失。尽管应急计划仅在不太可能发生紧急情况时使用，但由于数据中心人员响应不当，因此对降低紧急升级的风险至关重要。例如，假设一个生成器在测试时着火，如果没有明确的程序和适当的培训，那么员工可能会奔跑，以他们认为最适当的方式做出响应，此时就无法共同解决问题。应急程序是经过深思熟虑的，从而使雇员产生更加协调的反应。

查看响应计划。验证所有可预见的威胁是否存在计划，并确保响应程序全面且经过深思熟虑。数据中心运营人员应该能够提供这些计划。观察紧急电话号码是否已张贴。

27．验证数据中心设施的系统和设备是否得到妥善维护

如果维护不当，那么基于设施的系统和设备会容易过早失效。这些故障可能会导致信息丢失和系统中断。因此，维护至关重要。

查看关键系统和设备维护日志。关键系统和设备应至少每半年维护一次。数据中心设施经理应该能够提供维护日志，确定数据中心的每日或每周清洁程序是否到位，包括对数据中心楼层和计算机设备进行定期清洁。数据中心中的污垢和灰尘会对计算机设备的功能产生负面影响。

28．确保数据中心人员经过适当培训，以履行其工作职能

如果不接受工作培训，数据中心人员就不能熟悉其工作内容。如果培训不当，那么数据中心人员有可能会因错误而导致数据丢失或系统中断。

查看培训历史记录和计划。确保培训与工作职能相关，并确保所有数据中心人员都得到培训。制定禁止在数据中心内进食、饮酒和吸烟的政策，或将此类活动限制在特殊休息区域的政策。此外，还要张贴表示此类禁令的标识。数据中心管理层应该能够提供对培训历史记录和计划的访问。

29．确保规划数据中心容量，以避免不必要的中断

容量规划可确保制定程序，监控和分析可能影响数据中心当前或未来电源、网络、供暖、通风、空调和空间要求的因素。容量规划不足可能导致数据丢失、系统中断或系统部署延迟。管理良好的数据中心将能够预测支持当前和未来运营所需的机架空间、网络丢弃、网络设备、电力以及供暖、通风和空调等。

查看数据中心管理层以确定设施、设备或网络何时需要升级的监视阈值和策略。数据中心管理层应该能够提供容量规划策略和记录过程，包括升级系统的阈值。验证这些程序是否全面，并审查是否遵循这些程序的证据。

30．核实是否存在确保安全存储和处置电子介质的程序

电子媒体通常包含敏感信息，如果披露，将构成对信息安全的妥协。因此，必须严格控制介质存储和处置。电子介质的不当存储还可能导致媒体存储的信息意外损坏。

确保数据中心内存在以下媒体存储和处置控制：

1）电子介质存储在干燥、温控和安全的环境中。

2）包含敏感信息的电子介质在从一个位置移动到另一个位置时对其进行加密和跟踪。

3）电子介质被消磁，被标准电子切碎实用程序覆盖，或在处置前物理销毁。

人们应该能够通过对数据中心的管理获取媒体跟踪、存储和处置记录。参观数据中心内的电子媒体存储设施，以验证是否制定了适当的访问和环境控制策略。

31．审查和评估数据中心设备的资产管理

资产管理是指控制、跟踪和报告资产，以方便资产审计。如果没有有效的资产管

理，使得资产可用但无法随时流动，那么公司将面临重复设备费用的增加。如果没有及时、充分跟踪和归还租赁设备，那么公司也将花费不必要的租赁费用。同样，如果没有充分的资产管理，则可能无法注意到设备寿命终止的情况，从而导致硬件发生故障的风险增加。失窃未跟踪的设备也可能会被忽视。

审查和评估数据中心的资产管理政策和程序，确保它们符合公司政策，并包含以下内容：

1）资产采购流程。确保此流程在购买硬件之前获得批准。

2）资产跟踪。确保数据中心使用资产标记并具有资产管理数据库。

3）所有设备的当前库存。确保库存包含所有硬件的资产编号和位置，以及有关设备保修状态、租赁和整体生命周期（即退出供应商支持时）的信息。确保建立有效的机制，使库存保持最新。还应对资产标签样本进行明显检查，并追溯到库存。

4）资产移动和处置程序。确保以安全的方式存储未使用的设备。

32．确保硬件冗余（系统中组件的冗余）在需要时提供高可用性

系统组件故障将导致系统中断和数据丢失。当需要高系统可用性时，系统应包含冗余系统组件，如廉价的独立磁盘冗余阵列（RAID）和冗余电源。

确定数据中心硬件的标准是否符合冗余组件的要求。对于数据中心内的系统示例，应确保关键系统组件（如磁盘存储和电源）尽可能冗余。有关硬件冗余的信息，可参阅系统规范文档。数据保管人（管理人员）应该能够提供本文档。

33．在需要非常高的系统可用性的情况下，验证是否使用了重复的系统

如果系统停机，将导致业务的重大成本或收入损失。人们无法容忍系统停机，重复（冗余）系统用于在发生系统崩溃时提供自动故障转移。此步骤满足了复制整个系统的潜在需求。对于最关键的系统，这些冗余系统可能被放置在两个或多个单独的位置，从而允许以设定的时间间隔（如每日或实时）将信息复制到其他站点。

在检查系统冗余时，需要确定从主系统复制数据以复制系统的方式。由于大多数具有此临界级别的系统是数据库应用程序，因此将专注于数据库冗余。

3种类型的系统提供数据库事务冗余：

1）电子保管。通过批处理提供定期数据副本。

2）远程日记。通过网络连接提供实时并行处理。

3）数据库镜像。通过两个或多个网络连接提供实时并行处理。

对于数据中心中的系统示例，应确保将适当的系统冗余级别用于所需的系统可用性级别。此分析中包括数据中心网络连接的冗余。系统冗余信息通常可以从系统体系结构文档和对数据中心及系统管理员的访谈中获得。

34．确保备份程序和容量适合各系统

通常，备份过程的形式包括备份计划、磁带轮换和异地存储过程。根据最大可容忍的停机时间，系统备份计划可以像实时一样频繁，也可以像每月一样不频繁。如果系统在异地备份的频率低于关键系统上要求的频率，则系统发生故障或灾难时，将丢失不可接受的数据量。

备份计划通常为 1 周，完整备份通常在周末进行，并且在一周内每隔一段时间进行一次增量备份或差异备份。磁带旋转的持续时间一般为 6～10 周。因此，组织将有机会检索 6～8 周的旧版本的文件（如果需要）。

确定系统是否定期备份，备份是否存储在安全的异地。验证进程是否到位，以确定数据中心中每个系统的备份频率，并确保备份介质有足够的空间来存储适当的系统内容。根据组织备份实践和每个系统的要求，验证是否正在异地进行备份。系统备份过程和日志可以从数据中心工作人员那里获得。应考虑检索和查看备份系统日志的示例。

35．验证系统是否可以从备份介质中还原

组织很少测试备份介质，以确保系统还原正常工作。备份介质故障率很高，尤其是磁带故障。如果无法从备份介质还原，那么数据将丢失。

系统管理员应从异地存储设施订购备份介质，并观察从介质到测试服务器的数据恢复情况。查看还原日志以验证是否还原了所有文件。

36．确保可以从异地存储设施中及时检索备用介质

通常，无法从异地存储设施中检索备份介质。这是因为备份介质被标记得不正确或放置在错误的位置。这种情况可能导致恢复系统时出现不当延迟或完全丢失数据的情况。

验证是否可以在与异地存储供应商签订的服务级别协议中规定的时间范围内检索备份介质。这可以通过查看最近检索请求的日志或在审计期间请求检索并得到测量结果来实现。此外，应确保对异地存储的所有磁带保持永久清单。

37．确保灾难恢复计划（DRP）存在且全面，并确保关键员工了解其在发生灾难时的作用

如果灾难袭击了唯一的数据中心，并且没有 DRP，则组织会遭受足够大的损失甚至会导致破产。因此，灾后恢复是一个重要的问题。

成功恢复数据中心操作很复杂，审计 DRP 可能很困难。可执行以下步骤：

1）确保 DRP 退出。

2）验证 DRP 是否涵盖所有系统和操作领域。它应包括一个正式的时间表来概述系统恢复的顺序，以及恢复关键系统的详细分步说明。这些说明应提供足够的详细信息，以便大多数系统管理员都可以遵循这些说明。

3）查看上次数据中心威胁评估，以验证 DRP 是否仍然相关，并解决数据中心当前的风险。

4）确保明确定义灾难恢复的角色和责任。

5）验证是否解决了抢救、恢复和重组程序。

6）如果使用紧急操作中心，则应验证其是否具有适当的电源、计算机和电信连接。

7）确保在计划中处理紧急通信问题。这应包括发生灾难时要通知的联系人列表以及电话号码。要通知的人员可能包括关键决策人员、将参与恢复的人员、设备供应商以及替代处理设施的联系人。

8）验证 DRP 是否确定了关键恢复期，在此期间，在遭受重大或无法恢复的损失之前，必须恢复业务处理。验证计划是否提供该时间段内的恢复。

9）确定计划是否包括确定某一情况是否为灾难的标准以及宣布灾难和调用计划的程序。

10）验证 DRP 的当前副本是否保存在安全的异地位置。

11）查看上次灾难恢复练习的结果。

此信息可以从查看实际 DRP、采访数据中心设施经理，从灾难恢复计划程序中获得。

38．确保定期更新和测试 DRP

如果未测试计划，则不能保证测试计划在需要时工作。计划应至少每年测试和更新一次。对于升级或采购新系统，以及进行合并、收购或添加新业务线的组织而言，会更频繁地进行测试和更新。如果发生灾难，无法更新或测试 DRP 将导致恢复时间变长。

查看通常包含在计划前面的更新或版本历史记录。计划应至少每年更新一次。同样，查看灾难恢复测试文档，以验证测试是否至少每年执行一次。此信息通常以电子或纸质形式伴随计划。

39．核实零件库存和供应商协议是否准确且最新

发生灾害时，组织可能面临着从零开始恢复被完全摧毁的系统的任务。这需要硬件、软件和备份介质。为了加快流程，数据中心应将某些设备（如服务器和部件）保存在异地设施中，并签订供应商协议，在发生灾难时接收快速设备。通常，这种备用设备将保存在一个“热站点”中，在那里系统可用，并准备在备用数据中心使用，以加快恢复。

审查备用设备库存和供应商协议，以确保现有系统都是最新的。供应商协议应随 DRP 一起。备用设备库存可以从资产管理或系统人员那里获得。

40．确保紧急行动计划能够充分应对各种灾害情景

数据中心可能发生多种类型的灾难。常见的包括火灾、洪水和其他与天气相关的事件。不同类型的事件将需要进行不同的打捞和恢复工作。紧急行动计划应反映任何合理预期的情况。不准确的紧急行动计划会增加恢复时间。

验证任何合理预期方案是否包含在紧急行动计划中，以及这些计划是否准确反映与每种方案相关的特定需求。此分析可以通过与灾难恢复规划人员面谈或通过审查紧急行动计划来进行。

下面总结了此处列出的用于审计数据中心和灾难恢复的步骤。

1）查看数据中心外部照明、建筑方向、标牌、栅栏和邻里特征，以确定与设施相关的风险。

2）研究数据中心所处的位置，并确定与紧急服务部门的距离。

3）查看数据中心的门和墙壁，以确定它们是否能充分保护数据中心设施。

4）评估物理身份验证设备，以确定它们是否合适且是否正常工作。

5）确保物理访问控制程序全面，并由数据中心和安全人员遵守。

6）确保防盗报警和监控系统保护数据中心以免受物理入侵。

7）查看安全人员构建的日志和其他文件，以评估安全人员职能的有效性。

8）验证数据中心内的敏感区域是否得到充分保护。确保数据中心操作所必需的所有

计算机处理设备（如硬件系统和电源断路器等）都位于计算机处理室内或安全区域。

9）验证加热、通风和空调（HVAC）系统是否在数据中心内保持恒定温度。

10）确保水报警系统配置为检测数据中心高风险区域的水源。

11）确定数据中心是否具有冗余电源。

12）核实存在地对地保护计算机系统。

13）确保电源有调节，以防止数据丢失。

14）验证电池备用系统在瞬时停电和断电期间是否提供连续供电。

15）确保发电机免受长时间断电并处于良好的工作状态。

16）评估紧急断电（EPO）交换机的使用和保护。

17）确保数据中心建筑具备适当的灭火功能。

18）确保数据中心人员接受过危险材料处理和存储培训，并严格遵守危险品程序。还要确定数据中心人员是否接受过如何应对火灾紧急情况的培训。

19）验证灭火器是否战略性地放置在整个数据中心并被妥善维护。

20）确保灭火系统保护数据中心免受火灾的影响。

21）验证火灾报警是否到位，以保护数据中心免受火灾风险的影响。

22）查看报警监控控制台、报告和程序，以验证数据中心人员是否持续监控警报。

23）验证网络、操作系统和应用程序监视是否提供足够的信息，以识别数据中心内系统的潜在问题。

24）确保明确定义数据中心人员的角色和职责。

25）核实数据中心人员的职责和工作职能是否得到适当分离。

26）确保应急响应程序能够处理合理预期的威胁。

27）验证数据中心设施的系统和设备是否得到妥善维护。

28）确保数据中心人员经过适当培训，以履行其工作职能。

29）确保计划数据中心容量，以避免不必要的中断。

30）核实是否存在确保安全存储和处置电子介质的程序。

31）审查和评估数据中心设备的资产管理。

32）确保硬件冗余（系统中组件的冗余）在需要时提供高可用性。

33）在需要非常高的系统可用性的情况下，验证是否使用了重复的系统。

34）确保备份程序和容量适合各系统。

35）验证系统是否可以从备份介质中还原。

36）确保可以从异地存储设施中及时检索备份介质。

37）确保灾难恢复计划（DRP）存在且全面，并确保关键员工了解其在发生灾难时的作用。

38）确保定期更新和测试 DRP。

39）核实零件库存和供应商协议是否准确且最新。

40）确保紧急行动计划充分应对各种灾难情景。

4.3 本章小结

数据中心和灾备机制是企业信息安全的核心。本章通过谷歌公司的案例，揭示数据中心的核心作用，进一步介绍数据中心的审计过程，包括了解数据中心的审计要点和测试步骤，以及掌握审计数据中心清单。

习题 4

1．数据中心的核心作用是什么？有哪些审计要点？
2．数据中心审计期间应注意哪些领域？每个领域的测试步骤是什么？

第 5 章　路由器/防火墙的审计

本章学习要点：

- 了解对路由器和防火墙审计的必要性。
- 掌握对防火墙/路由器的审计过程。

案例：某公司购置防火墙/路由器后已安全运行一年多，由于该公司网络一直很稳定，没有什么变化，各种应用也运行稳定，因此管理员逐渐放松了对防火墙/路由器的管理。只要网络一直保持畅通即可，就不再关心防火墙/路由器的规则是否需要调整，软件是否需要升级，因此管理员从未对防火墙/路由器进行升级。在一次全球范围的蠕虫病毒蔓延事件中，由于此公司的防火墙/路由器没有及时升级，所以无法抵挡这种蠕虫病毒的攻击，造成整个机构的内网大面积感染，网络陷于瘫痪之中。

请思考：如果此公司每隔一段时间就对防火墙/路由器进行安全审计，是否可以防患于未然？我们该如何对防火墙/路由器进行审计？

5.1　路由器/防火墙审计的必要性

5.1.1　路由器审计的必要性

1．路由器概述

路由器是连接两个或多个网络的硬件设备，在网络间起网关的作用，是读取每一个数据包中的地址然后决定如何传送的专用智能性的网络设备。它能够理解不同的协议，例如某个局域网使用的以太网协议、因特网使用的 TCP/IP。这样，路由器可以分析各种不同类型网络传来的数据包的目的地址，把非 TCP/IP 网络的地址转换成 TCP/IP 地址，或者反之；再根据选定的路由算法把各数据包按最佳路线传送到指定位置。所以路由器可以把非 TCP/ IP 网络连接到因特网上。

网络中的设备主要使用其 IP 地址相互通信，路由器只能根据具体的 IP 地址来转发数据。IP 地址由网络地址和主机地址两部分组成，在 Internet 中由子网掩码来确定网络地址和主机地址。子网掩码与 IP 地址一样都是 32 位的，并且这两者是一一对应的。子网掩码中，“1” 对应 IP 地址中的网络地址，“0” 对应的是主机地址，网络地址和主机地址就构成了一个完整的 IP 地址。在同一个网络中，IP 地址的网络地址必须是相同的。计算机之间的通信只能在具有相同网络地址的 IP 地址之间进行，如果想要与其他网段的计算机进行通信，则必须经过路由器转发出去。不同网络地址的 IP 地址是不能直接通信的，即便它们距离非常近。路由器的多个端口可以连接多个网段，每个端口的 IP 地址的网络地址都必须与所连接网段的网络地址一致。不同端口的网络地址是不同的，所对应的网段也是不同的，这样才能使各个网段中的主机通过自己网段的 IP 地址把数据发送到路由器上。

路由器最主要的功能可以理解为实现信息的传送。人们把这个过程称为寻址过程。在路由器中，通常存在着一张路由表。根据传送网站传送信息的最终地址，寻找下一转发地址。其实深入浅出地说，就如同快递公司发送包裹。包裹并不是瞬间到达最终目的地的，而是通过不同分站的分拣，不断地接近最终地址，从而实现包裹投递过程。路由器寻址过程也是类似的原理。通过最终地址，在路由表中进行匹配，通过算法确定下一转发地址。这个地址可能是中间地址，也可能是最终的到达地址。

路由器的功能是将不同子网之间的数据进行传递。具体功能有以下几点：

1）实现 IP、TCP、UDP、ICMP 等网络的互联。

2）对数据进行处理。包括对数据的分组过滤、复用、加密、压缩及防护等各项功能。

3）依据路由表的信息，对数据包下一传输目的地进行选择。

4）进行外部网关协议和其他自治域之间拓扑信息的交换。

5）实现网络管理和系统支持功能。

路由器采用了密码算法和解密专用芯片，通过在路由器主板上增加加密模块来实现路由器信息和 IP 包的加密、身份鉴别和数据完整性验证、分布式密钥管理等功能。使用路由器可以实现单位内部网络与外部网络的互联、隔离、流量控制、网络和信息维护，也可以阻塞广播信息的传输，达到保护网络安全的目的。

2．路由器技术

路由器技术在不断地革新和升级，从第一代到第五代，路由技术正在一步步向智能化迈进，在通信网络中的作用也变得更加重要，实现业务灵活性和高性能的有机结合。

第一代：集中转发，总线交换。

最初的 IP 网络并不大，其网关所需要连接的设备及其需要处理的负载也很小。这时的网关（路由器）基本上可以用一台计算机插多块网络接口卡的方式来实现。接口卡与中央处理器（CPU）之间通过内部总线相连，CPU 负责所有事务处理，包括路由收集、转发处理、设备管理等。网络接口收到报文后通过内部总线传递给 CPU，由 CPU 完成所有处理后从另一个网络接口传递出去。

第二代：集中+分布转发，接口模块化，总线交换。

由于每一个报文都要经过总线送交 CPU 处理，因此随着网络用户的增多及网络流量的增大，接口数量、总线带宽和 CPU 的瓶颈就越来越突出。于是人们很自然地想到如何提高网络接口数量，如何把 CPU 和总线的负担降下来。为了解决这些问题，就在网络接口卡上进行一些智能化处理，由于网络用户通常只会访问少数的几个地方，因此考虑把少数常用的路由信息采用 Cache 技术保留在业务接口卡上，这样大多数报文就可以直接通过业务板 Cache 的路由表进行转发，从而减少对总线和 CPU 的需求。对于 Cache 中不能找到的报文，则送交 CPU 处理。这就是第二代路由器技术。

第三代：分布转发，总线交换。

20 世纪 90 年代以后，Web 技术的出现使 IP 网络得到迅猛的发展。网络用户的访问面得到很大的拓宽，用户访问的地方已不像以前那样固定，这就导致了无法从 Cache 中找到路由的现象，于是总线和 CPU 瓶颈的问题再次出现。另外，由于用户的增加，路由器技术的接口数量不足的问题也暴露出来了。为了解决这个问题，第三代路由器技术应运而生。第三代路由器技术采用全分布式结构——路由与转发分离的技术，主控板负责整个设备的管理和路由的收集、计算功能，并把计算形成的转发表下发到各业务板；各业务板根据保存的路由转发表能够独立进行路由转发。另外，总线技术也得到了较大的发展，路由器技术的处理性能成倍提高。

第四代：ASIC 分布转发，网络交换。

20 世纪 90 年代中后期，随着 IP 网络的商业化，Web 技术出现以后，Internet 技术得到空前的发展，Internet 用户迅猛增加。网络流量特别是核心网络的流量以指数级增长，传统的基于软件的 IP 路由器技术已经无法满足网络发展的需要。以常见的主干节点 2.5Gbit/s POS 端口为例，按照 IP 最小报文 40 字节计算，2.5Gbit/s POS 端口线速的流量约为 6.5Mpps㊀。而且报文处理中需要包含诸如 QoS 保证、路由查找、二层帧头的剥离/添加等复杂操作，以传统的做法是不可能实现的。于是一些厂商提出了 ASIC 实现方式，把转发过程的所有细节全部采用硬件方式来实现。另外，在交换网上采用了 CrossBar 或共享内存的方式解决了内部交换的问题。这样，路由器技术的性能可以达到千兆比特，即早期的千兆交换式路由器（Gigabit Switch Router，GSR）。

第五代：网络处理器分布转发，网络交换。

从上面的发展过程可以看到，几乎每一次的技术进步都是因为随着业务发展而出现了新的需求。不过在前互联网络泡沫时代，主要的矛盾集中在路由器的转发性能上，所以前四代路由器技术的最大进步在于速度。但是在宽带互联网迅速发展的同时，作为其基础的 IP 网络技术的缺陷也越来越充分地暴露出来。网络无管理无法运营的问题、IP 地址缺乏的问题、IP 业务服务质量的问题、IP 安全等问题都在严重阻碍网络进一步发展。随着宽带互联网泡沫的破灭，人们深刻地意识到：业务才是网络的真正价值所在，一切的技术要求都应围绕着业务来进行。于是各种新技术纷纷出现，如网络管理技术、用户管理技术、业务管理技术、MPLS 技术、VPN 技术、可控多播技术、IP-QoS 技术、流量工程技术等。

IP 标准也逐步成熟。随着新技术的出现和标准化的进展，对高速路由器的业务功能要求也越来越高。基于这些问题，第四代路由器所采用 ASIC 技术的固有的不灵活、业务提供周期长等缺陷也不可避免地暴露出来。第五代路由器技术在硬件体系结构上继承了第四代路由器技术的成果，在关键的 IP 业务流程处理上采用了可编程的、专为 IP 网络设计的网络处理器技术。网络处理器（NP）通常由若干微处理器和一些硬件协处理器组成，多个微处理器并行处理，通过软件来控制处理流程。对于一些复杂的标准操作（如内存操作、路由表查找算法、QoS 的拥塞控制算法、流量调度算法等），采用硬件协处理器来提高处理性能。这样便实现了业务灵活性和高性能的有机结合。

㊀ 包转发率的单位，指每秒可以转发多少百万个数据包。

第五代路由器技术的出现，极大地满足了当前数据、语音、图像综合承载的需求，并大大增强了网络对 MPLS VPN 的支持能力。由于在业务特性上所具有的强大优势，第五代路由器技术已成为当前建设宽带骨干网络、汇聚网络的首选。随着成本的进一步降低与网络业务的进一步丰富，采用网络处理器技术的第五代路由器技术正在向网络的更低端发展。

3．路由器的特点

路由器的主要优点如下：

1）由于路由器具有选择、计算复杂路由的能力，能够合理、智能化地选择最佳路径，因此适用于连接两个以上的大规模和具有复杂网络拓扑结构的网络。

2）路由器可以把广播风暴信息隔离在源网络内，从而减少和抑制广播风暴的影响。

3）多协议路由器可以连接及使用不同通信协议的网络，因此它可以作为使用不同通信协议的网络互联平台。

4）单协议路由器互联的网络，在第 1、2 层可以使用相同或不同的协议；在第 3 层使用相同的可路由协议，而在第 4 层以上要求使用相同或兼容的协议。

5）使用路由器能够隔离不需要的通信，从而使互联的网络保持各自独立的管理控制范围，提高网络的安全性能。因此，路由器常被作为防火墙使用，限制局域网内部对外网（因特网）以及外部网络对局域网内部的访问，起到网络屏蔽的作用。

6）路由器还可以作为网桥，以便处理“不可路由”协议。

7）路由器的网络分段功能，可以提高网络的性能，减少主机的负担。

8）能够提供可靠传输的优先服务，并且不需要相互通信的网络之间保持永久连接。

路由器的主要缺点如下：

1）与网桥不同，路由器是与协议相关的，网间连接中的每一种高层协议都必须分开配置，必须为每一种协议提供一个单独协议的路由器。

2）使用较多的时间进行处理，致使网络传输性能下降。

3）路由器不支持非路由协议，因此在与多个网络互联时，对所连接的网络使用的协议有所限制。

4．路由器的威胁

（1）无线网络路由隐蔽性不高

无线网络光纤通信路由器在使用期间存在的一个重要安全隐患便是无线网络隐蔽性不高。由于无线网络主要应用射频技术来实施网络连接与传输工作，并且利用无线电波的形式在一定范围内将数据传播出去，因此一旦设备覆盖范围超出了企业的范围，那么黑客便能够很容易地登录到无线网络，从而对网络展开攻击，这便导致无线网络光纤通信路由器的使用环境较差，安全指数不断下降，最终影响用户的使用率。

（2）存在窃听网络通信问题

窃听网络通信主要指用户在使用网络期间，攻击者对用户的通信信息进行一定的监听，并且通过仿真终端机的形式将通信内容展现出来。尽管网络没有对外广播，但是一些网络攻击者依旧能够通过一些网络工具软件对其展开监听，并且对通信量进行分析，最终识别出能够破坏的信息。入侵者一旦成功登录到无线网络上，将会给企业网络和商业机密带来严重的威胁。

（3）拒绝服务攻击

黑客最为常用的手段之一便是拒绝服务攻击，换言之就是使目标主机无法继续提供服务，攻击者能够让不同的设备使用相同的频率，这便会导致无线频谱内产生一定的冲突，从而发送一些违法的身份验证请求等，通信量无法传送到目的地，最终导致用户不能正常使用网络，这给用户的工作带来极大的困扰。

因它所处的位置和特点，所以审计很有必要。

5.1.2 防火墙审计的必要性

1．防火墙概述

防火墙指的是一个由软件和硬件设备组合而成、在内部网和外部网之间、专用网与公共网之间的界面上构造的保护屏障，是一种获取安全性方法的形象说法。它是一种计算机硬件和软件的结合，使 Internet 与 Intranet 之间建立起一个安全网关（Security Gateway），从而保护内部网免受非法用户的侵入。防火墙主要由服务访问规则、验证工具、包过滤和应用网关 4 个部分组成。防火墙就是位于计算机和它所连接网络之间的软件或硬件。该计算机流入/流出的所有网络通信和数据包均要经过此防火墙。防火墙的工作示意图如图 5.1 所示。

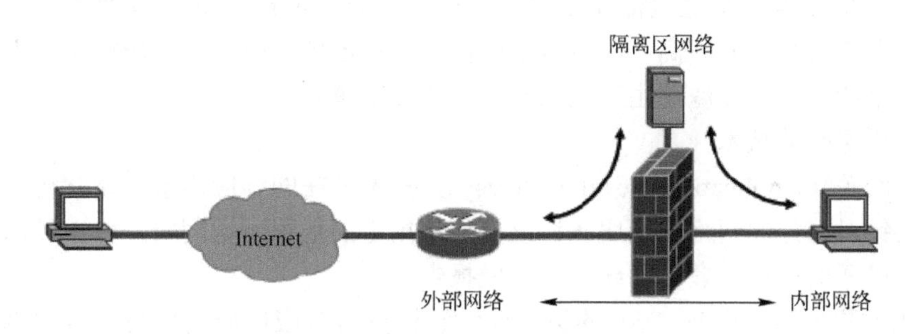

图 5.1　防火墙工作示意图

在网络中，防火墙是指一种将内部网和公众访问网（如 Internet）分开的方法，它实际上是一种隔离技术。防火墙是在两个网络通信时执行的一种访问控制尺度，它能允许用户“同意”的人和数据进入网络，同时将“不同意”的人和数据拒之门外，最大限度地阻止网络中的黑客来访问网络。换句话说，如果不通过防火墙，公司内部的人就无法访问 Internet，Internet 上的人也无法和公司内部的人进行通信。

防火墙对流经它的网络通信数据进行扫描，这样能够过滤掉一些攻击，以免其在目标计算机上被执行。防火墙还可以关闭不使用的端口，而且它还能禁止特定端口的流出通信，封锁特洛伊木马。另外，它可以禁止来自特殊站点的访问，从而防止来自不明入侵者的所有通信。它的主要功能如下：

1）网络安全的屏障。防火墙（作为阻塞点、控制点）能极大地提高一个内部网络的安全性，并通过过滤不安全的服务而降低风险。

2）强化网络安全策略。通过以防火墙为中心的安全方案配置，能将所有安全软件（如口令、加密、身份认证、审计等）配置在防火墙上。

3）监控审计。如果所有的访问都经过防火墙，那么防火墙就能记录下这些访问，同时也能提供网络使用情况的统计数据。

4）防止内部信息的外泄。通过利用防火墙对内部网络的划分，可实现内部重点网段的隔离，从而限制局部重点或敏感网络安全问题对全局网络造成的影响。

5）数据包过滤。防火墙通过读取数据包中的地址信息来判断这些包是否来自可信任的网络，并与预先设定的访问控制规则进行比较，进而确定是否需对数据包进行处理和操作。

2．防火墙技术

防火墙技术有很多，包括包过滤技术、应用层网关技术、状态检测技术、代理服务器技术和网络地址转换技术等，每种都有各自的特点。

（1）包过滤技术

包过滤（Packet Filtering）技术是在网络层对数据包进行选择，选择的依据是系统内设置的过滤逻辑，被称为访问控制列表（Access Control List）。通过检查数据流中每个数据包的源地址、目的地址、所用的端口号、协议状态等因素或它们的组合来确定是否允许该数据包通过。

包过滤的优点是一个包过滤路由器能协助保护整个网络，数据包过滤对用户透明，包过滤路由器速度快、效率高；缺点是不能彻底防止地址欺骗，一些应用协议不适合数据包过滤，正常的数据包过滤路由器无法执行某些安全策略。

（2）应用层网关技术

应用层网关（Application Level Gateways）技术是在网络应用层上建立协议过滤和转发功能。它针对特定的网络应用服务协议，使用指定的数据过滤逻辑，并在过滤的同时对数据包进行必要的分析、登记和统计，形成报告。

应用代理防火墙工作在 OSI 的第七层，它检查所有应用层的信息包，并将检查的内容信息放入决策过程，从而提高网络的安全性。

应用网关防火墙是通过打破客户机/服务器模式实现的。每个客户机/服务器通信需要两个连接：一个是从客户端到防火墙，另一个是从防火墙到服务器。另外，每个代理需要一个应用进程或一个后台运行的服务程序，对每个新的应用必须添加针对此应用的服务程序，否则不能使用该服务。所以，应用网关防火墙有可伸缩性差的缺点。

数据包过滤和应用网关防火墙有一个共同的特点，就是它们仅仅依靠特定的逻辑来判定是否允许数据包通过。一旦满足逻辑，防火墙内外的计算机系统就会建立直接联系，防火墙外部的用户便有可能直接了解防火墙内部的网络结构和运行状态，这有利于实施非法访问和攻击。

（3）状态检测技术

状态检测防火墙工作在 OSI 的第二～四层，采用状态检测包过滤的技术，是由传统包过滤功能扩展而来的。状态检测防火墙在网络层有一个检查引擎，截获数据包并抽取出与应用层状态有关的信息，并以此为依据决定对该连接是接受还是拒绝。这种技术提供了高度安全的解决方案，同时具有较好的适应性和扩展性。状态检测防火墙一般也包括一些代理级的服务，它们提供附加的对特定应用程序数据内容的支持。

状态检测防火墙基本保持了简单包过滤防火墙的优点，性能比较好，同时对应用是透明的。在此基础上，其安全性也有了大幅提升。这种防火墙克服了简单包过滤防火墙仅考察进出网络的数据包而不关心数据包状态的缺点，在防火墙的核心部分建立状态连接表，维护了连接，将进出网络的数据当成一个个的事件来处理。主要特点是由于缺乏对应用层协议的深度检测功能，因此无法彻底地识别数据包中大量的垃圾邮件、广告以及木马程序等。

（4）代理服务器技术

代理服务器的英文全称是 Proxy Server，其功能就是代理网络用户去取得网络信息。代理服务器是 Internet 链路级网关所提供的一种重要的安全功能，它主要工作在开放系统互联（OSI）模型的对话层。代理服务区就好像一个信息的中转站，当主机访问因特网时，不是直接访问，而是通过代理服务器获取因特网的信息。

一般情况下，使用网络浏览器直接去链接其他 Internet 站点取得网络信息时，必须送出 Request 信号来得到回答，然后对方再把信息以 bit 方式传送回来。代理服务器是介于浏览器和 Web 服务器之间的一台服务器，有了它，浏览器不是直接到 Web 服务器去取回网页，而是向代理服务器发出请求，Request 信号会先送到代理服务器，由代理服务器取回浏览器所需要的信息并传送给用户的浏览器。而且大部分代理服务器都具有缓冲的功能，就好像一个大的 Cache，有很大的存储空间，它不断将新取得的数据储存到它本机的存储器上。如果浏览器所请求的数据在它本机的存储器上已经存在而且是最新的，那么就不必重新从 Web 服务器取数据，而是直接将存储器上的数据传送给用户的浏览器，这样就能显著提高浏览速度和效率。

（5）网络地址转换技术

网络地址转换（Network Address Translation，NAT）属于接入广域网（WAN）技术，是一种将私有（保留）地址转换为合法 IP 地址的技术，它被广泛应用于各种类型的 Internet 接入方式和各种类型的网络中。NAT 不仅完美地解决了 IP 地址不足的问题，而且还能够有效地避免来自网络外部的攻击，隐藏并保护网络内部的计算机。

目前存在如下 3 种地址转换方式。

1）NAT：这种方式支持端口的映射并允许多台主机共享一个公用 IP 地址。

2）静态 NAT：仅支持地址转换，不支持端口映射，这需要每一个当前连接对应一个 IP 地址。宽带（Broadband）路由器通常使用这种方式来允许一台指定的计算机去接收所有的外部连接，甚至当路由器本身只有一个可用外部 IP 时也如此，这台路由器有时也被标记为 DMZ 主机。

3）动态 NAT（Pooled NAT）：这种方式在外部网络中定义了一系列的合法地址，采用动态分配的方式映射到内部网络。

3．防火墙的特点

防火墙的主要优点如下：

1）防火墙能强化安全策略。

2）防火墙能有效地记录 Internet 上的活动，作为访问的唯一点，防火墙能在被保护的网络和外部网络之间进行记录。

3）防火墙限制暴露用户点，能够防止影响一个网段的问题通过整个网络传播。

4）防火墙是一个安全策略的检查站，使可疑的访问被拒绝于门外。

虽然优点众多，但是也存在着缺点：

1）防火墙可以阻断攻击，但不能消灭攻击源。

2）防火墙不能抵抗最新的未设置策略的攻击漏洞。

3）防火墙的并发连接数限制容易导致拥塞或者溢出。

4）防火墙对服务器合法开放端口的攻击大多无法阻止。

5）防火墙对内部主动发起的连接攻击一般无法阻止。

6）防火墙本身也会出现问题和受到攻击，依然有着漏洞。

7）防火墙无法处理病毒。

4．防火墙产品

（1）包过滤型防火墙

包过滤型防火墙用一个软件查看所流经数据包的包头（Header），它可能会丢弃（DROP）这个包，可能会接收（ACCEPT）这个包（让这个包通过），也可能执行其他更复杂的动作。包过滤型防火墙的工作原理如图 5.2 所示。

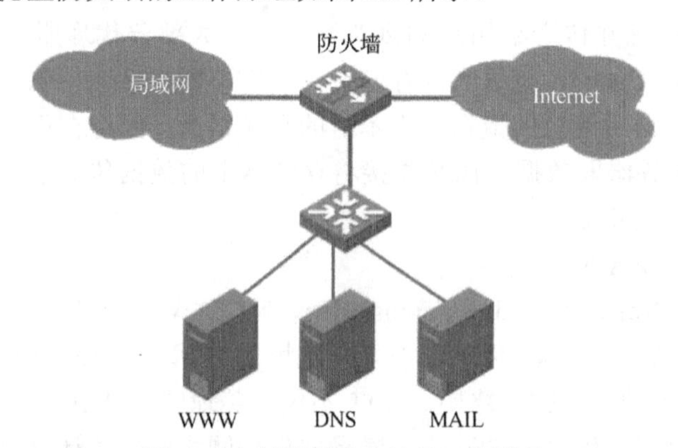

图 5.2　包过滤型防火墙的工作原理

基本过程的叙述如下：

1）包过滤规则必须被包过滤设备端口存储起来。

2）当包到达端口时，对包头进行语法分析。大多数包过滤设备只检查 IP、TCP 或 UDP 报头中的字段。

3）包过滤规则以特殊的方式存储。应用于包的规则顺序与包过滤器规则存储顺序必须相同。

4）若一条规则阻止包传输或接收，则此包便不被允许。

5）若一条规则允许包传输或接收，则此包便可以被继续处理。

6）若包不满足任何一条规则，则此包便被阻塞。

包过滤型防火墙的优点如下：

1）处理数据包的速度较快（与代理服务器相比）。

2）实现包过滤几乎不再需要费用。

3）包过滤路由器对用户和应用来说是透明的。

包过滤型防火墙的缺点如下：

1）包过滤型防火墙的维护较困难。

2）只能阻止一种类型的 IP 欺骗。

3）任何直接经过路由器的数据包都存在着被用作数据驱动式攻击的潜在危险，一些包过滤路由器不支持有效的用户认证，仅通过 IP 地址来判断是不安全的。

4）不能提供有用的日志或者根本不能提供日志。

5）随着过滤器数目的增加，路由器的吞吐量会下降。

6）IP 包过滤器可能无法对网络上流动的信息提供全面的控制。

（2）双重宿主（双宿）/多重宿主（多宿）主机防火墙

双重宿主主机体系结构围绕双重宿主主机构筑。双重宿主主机至少有两个网络接口。这样的主机可以充当与这些接口相连的网络之间的路由器，它能够从一个网络到另外一个网络发送 IP 数据包，然而双重宿主主机的防火墙体系结构禁止这种发送。

因此，IP 数据包并不是从一个网络（如外部网络）直接发送到另一个网络（如内部网络）。外部网络能与双重宿主主机通信，内部网络也能与双重宿主主机通信。但是外部网络与内部网络不能直接通信，它们之间的通信必须经过双重宿主主机的过滤和控制。

优点：

1）可以将被保护的网络内部结构屏蔽起来，增强网络的安全性。

2）可用于实施较强的数据流监控、过滤、记录和报告等。

缺点：

1）会使访问速度变慢。

2）提供的服务相对滞后或者无法提供。

（3）被屏蔽主机防火墙

双重宿主主机体系结构防火墙没有使用路由器，而被屏蔽主机体系结构防火墙则使用一个路由器把内部网络和外部网络隔离开。在这种体系结构中，主要的安全由数据包过滤提供（例如，数据包过滤用于防止人们绕过代理服务器直接相连）。

优点：

1）其提供的安全等级比包过滤防火墙系统要高，实现了网络层安全（包过滤）和应用层安全（代理服务）。

2）入侵者在破坏内部网络的安全性之前，必须首先渗透到两种不同的安全系统。

3）安全性更高。

缺点：路由器不被正常路由。

（4）被屏蔽子网防火墙

被屏蔽子网体系结构将额外的安全层添加到被屏蔽主机体系结构，即通过添加周边网络更进一步地把内部网络和外部网络（通常是 Internet）隔离开。被屏蔽子网体系结构的最简单形式为两个屏蔽路由器，每一个都连接到周边网。

一个屏蔽路由器位于周边网与内部网络之间，另一个屏蔽路由器位于周边网与外部网络（通常为 Internet）之间。这样就在内部网络与外部网络之间形成了一个“隔离带”。为了能够侵入到用这种体系结构构筑的内部网络，入侵者必须通过两个路由器。即使入侵者侵入堡垒主机，也必须通过内部路由器。

优点：

安全性高，若入侵者试图破坏防火墙，则必须重新配置连接 3 个网络的路由。入侵者既不能切断连接，同时又不能使自己被发现，难度系数高。

缺点：

1）不能防御内部攻击者，来自内部的攻击者是从网络内部发起攻击的，他们的所有攻击行为都不通过防火墙。

2）不能防御绕过防火墙的攻击。

3）不能防御新的威胁：防火墙被用来防备已知的威胁。

4）不能防御数据驱动的攻击：防火墙不能防御基于数据驱动的攻击。

5. 防火墙的安全威胁

导致防火墙出问题的因素很多，归纳起来，主要有以下 4 个方面的因素。

（1）人为疏忽

智者千虑，必有一失。防火墙虽然经历了长时间的发展，但直到今天，还没有一个厂家可以向客户提供简单明了的管理界面。即使一个经验丰富的防火墙管理员，面对几十条上百条防火墙规则（Firewall Rules）也有糊涂的时候，一个初学者就更不必说了。有时规则之间互相冲突，不能够起到保护内部网络的作用。有的规则本身就违反公司的安全政策（Security Policy），就不该存在。有的单位让多人拥有防火墙管理员的账户，防火墙被搞得乱七八糟。防火墙是不会提醒操作员这些问题的。这些问题使防火墙的有效性大打折扣。纠正这一类问题的办法就是定期审计。

（2）管理的松懈

这是最普遍的情况。对于一家小公司来说，也许一个防火墙就足够应付保卫网络的需求。不过，一家小公司往往雇不起一个防火墙专家，就只好把这一职责外包。那个承接外包的安全公司，也许就只有两三个防火墙专家。他们每人至少要看管好几十个公司的防火墙，经常处于超负荷工作状态。为了尽力满足客户的需要，他们基本上有求必应。很多安全漏洞就出在这里。因为客户的安全知识有限，他们提出的要求有不少是违反安全原则的。如果随便答应他们，就会给防火墙带来安全隐患。有的小公司甚至随便让公司内部某个未经防火墙培训的网络管理员来兼任。大点的公司，情况似乎好一些，防火墙有专人负责。可是，公司规模一大，防火墙的数目也跟着增加。尤其是公司内部互设防火墙，以达到分级保护的目的。这就使情况极为复杂。墙越多，管理的难度就越高。一个数据在公司内部从网络的一端走到另一端，可能要通过好几个防火墙。如何让各种数据畅通无阻的同时又不在安全方面妥协退让，就成为一个十分复杂的问题。当然，最简单的方法就是打开闸门，让数据通过。这种情况在紧急状况下常出现。很多临时加上去的应急策略往往变成永久策略。这就埋下一个个隐患。防火墙一多，正确地做变更日志就困难得多。没有精确地做好变更日志，加上人员的流动，久而久之整个防火墙系统就成为一团理不清的乱线，该挡的不去挡，该放行的不放行。另外一个十分常见的防火墙管理方面的问题，就是忽略了对防火墙日志的定期审计。以至于墙内外风声四起，防火墙管理员却未察觉。对付这一类的问题，只有进行加强管理。和财务管理一样，防火墙的管理不能没有定期的审计。定期的审计可以协助防火墙管理人员理清乱线，发现潜在的危机，消除隐患。对于客户来说，这是负责任的做法。

（3）防火墙自身存在的漏洞或缺陷

一个防火墙今天是密不透风的，如铜墙铁壁，过些天就有可能漏洞百出，如一团乱线。这种情况是如何产生的呢?迄今为止，还没有哪个厂家生产的防火墙不存在任何安全漏洞。只不过那些漏洞须经过一段时间才能被逐渐发现。每当这种情况发生，生产厂家就要提供修补的软件包，供用户安装。有时甚至需要推出新的版本才能堵住漏洞。问题在于，不负责任的防火墙管理员太多了，天长日久，欠的补丁太多了，问题就越来越大。有时，防火墙本身并不存在什么大问题，而是出在防火墙软件基于的操作系统软件上。目前，大部分在线的防火墙仍然是软件防火墙。一般来说，每个防火墙至少可以通过一个网络界面进入防火墙的操作系统，还可通过一个界面来管理防火墙，人们称它为管理界面（Management Interface）。它们被设置在特殊的孤立网络环境里。但在现实中往往并不是这样的。入侵者通过攻击防火墙操作系统和管理界面的漏洞，可以一举攻破防火墙，起到出其不意的效果。要堵住操作系统的漏洞，基本上是靠生产厂家提供的修补程序。只要严格按照厂家的信息及时修补操作系统的漏洞，严格控制进入管理界面的渠道，这一问题才不会存在。还有的防火墙，由于价格过于低廉，功能太差，如不能检测和阻挡拒绝服务类的攻击，无法满足日益增长的安全需要，就只好更新换代。对防火墙的定期审计可以查出这一方面的问题，及时采取明智的措施。

（4）防火墙的运行及环境状况

对于很多企业来说，防火墙是数据进出口的重要关卡。防火墙一旦停止运行，或者出现阻滞的状态，企业的运营就会受影响。一个正常情况下运行的防火墙，应该有足够的内存和外存空间来周转和储存数据，且在大多数的时间里处理器不应处于满负荷状态，防火墙有高质量的稳压电源及断电保护，周围温度和湿度有严格的控制，以及物理安全有保障。当然，最好所有的防火墙都能够有失效转移（failover）的设置。这样在主墙倒塌的情况下，预备墙可以自动接替。这些条件并不是所有单位都能做到。这方面的问题，往往最容易受到忽视。有的公司把防火墙与服务器、网络开关、路由器等放在一层架子上。网络管理员一不小心就可能将防火墙的电缆碰掉，造成网络中断。这一类的问题看起来并不难解决，但并不是所有单位都能解决好。通过审计防火墙，可以发现这方面的问题。

5.2 路由器/防火墙的审计

因防火墙/路由器所处的位置和特点，所以审计很有必要。防火墙/路由器审计是对整个防火墙/路由器的功能、设置、管理、环境、弱点、漏洞和日志等进行全面的审计。

5.2.1 审计准备

在开始审计防火墙/路由器前，要把防火墙/路由器的周围网络环境、保护对象、安全要求搞清楚。另外还要搜集一些必要的资料为后面的步骤做准备。至少要得到最新的以下方面的情报：

1）防火墙/路由器周围区域网络的流程图（包括内部和外部）。

2）路由器的设置。

3）防火墙/路由器及周围设备在网络上的名称和 IP 地址。

4）防火墙/路由器网络连接情况（防火墙/路由器每个网络界面的 IP 和邻近设备）。

5）有关防火墙/路由器的最基本信息，比如生产厂家、版本、质量保障合同、管理员的姓名、24h 技术支持的电话号码等。

6）防火墙/路由器使用单位的安全政策（Security Policy）。在国内还必须搞清楚国家政策和法律要求。

7）防火墙/路由器的管理制度（书面）。要仔细检查责任制、变更控制过程（Change Control Process）、维修和厂家销后支持的途径及过程等。

8）防火墙/路由器的安装、使用、升级、维护及日常管理记录。

5.2.2 审计过程

第一步：查看防火墙/路由器的配置、环境和运行情况。

这其中包括逻辑的和物理的状况，要调查的状况至少应包括以下几个方面：

1）防火墙/路由器的硬件设置。

2）防火墙/路由器的操作系统及版本。

3）防火墙/路由器的网卡设置速度。

4）防火墙/路由器的日志存储位置以及文件是否要进行加密处理。

5）防火墙/路由器的内存（RAM）使用情况。查看其是否经常处于满负荷状态。如果是，就要在审计报告中建议增加内存。

6）防火墙/路由器的中央处理器使用情况。查看其是否经常处于满负荷状态。如果是，就要在审计报告中建议更换机器。

第二步：了解防火墙/路由器的自身安全状况。

1）查看防火墙/路由器的操作系统究竟有没有按照生产厂家的规定安装足够的安全补丁。如果没有，那么将缺少的补丁一一列出来。

2）查看有多少人被授权进行防火墙/路由器的管理。他们是使用各自的用户名进入防火墙/路由器管理界面的还是共享一个用户名，有没有一张示意图表明这些人的权限，他们是否被要求定期更换口令，是否允许使用脆弱口令，以及防火墙/路由器日志是否详细记录每个管理员进入系统的时间、输错口令的次数、被拒绝进入的次数、退出系统的时间等。

3）有没有“后门”可以避开种种安全控制进入防火墙/路由器。

4）测试管理防火墙/路由器计算机的安全性，要仔细检查操作系统的设置。

第三步：检查防火墙/路由器的访问控制列表（Access Control List，ACL）。

每一条防火墙/路由器规则的产生或更改都需要有详细的注释，写清楚是谁要求添加和修改的，原因何在，添加或更改的日期，以及时限等。

首先要把全部的规则从防火墙/路由器调出（几乎所有品牌的防火墙/路由器都有这项功能），然后打印出来。下面就要一条一条地去查看是否有注释，如果一条规则后面没有加注释，那么就要在审计报告中建议防火墙/路由器管理员补上。

其次要检查防火墙/路由器的第一条规则。防火墙/路由器的第一条规则就是拒绝一切数据流进入（blockall）。

下面的工作就是要把所有过时了的规则列在一起。这一步的目的就是防止那些应急策略变成永久策略。如果防火墙/路由器管理员对于每一条规则都做了详细的注释，那么这一步很快就可以完成。完成这一步可以为下一步减少许多工作量。找出了所有过时了的规则后，最终目的是要把它们删除，或者把它们变成永久性的（在不违反安全政策的前提下）。如果防火墙/路由器管理员不能提供很好的注释，这一步就无法完成，下一步就要多一些工作量。要把这个问题写在审计报告上，以防再次出现。

接着要一条一条地去核实防火墙/路由器规则的有效性。所谓有效性，是指两个方面。其中的一个方面是每一条规则是否需要存在。最简单的做法就是，核实每一条规则的起点和终点是否还存在。

最后要确保防火墙/路由器规则的合理性。合理的防火墙/路由器规则应没有重复，没有交叠，它们之间也不互相冲突。这方面的问题在多人管理的防火墙/路由器上出现较多。要把重复的、相互交叠的还有互相冲突的规则列出来，在审计报告中建议修改它们。

第四步：对防火墙/路由器进行漏洞扫描（Vulnerability Scan）。

对防火墙/路由器的每一个网络界面都要进行扫描，不要漏掉任何一个。与此同时，也要对用来进行防火墙/路由器管理和存放防火墙/路由器日志的计算机进行扫描。在对防火墙/路由器进行扫描时，一定要把时间、扫描工具及使用的 IP 都准确地记下来。在下一步审计防火墙/路由器的日志时，一定要查看防火墙/路由器日志有没有把受到的攻击如实记录下来。有的防火墙/路由器设置了警报，要查看警报系统是否正常工作。

第五步：防火墙/路由器日志审计。

日志审计通过检查系统日志文件以检测安全事件或验证安全控制的有效性。在安全专家检查第一个事件之前，日志记录实际上已经开始。为了使事件日志提供有意义的信息，必须捕获非常具体但可能大量的基于行业最佳实践和组织风险管理流程的信息，并不断调整系统以应对不断变化的威胁形态。

这里提醒两点。第一，对于软件防火墙，审计防火墙操作系统的日志。如果一台防火墙也用来作为 VPN，那么也要注意有关 VPN 上各项活动的日志（一般情况下，这类VPN没有独立的日志）。如果一台防火墙也用来作为代理服务器（Proxy），那么也要审计代理服务器的日志。审计代理服务器的日志较耗费时间，用软件工具可以大大提高效率。第二，审计防火墙的日志，不仅仅是一个技术问题，有时也可能会引出人事、法律、隐私等问题。它在某种程度上可以监视及跟踪员工上班时的网上行为。它可能暴露员工的工作效率、爱好、情绪等。如果审计结果牵涉人事、法律方面的问题，则要把原始证据妥善保存好以便复核。

第六步：对防火墙/路由器实施攻击测验（Penetration Testing）。

这一步是专家才能做的事情。不同的专家由于经验和手段不同，会得出不同的结果。称职的专家人数极少。如果没有条件，这一步可以省略。

5.3 本章小结

本章对路由器/防火墙进行分析，介绍了路由器/防火墙的基本概念、实现技术和特点等，指出路由器/防火墙审计的必要性。在此基础上，介绍了路由器/防火墙的审计过程。

习题 5

1. 路由器有什么实现技术？特点是什么？为什么要对路由器进行审计？
2. 防火墙有什么实现技术？特点是什么？为什么要对防火墙进行审计？
3. 防火墙/路由器审计的过程是什么？请简述。

第 6 章　Web 应用的审计

本章学习要点：

➢ 了解 Web 服务器的主要安全威胁。
➢ 掌握审计 Web 服务器的过程。
➢ 掌握 Web 应用面临的威胁。

Facebook 创立于 2004 年 2 月 4 日，是世界排名领先的信息分享网站。2018 年，一家名为 Cambridge Analytica 的数据分析公司通过一个应用程序收集了 5000 万 Facebook 用户的个人信息，该应用程序详细描述了用户的个性、社交网络以及在平台上的参与度。尽管 Cambridge Analytica 公司声称它只拥有 3000 万用户的信息，但经过 Facebook 的确认，最初的估计实际上很低。2018 年 4 月，Facebook 通知了在其平台上的 8700 万名用户，他们的数据已经遭到泄露。6 月 27 日，安全研究员 Inti De Ceukelaire 透露，另一个名为 Nametests.com 的应用程序已经泄露了超过 1.2 亿用户的信息。

互联网的爆炸式增长推动了开发工具、编程语言、Web 浏览器、数据库和不同的客户机-服务器模型的进步。很少有技术发明能像 Web 应用程序那样改变人们的生活。Web 界面已经从静态页面发展到由一大群富有创造力的程序员驱动的令人难以置信的交互功能的混合界面。2010 年，Verizon 数据泄露事件报告表明，网络是成功破坏公司的最常见的攻击媒介，占所有攻击的 54%，在所有受损记录中，网络攻击占到了 92%。Web 服务器是常见的目标，因为其很难得到妥善的保护，并且通常包含公司机密、个人信息或持卡人数据。

完整的 Web 审计是对 3 个主要组件的审计，包括服务器操作系统、Web 服务器和 Web 应用程序。其他组件也可以作为审计的一部分考虑。服务器操作系统是安装和运行 Web 服务器及应用程序的底层平台。Web 服务器用于承载 Web 应用程序，如 Internet 信息服务（IIS）或 Apache。Web 应用程序包括相关的开发框架，比如 ASP.NET、Java、Python 或 PHP 以及适用的内容管理系统（CMS，如 Drupal、Joomla 或 WordPress）。但是 Web 应用程序开发了大量的语言和结构，这使得审计过程复杂化。本章介绍的一些工具和方法对 Web 应用程序的审计会有很大的帮助。

本章在对这 3 个组件的审计进行介绍的基础上，将着重论述 Web 应用的审计，并要求掌握审计 Web 服务器的过程和 Web 应用面临的威胁。

6.1　审计主机操作系统

服务器操作系统是安装和运行 Web 服务器及应用程序的底层平台，主机操作系统的审计应与 Web 服务器和 Web 应用程序的审计同时进行。

Windows 操作系统现在已经发展成为世界上最普及的服务器操作系统之一。20 世纪 90 年代初，微软和 IBM 合作开发了 OS/2，但后来微软和 IBM 分道扬镳，微软在 1993 年 7 月发布了 Windows NT。Windows NT 是面向公司和政府机构的 Windows 操作系统的专业版本。

服务器市场从 Windows NT 发展到 Windows Server 2000、Windows Server 2003，然后是 Windows Server 2008。对于审计人员来说，这意味着在很多环境中使用的操作系统的版本众多。实用程序不是都能在所有系统上工作的。在某些情况下，网络上可能存在微软不再支持的主机。应采取额外的控制措施来保护这些系统，例如防止网络攻击或恶意软件传播的技术。

6.2 审计 Web 服务器

6.2.1 Web 服务器的主要安全威胁

Web 服务器的主要安全威胁如下：

遭到破坏的 Web 主机可能允许攻击者危害 Web 服务器上的其他应用程序；如果不能充分运行安装过补丁的系统，就会使 Web 服务器面临不必要的危险，这些危险可能是由更新的代码版本安装过补丁的漏洞造成的；不必要的服务、模块、对象和 API 提供了额外的攻击面区域，从而为恶意攻击者和恶意软件带来了更多机会；使用的账户管理不当可能会方便地访问 Web 服务器，绕过防止恶意攻击的其他附加安全控制；对 Web 服务器和系统使用的文件及目录的不当控制可使攻击者访问比应用的信息和工具更多的信息和工具；脚本可能允许攻击者执行其选择的代码，从而可能危及 Web 服务器；旧证书或吊销的证书表明网站对最终用户可能有效，但也可能无效。

6.2.2 审计 Web 服务器的过程

1）验证 Web 服务器是否运行在专用系统上，而不是与其他关键应用程序一起运行。

识别并与管理员讨论每个应用程序。仔细考虑允许其他应用程序保持在与 Web 服务器相同的主机上的合法业务需求。如果这些应用程序必须共存，则需要考虑将每个额外的应用程序纳入审计范围。

2）验证 Web 服务器是否已完全修补并更新最新批准的代码。

每个组织都有自己的修补程序管理系统和策略。在管理员的帮助下，验证 Web 服务器是否正在运行最新批准的代码，并可与环境中的策略和过程进行连接。

3）验证删除或禁用不必要的服务、模块、对象和 API。运行服务和模块应在特权最少的账户下运行。

在管理员的帮助下，讨论并验证是否禁用了不必要的服务，以及正在运行的服务是否在可能的最低特权账户下运行。验证是否禁用了文件传输协议（FTP）、简单邮件传输协议（SMTP）、Telnet、额外服务器扩展和网络新闻传输协议（NNTP）服务（如果不需要）。人们可以使用 Netstat 或更健壮的进程到端口映射实用程序。许多 Web 服务器都有健壮的管理接口，可以通过这些接口查看其他已安装的模块和插件。

查看日志和配置文件以验证是否只启用了必要的模块，质疑是否需要其他正在运行的模块。

4）验证只允许适当的协议和端口访问 Web 服务器。

与管理员讨论并在管理员的帮助下验证只允许必要的协议访问服务器。例如，服务器上的 TCP/IP 堆栈应该加强，以只允许适当的协议。IIS 服务器上应该禁用 NetBIOS 和服务器消息块（SMB）。应注意可能存在的任何其他控制，例如限制允许访问 Web 服务器的协议和端口的防火墙规则或网络访问控制列表（ACL）。通常，只允许端口 80（HTTP）和端口 443（SSL）上的 TCP 访问 Web 服务器。此外，在某些情况下，可能需要检查安全套接字层（SSL）事务所允许的协商密码。与管理员一起审查这些决定。

5）验证允许访问 Web 服务器的账户是否经过适当管理，并且使用强密码进行强化。

与管理员讨论并验证未使用的账户已从服务程序中删除或完全禁用。Windows 服务器上的管理员账户应该重新命名，除了用于管理的账户，所有账户都应该限制远程登录。

应该严格控制 UNIX 主机（Linux、Solaris 等）上的根账户，并且绝不能用于直接的远程管理。永远不要在根账户下运行 Apache 等 UNIX Web 服务器。它们应该在不同的用户和组下运行，比如 www-apache:www-apache。

通常，管理员之间不应该共享账户，管理员也不应该与用户共享账户。服务器和 Web 服务器应用程序应该始终执行强账户和密码策略。

IIS Web 服务器的其他考虑事项包括：如果应用程序不使用 IUSR_MACHINE 账户，则应确保禁用该账户；如果应用程序需要匿名访问，则还应该创建一个自定义的最低特权匿名账户；如果托管多个 Web 应用程序，则为每个应用程序配置单独的匿名用户账户。

6）确保文件、目录和虚拟目录存在适当的控件。

验证文件和目录是否具有适当的权限，尤其是包含以下内容的权限：

- 网站内容。
- 网站脚本。
- 系统文件（如%windir% =系统 32 或 Web 服务器目录）。
- 工具、实用程序和软件开发工具包。

应该删除示例应用程序和虚拟目录。与管理员讨论并验证日志和网站内容是否存储在非系统卷中。

另外，验证匿名组和 everyone 组（世界权限）是否受到了限制。此外，除非必要，否则系统上不应该共享文件或目录。

7）确保 Web 服务器已启用并保护适当的日志记录。

与管理员验证是否保留了密钥审计跟踪，如登录尝试失败。理想情况下，应该在与 Web 服务器不同的卷上重新定位和保护这些日志。日志文件也应该定期归档。应该定期分析它们，最好使用大型 IT 环境中的自动化工具。

8）确保正确映射脚本扩展。

向 Web 管理员验证 Web 服务器未使用的脚本扩展是否映射到 404 网页处理程序，或者直接完全拒绝。

9）验证所有使用中的服务器证书的有效性。

在管理员的帮助下，验证所有证书是否已用于其预期用途，并且尚未被吊销。证书数据范围、公钥和元数据都应该有效。如果其中任何一个发生了变化，则考虑是否需要一个反映当前需求的新证书。

6.3 审计 Web 应用

本节将介绍一种应用程序的审计方法，如 Open Web Application Security Project（OWASP）。OWASP 致力于使组织能够开发、购买和维护可信任的应用程序。OWASP 维护大量的信息，可以帮助用户为 Web 应用程序开发审计程序。OWASP 前十名被视为一套最低标准，在审计期间需要进行审查。

Web 应用程序设计还可能需要额外的测试，包括部分或完整的代码复查、第三方渗透测试、商业扫描仪或开源工具测试。其中，每一个都可以提供一些额外的保证来确保应用程序的设计和配置是正确的。Web 应用程序具有商业价值，当进行投资时为了确保应用程序的安全性，可参阅 *OWASP Testing Guide*《OWASP 测试指南》和 *OWASP Code Review Guide*（《OWASP 代码审查指南》），有效地查找 Web 应用程序中的漏洞，网址为 www.owasp.org。

6.3.1 Web 应用的主要安全威胁

Web 应用程序的主要安全威胁有以下 12 点：

1）注入攻击会导致 Web 客户端通过 Web 服务器将数据传递到另一个系统上。例如，在 SQL 注入攻击中，SQL 代码通过 Web 界面传递，并使数据库执行超出授权范围的功能，所以黑客就可以利用注入攻击来获取某些网站上的信用卡和社保卡信息。如果没有意识到注入攻击的危险，也没有检查系统的安全性，就会导致关键、敏感信息的丢失。

2）跨站点脚本（XSS）会使 Web 应用程序将攻击从一个用户的浏览器传输到另一个最终用户的浏览器，攻击成功后将泄露后者的会话令牌、攻击本地计算机或伪造内容，进而来欺骗用户。破坏性攻击包括泄露最终用户文件、安装特洛伊木马程序、将用户重定向到其他页面或站点，以及修改内容的显示方式。

3）账户凭证和会话令牌若没有得到保护，那么攻击者不但能够破坏密码、密钥、会话 Cookie 和其他令牌，还能突破身份验证限制、侵占其他用户的身份和授权访问级别。

4）Web 应用程序可以使用实际名称或数据库密钥作为对 Web 应用程序或数据库中包含敏感信息或访问权限的对象的引用。最佳实践是使用对象的间接引用。用户通过 Web 服务器的身份验证后，Web 服务器便会确定用户应该具有何种访问权限以及用户应该访问网站的哪些部分。未能对每个直接对象引用实施访问控制（授权）可能会使攻击者越出授权边界，访问其他用户的数据或管理未经授权的区域。特别是不应允许攻击者更改在授权用户会话期间使用的参数，以访问其他用户的数据。客户端代理和其他工具允许攻击者在会话期间查看和更改数据。

5）跨站点请求伪造攻击利用网站对已验证用户的信任进行攻击。攻击者通过发送嵌入的图像、脚本、iframe 元素或其他方法来调用使用凭据登录时在 Web 服务器上执行的命令，从而利用此信任。更糟糕的是，这种类型的攻击源于用户的 IP 地址，任何记录的数据都将显示为登录用户输入的数据。

Web 服务器应验证 Web 请求的来源，从而将攻击者试图创建来自 Web 应用程序控制范围之外的已验证恶意 Web 请求的风险降至最低。下面是一个示例，说明这种类型的攻击看起来像是图像请求：

<img src="http://mybank.com/transfer？ acct=mine&amt=100&to=攻击者">

6）一个包罗万象的配置管理，即维护 Web 服务器安全配置。未能维护安全配置会使 Web 服务器在技术或过程中出现失误，从而影响 Web 平台和 Web 应用程序的安全性。

7）Web 应用程序通常希望对数据进行模糊处理或加密，目的是保护敏感数据和凭据。加密方案由两个部分组成：一个是黑匣子，另一个是将黑匣子实现到 Web 应用程序中的组件。但是这些组件很难正确编码，常常会导致保护薄弱。

8）对敏感 URL 缺少限制或配置不正确的限制可能会使攻击者更改 URL 以访问私有或特权页面。适当地筛选能确保只有经过身份验证的用户才有权访问其角色授权查看的每个受限页面。攻击者（可能是经过授权的系统用户）应该无法更改 URL 以查看其角色之外的信息。

9）私人谈话只有在别人听不见的情况下才能进行。在加密网络成为标准之前，应尽可能消除明文协议。虽然更新的设备和精明的网络管理员可以帮助降低窃听网络流量的风险，但捕获流量的真正风险仍然存在，特别是在同一个 VLAN 或广播域上。

某些协议（如 HTTP、FTP 和 Telnet）以明文形式传输所有信息，包括任何请求的用户 ID 和密码。一些人可以通过这个网络窃听信息。一般情况下，应尽量减少明文通信，并且只允许对私有页面使用安全协议。

10）攻击者利用未经检查的重定向和看起来像来自用户自己的域的 URL，将用户重定向到攻击者的网站。这是网络钓鱼诈骗的首选方法，通过在精心编制的 URL 的第一部分中使用受攻击组织的地址来让请求看起来有效。这种攻击方式有时也会与目标网站的 URL 缩短服务结合使用，以混淆 URL 的虚假意图。

在某些情况下，未检查的转发可能会将用户发送到特权页，如果其他授权控件的实现不正确，则该页将无法访问。

11）如果 Web 请求未经验证，那么攻击者可能会操纵输入的数据来产生恶意的结果，从而使 Web 服务器产生风险。

12）控制不当的错误条件允许攻击者获取详细的系统信息、拒绝服务，导致安全机制失败或使服务器崩溃。

6.3.2 审计 Web 应用的过程

假设交互发生在 Web 服务器和用户之间，且这些交互可能来自登录应用程序或者是服务于用户请求数据。应用程序的设计决定了以下步骤的重要性。

1．确保 Web 应用程序不受注入攻击的威胁

首先，要与管理员和 Web 应用程序开发团队进行沟通，了解注入攻击的工作原理，然后询问注入攻击防范措施。尽管没有一项工具可以检查和发现 Web 应用程序上的所有注入攻击，但可以采用以下防御方法来避免系统遭受此类攻击。这些防御方法在下一个审计步骤中也同样适用：

- 使用正向验证方法验证所有输入，从而拒绝与预期不匹配的输入，如值、长度和字符集。
- 如果可能，对所有外部资源调用执行代码审查，以确定方法是否会受到危害。
- 一些商业工具可用来发现注入漏洞，如 Acuteix（www.acunetix.com）。这些工具功能强大，可能会发现众所周知的攻击，但它们的作用不如执行可靠的代码审查。另一个可能有用的工具是 www.portswigger.net 上的 Burp 套件，这是一个功能强大的工具，应该成为工具集的一部分。
- 如果应用程序特别敏感、缺乏资源或需要验证法规遵从性等项目，那么就要考虑借助第三方帮助。

注意：这些步骤适用于应用程序的开发生命周期，正如它们适用于现有应用程序一样。支付卡行业（PCI）要求现有 Web 应用程序符合 OWASP，但这在编写第一行代码之前就已经开始了。

2．检查网站是否存在跨站点脚本漏洞

XSS 攻击很难找到，尽管工具可以帮助人们，但众所周知，它们无法在 Web 应用程序上找到 XSS 的所有可能组合。到目前为止，确定网站是否存在漏洞的最佳方法是让管理员进行彻底的代码检查。

如果要查看代码，则可以将 HTTP 输入用户浏览器并检查所有可能路径。用于保护 Web 应用程序免受 XSS 攻击的关键方法是验证每个头、Cookie、查询字符串、表单字段和隐藏字段。同样，应确保采用一种积极的验证方法。

CIRT.net 网站包含两个工具，即 Nikto 和 Nessus 插件，用户可以用于在 Web 服务器上查找 XSS 漏洞的任务。应注意，这些工具并不像执行完整的代码复查那样彻底，但是它们至少可以为那些没有技能、资源、时间和金钱来进行完整审查的人提供更多信息。

注意：请始终记住，这些工具可能会发现众所周知的攻击，但它们的性能远不如执行可靠的代码检查。

3．检查应用程序是否存在身份验证漏洞和会话管理漏洞

与管理员讨论用于向 Web 应用程序验证用户身份的身份验证机制。Web 应用程序应该有内置的工具来处理用户账户的生命周期和用户会话的生命周期。验证帮助台功能（如丢失密码）是否得到安全处理。与管理员一起完成该实现，然后要求管理员演示该功能。

在检查网站上使用身份验证机制时，以下指导原则可能会对人们有所帮助。尽管 Web 设计和产品在保证用户安全和会话管理方面取得了许多进步，但这些功能仍然保持着相关性：

- 当用户在登录页面中输入无效凭证时，不要返回错误的项目。显示一个通用消息，如“您的登录信息无效！”。
- 切勿通过 GET 请求提交登录信息。应始终使用 POST。
- 使用 SSL 保护登录页面传递和凭证传输。
- 从所有页面中删除死代码和客户端可见注释。
- 不依赖客户端验证。使用正则表达式或字符串函数在服务器上验证类型和长度的输入参数。
- 数据库查询应使用参数化查询或正确构造的存储过程。
- 应使用较低权限的账户创建数据库连接。应用程序不应使用 sa 或 dbadmim 登录数据库。
- 存储密码的一种方法是使用 SHA-256 或更高版本在数据库、平面文件中散列密码，每个密码都有一个随机的 SALT 值。
- 提示用户关闭其浏览器，以确保验证信息已刷新。
- 确保 Cookie 有一个有效期，并且不要以明文形式存储密码。

4．验证是否执行了适当的对象引用和授权控制

自动化工具可能会有所帮助，但代码复查是迄今为止识别问题的最有效方法。大多数审计团队的实际情况是，很少有人有时间或技能来梳理代码，以确定直接和间接对象引用的使用或一般授权访问。

快速检查自行开发的应用程序的方法是与管理员讨论策略要求。对于自行开发的应用程序，没有策略或其他书面文档是第一个危险信号，这表明访问控制没有得到正确实施。访问控制很复杂，如果不仔细记录，就很难进行正确的控制。

5．验证控制措施是否到位，以防止伪造跨站点请求（CSRF 或 XSRF）

与 Web 应用程序开发人员或 Web 管理员讨论用于为每个链接和状态更改函数的表单创建唯一令牌的方法。客户端浏览器生成的信息（如 IP 地址或会话 Cookie）不是有效的令牌，因为这些信息可能包含在伪造的请求中。如果没有不可预测的令牌，Web 应用程序很可能会受到此类攻击。

有几个工具可以充当代理，允许查看从客户端发布到远程 Web 服务器的内容。如果可以随着时间的推移重复播放同一个 URL 以获得相同的结果，那么应用程序可能会受到攻击。专业 Web 测试人员使用的另一种方法是在代码复查期间检查请求的处理。处理唯一标记的首选方法是在 URL 之外，如在隐藏字段中。OWASP 为开发人员提供了工具来安全地创建和管理唯一令牌的应用程序。

6．检查维护安全配置的控制

执行 Web 平台和服务器审核，并与管理员讨论任何注意到的问题。确定指出的问题是否是由于配置管理不充分造成的。与管理员讨论以下事项，以确保适当的配置管理控制措施到位：

- 监控 Web 服务器、平台和应用程序的安全邮件列表。
- 最新的安全修补程序在书面和同意的政策及程序的指导下，在常规修补程序周期中应用。

- 对于环境中的 Web 服务器、开发框架和应用程序，存在安全配置指南，包括默认账户管理、已安装组件和安全设置，并严格遵守。例外情况应被仔细记录和维护。
- 定期从内部和外部角度进行漏洞扫描，以快速发现新的风险，并测试计划中的环境变化。
- 定期对服务器的安全配置进行内部审查，以便将现有基础设施与配置指南进行比较。
- 定期向上级管理层发布状态报告，记录 Web 服务器的总体安全状况。

强大的服务器配置标准对于安全的 Web 应用程序至关重要，用户应了解可用的安全设置以及如何针对自己的环境来配置它们。

提示：安全的 Web 应用程序从安全的开发过程开始。在线查看 OWASP 的软件保证成熟度模型（SAMM）项目，网址为 www.owasp.org/index.php/SAMM。

7. 验证安全加密存储机制使用是否正确

检查要保护数据的敏感度并与 Web 管理员讨论。另外，还要考虑是否有任何行业或法规驱动程序需要进行数据加密。与开发人员详细讨论或与管理员一起查看文档，以验证是否在 Web 应用程序中实现了适当的主流可接受的加密机制。一般认为专有方案不适合遵守标准和法规。大多数专业审计机构都会标记专有算法和实施。

确保加密级别与要保护的数据级别相等。如果需要保护极其敏感的数据，如信用卡数据，则需要使用实际加密，而不是使用简单的算法来混淆数据。

注意：混淆是指不使用密钥就隐藏数据的创造性方法。加密是比混淆更安全的方法。加密使用经过测试的算法和唯一的密钥将数据转换成一种新的形式，在这种形式下，几乎没有机会重新创建原始数据。

8. 验证是否有适当的控件来限制 URL 筛选

每个网页类型或 Web 表单都应该使用经过身份验证的和匿名的用户进行测试，以验证只有经过身份验证的用户才有权访问，并且只能访问他们有权查看的内容。验证并映射出对特权页的访问，然后访问每个页面都需要身份验证。验证一个经过身份验证的用户访问一个页面类型后，该已验证的用户是否被适当地限制为该用户应该访问的页面。

9. 评估传输层保护机制（网络流量加密）以保护敏感信息

连接到各种专用页，并验证到 Web 应用程序的连接是否使用 SSL/TLS 之类的协议进行了安全保护。端口映射工具可用于监视从客户端到 Web 应用程序的特定连接。用户可以查看这些工具的输出，并与管理员讨论结果。OpenSSL 还可以用于验证可用的密码和版本。

向管理员询问 Web 服务访问策略和 Web 应用程序私有区域的不同访问方法，重点是确保每个访问方法和与 Web 应用程序的持续通信都使用安全协议。身份验证期间的安全访问方法确保用户信息（如用户 ID）和身份验证令牌（如口令）是加密的。安全通信可防止窃听者查看数据。询问管理员有关会话 Cookie 的信息，以验证是否已将安全标识设置为阻止浏览器以透明方式发送它们。

质疑是否需要任何明文通信。在一些极端情况下可能存在明文通信，并且由于遗留应用程序而难以删除，或者通信量并不那么重要。但是，在可能的情况下，应该使用加密协议。例外情况应极为罕见，且仅限于高级管理层愿意签署并正式接受明文通信风险的业务驱动案例。在某些情况下必须加密通信，没有例外。几乎每个场景都有加密通信的包。

注意：安全协议的使用对于面向外部的 Web 应用程序和其他高风险托管的应用程序特别重要，环境审核员可以确定 Web 应用程序在隔离的安全内部网络上的重要性较低。然而，仍然建议使用安全协议，以尽量减少来自组织内部的攻击。在许多情况下，法规和标准（如 HIPAA 和 PCI）禁止使用明文通信。

OWASP 建议避免页面结合 SSL 和明文通信。然而许多网站仍然提供混合页面，弹出消息往往会让用户感到困惑。更糟糕的是，它开始让用户在浏览安全网站时对弹出的消息不敏感。此外，服务器证书应该是合法的、最新的，并且针对 Web 应用程序使用的适当的 Web 服务器和域进行了正确配置。

10．检查 Web 应用程序的重定向和转发，以验证是否只有有效的 URL 可访问

与管理员一起检查 Web 应用程序中任何重定向和转发的使用情况，以确定是否有方法避免使用这些重定向和转发，或对其使用实施安全控制。自动扫描可用于网站的自动转发和处理。

请注意，在 Microsoft 的.NET framework 中，重定向和转发称为传输。OWASP 建议在无法避免重定向和转发时确保所提供的值有效并授权给用户。盲目重定向和转发是危险的，控制应该限制两者的目的地。有很多方法可以安全地实现重定向和转发，但决不能盲目地实现。

注：Mitre.org 网站维护与此主题相关的通用弱点枚举[CWE-601：URL 重定向到不受信任的站点（开放重定向）]，位于 http://cwe.mitre.org/data/definitions/601.html。

11．在 Web 服务器使用之前，验证所有输入是否经过证实

与 Web 应用程序开发人员或 Web 管理员讨论用于测试应用程序输入验证的方法。

有几种工具可以有效地充当代理，并允许用户查看从客户端发布到远程 Web 服务器的大部分内容。其中一个工具是 Paros Proxy，位于 www.parosproxy.org。专业 Web 测试人员使用的另一种方法是在代码评审期间理解数据的移动。用户不应该轻易地去完成一些自己不应该做的事情。作为一名审核员，必须权衡自己为此付出的努力与保护数据的成本。

一般来说，看待验证方法的两种方法有否定方法和定位方法。否定方法侧重于根据已知的坏输入过滤出哪些错误的输入。负过滤的问题是人们现在不知道明天的漏洞和输入方法会带来什么。正过滤更有效，它涉及根据什么来验证数据。这与防火墙的做法类似，防火墙拒绝除应接收的内容之外的所有内容。

用于正过滤的常见项包括用户可能在数据库或其他接收数据的位置中找到的条件。这些标准包括：

- 数据类型（如字符串、整数和实数）。
- 允许的字符集。

- 最小和最大长度。
- 是否允许空。
- 是否需要参数。
- 是否允许重复。
- 数字范围。
- 特定的法律价值（如列举）。
- 特定模式（如正则表达式）。

12．评估错误处理能力

不正确的错误处理通常是在应用程序开发期间有详细的计划来集中和控制所有的输入方法。询问管理员错误处理是如何设计到 Web 应用程序中的，以及在应用程序与其他分区功能交互时如何在内部处理错误。例如，Web 应用程序如何处理数据库生成的错误？数据库是否是由应用程序在内部托管，而不是在另一台服务器上进行外部托管，这是否有区别？应用程序如何处理输入验证错误？用户名和密码错误呢？

如果错误处理是集中化的，而不是在多个相互工作的对象或组件之间进行划分，则通常可以更好地控制。错误处理应该是经过深思熟虑的，并在代码检查期间显示结构。如果错误处理看起来是偶然的，并且像是“事后诸葛亮”，那么可能需要更仔细地研究应用程序正确处理错误的能力。

6.4 本章小结

很少有技术发明能够像 Web 应用程序那样快速改变了人们的生活。完整的 Web 审计包括对服务器操作系统的审计、Web 服务器的审计和 Web 应用程序的审计。本章在介绍这 3 个组件的基础之上，着重论述了审计 Web 服务器的过程和 Web 应用面临的威胁。

习题 6

1．Web 服务器用于承载 Web 应用程序，请说明 Web 服务器面临的主要安全威胁和审计过程。

2．Web 应用程序的主要安全威胁和审计程序有哪些。

第7章　数据库与云存储的审计

本章学习要点：

- 了解数据库安全。
- 掌握数据库安全审计要点。
- 了解IT系统和基础设施外包。
- 了解IT服务外包。
- 了解云存储的审计。

《炉石传说：魔兽英雄传》是一款由暴雪娱乐开发的集换式卡牌游戏。中国大陆地区由网易公司独家运营。2014年3月13日，全球同步正式运营，目前在世界范围内的玩家数超过7000万。

2017年1月14日，《炉石传说》(《炉石传说：魔兽英雄传》后来更名为《炉石传说》)长达40h的维护让玩家们都满腹疑问，怀疑本次服务器出现了什么问题。2017年1月20日，《炉石传说》官方在官网上发布公告宣布：炉石数据库由于供电意外中断而产生故障，导致数据损坏。虽然暴雪与网易的工程师们已在事故发生后的第一时间着手抢修，重启服务器并尝试数据恢复。但不幸的是，由于相关备份数据库也出现故障，这些尝试均未成功。暴雪和网易在经过种种尝试无果之后，决定将所有游戏数据回档至事故发生前的状态。而游戏回档意味着，自事故发生以来的所有英雄等级提升、卡牌变动以及天梯排名等均无法复原，部分玩家的天梯之路变得更加漫长，还有玩家被迫重回竞技场再次挑战。

数据库通常指关系数据库管理系统（RDBMS），RDBMS在表中维护数据记录及其关系或索引，可以在数据和表之间创建并维护关系。更通用的数据库可以应用于任何结构化形式的任何数据收集。例如，包含客户记录的平面文件可以用作应用程序的数据库。但是本章重点审计成熟的RDBMS。

通常，审计包括对各个区域（外围、操作系统、策略等）进行相当深入的审查。如果时间允许，审计可能涵盖一个或两个最关键的数据库。数据库审计是复杂的，需要耐心和技巧来正确审计。但是，忽略数据库审计将会是一个严重的错误。数据库是信息时代的虚拟密码箱，组织将最宝贵的资产存储在何处？不在外围设备中，不在电子邮件系统中，不在平面文件中，而是存储在数据库中。当人们听到安全漏洞和敏感数据被盗时，询问自己的数据“在哪里”受到攻击时？答案就是在数据库中。

数据库很少受到Web服务器、防火墙和其他系统面临的攻击类型的影响。大多数组织都知道不要将其最有价值的数据放在不安全的公共网络中。当然，某些攻击（如SQL注入）可以轻松地通过防火墙并命中数据库。由于数据库位于防火墙之后，因此保护和审计数据库通常被视为事后事项，如果有额外的时间，并且数据只在一个或两个关键数据库上，则需要执行这些工作。

防火墙不再是有效的“最后一道防线”。现在，焦点正在转移到保护数据的位置——数据库中。审计员可能会发现数据库是安全链中的薄弱环节。幸运的是，一些相对简单的建议可以极大地提高数据库的安全性。

7.1 审计数据库

在 20 世纪 90 年代早期，应用程序使用客户端-服务器模型编写，该模型包括通过网络直接连接到数据库后端的桌面程序，这称为两层应用程序。在 20 世纪 90 年代后期，三层应用程序成为常态，此模型包括连接到中间层 Web 应用程序的 Web 浏览器，然后，中间层连接到数据库后端。三层应用程序是向前迈出的一大步。这意味着不需要在每个客户端工作站上安装自定义软件，并且软件更新可以应用于中央服务器。客户端可以运行任何支持基本浏览器的操作系统。此外，在三层模型中，保护数据库要简单得多。

当然，数据库支持的两层应用程序所需的基础结构仍然存在于三层应用程序的数据库后端中，现在存在着攻击者绕过 Web 应用程序攻击后端数据库的危险。

7.1.1 数据库安全

1．常见数据库供应商

通常，审计活动侧重于一个或两个数据库供应商，如 Oracle 或 DB2。但是，中型或大型组织通常会使用多种不同的数据库平台。下面为最常见的数据库和供应商的基本情况。

（1）甲骨文公司

甲骨文公司是最大的数据库供应商，提供整个系列数据库。此外，Oracle Corporation 还超越标准数据库软件提供各种产品，包括但不限于 Web 服务器、开发工具、身份管理软件、协作套件和多个企业资源计划（ERP）解决方案。

在数据库市场，Oracle 数据库拥有最大的客户群和令人印象深刻的功能集。该数据库有多种类型，包括标准版、企业版、Oracle Lite、Express 版等。人们审计的大多数 Oracle 数据库都将是标准版或企业版，功能相似。但是，企业版的高级功能在不断变化，因此需要访问 Oracle 网站以检查要审计的版本中包含的确切功能集。

Oracle 还将其业务扩展到其他数据库，收购了其他几个数据库供应商，包括：

- Sleepycat 软件，用于维护 Berkeley DB（一个开源的嵌入式数据库）。
- MySQL（go thd）。
- Times Ten 内存数据库。
- InnoDB，MySQL 数据库的事务引擎。

（2）IBM

尽管 IBM 的数据库软件是公司业务的一小部分，但是 IBM 是另一个最大的数据库供应商。IBM 的主要数据库是 DB2 产品线，包括两个主要产品：

● DB2 for z/OS，为 AIX、Linux、HP-UX、Sun 和 Windows 提供数据库软件。

● DB2 z/OS 通用数据库，为大型机提供软件。

这两种产品的命名比较混乱。通常，人们将通用 DB（UDB）称为 Linux、UNIX 和 Windows 版本，将 DB2 称为大型机版本。这是一个错误的名称，因为 UDB 实际上是一个用于 IBM 所有最新 DB2 软件的术语。人们使用这些术语的原因很明显，但应该尽量使用正确的术语，以避免混淆。

IBM 还维护 Informix 动态服务器。在被 IBM 收购之前，Informix 在一段时间内曾经是第二受欢迎的数据库。由于治理不当，Informix 陷入困境。如今，Informix 很少用于新的数据库安装，但在许多企业中仍有庞大的客户群。

IBM 还维护了首批商用数据库管理系统之一的信息管理系统（IMS）。IMS 可追溯到 1969 年，它实际上不是关系数据库，而是分层数据库。IMS 通常在大型机上运行，通常不在客户端-服务器模型中工作。

（3）MySQL

MySQL 是一个开源数据库，广泛用于中小型 Web 应用程序。MySQL 是由瑞典公司 MySQL AB 在 GNU 公共许可证下开发的。MySQL 拥有大量且不断增长的草根追随者，是 LAMP（Linux、Apache、MySQL 和 PHP）中的 MySQL 开源 Web 形式。MySQL AB 于 2008 年 2 月被 Sun 收购，Sun 于 2010 年被 Oracle 收购，使 MySQL 成为 Oracle 产品。

MySQL 传统上是一个裸机数据库，提供其他数据库供应商提供的一小部分功能。从安全角度来看有其优点，因为 MySQL 完全按照它的意思良好地运行，且管理成本相对较低。MySQL 为除了要求最苛刻的 Web 应用程序外的所有应用程序提供了足够的性能。

MySQL AB 正在大量投资 MySQL 数据库。MySQL 8.0 添加了重要的内容，包括函数窗口、降序索引及 DDL 原子化等。它是最简单的数据库之一，因为它所展示的攻击面小，所以可以避免黑客的攻击。此外，MySQL 的源代码可供任何人查看，这形成了相对安全和无漏洞的代码库。在 MySQL 源代码中发现的漏洞可以在每个版本的生命周期的早期被发现，从而得到快速修补。

MySQL AB 还提供第二个开源数据库，称为 MaxDB，它是专门为 SAP 系统设计的高可靠性后端。

（4）Sybase

Sybase 于 2010 年被 SAP 收购，以帮助 SAP 与 Oracle 竞争。Sybase 可以生成多个数据库，包括以下内容：

● 面向企业数据库的旗舰 Sybase 自适应服务器企业数据库。

● Sybase 自适应服务器可随处使用，设计为较轻的数据库。

Sybase 与 Microsoft 合作开发其数据库系统的早期版本，该系统当时称为 UNIX 上的 Sybase SQL Server 和 Windows 上的 Microsoft SQL Server。从版本 4.9 开始，Microsoft 和 Sybase 拆分了代码行，然后各自发展。

Sybase 也将其业务扩展到数据库之外。该公司提供各种操作工具和 Web 应用程序服务器，目前专注于向移动设备传输数据。虽然该公司在数据库领域已经失去了巨大的市场份额，但它在许多地方仍然保持着存在，其数据库也将长期存在。

（5）Microsoft

Microsoft SQL Server 是最受欢迎的数据库之一，因为它的低价标签和简单的管理模式，以及 Microsoft 的发展势头。Microsoft SQL Server 有以下几种类型：

- Microsoft SQL Server 7.0 是旧版产品，目前仍然存在。
- Microsoft SQL Server 2000（又名 SQL Server 8.0）是 Microsoft 以后几年的主要数据库版本。因此，它在很多企业中根深蒂固。
- Microsoft SQL Server 2005 在其前身功能之上提供了一组丰富的新安全功能。
- Microsoft SQL Server 2008 通过与其他 Microsoft 产品的强大集成继续得到广泛采用。
- Microsoft 数据库引擎（MSDE）是 SQL Server 的免费版本，为独立软件供应商（ISV）提供后端，以在其应用程序中嵌入数据库。由于 MSDE 是免费的，因此它嵌入了大量的应用程序，并且非常常见。

2019 年 11 月 7 日在 Microsoft Ignite 2019 大会上，微软正式发布了新一代数据库产品 SQL Server 2019。其为所有数据工作负载带来了创新的安全性和合规性功能、业界领先的性能、任务关键型可用性和高级分析，还支持内置的大数据。SQL Server 2019 基本服务包括：数据库引擎、分析服务、集成服务、复制技术、知识服务、报表服务、服务代理、全文搜索等。

由于 Microsoft SQL Server 易于安装和管理，因此通常在不需要掌握更多知识的情况下就可以使用它。然而这也很有可能会导致安全问题，不是因为 Microsoft SQL Server 不安全，而是因为使用它的人甚至没有采取过最基本的步骤来保护它。

2．数据库组件

不同的数据库供应商对不同数据库组件的实现略有不同。然而，理论和原则相当普遍地适用于所有的平台。下面是审计员需要了解的数据库的主要部分。

（1）程序文件

数据库作为软件系统实现，因此它包括一组核心操作系统文件。这些文件包括运行数据库管理系统的可执行文件。它还可能包含其他不可执行的程序文件，如帮助文件、源和包含文件、示例文件和安装文件。

这些文件应受到保护，因为数据库依赖于其完整性。它们应能进行任何形式的修改，尤其是任何可执行文件。访问文件目录的操作应尽可能地严格管控。理想情况下，只有数据库管理员才能访问此目录。

（2）配置值

数据库严重依赖配置设置来确定系统运行方式。保护这些设置很重要，因为如果可以操作配置，安全性可能会被颠覆。

配置值驻留在各种位置，包括：

- 在操作系统文本文件中。
- 在数据文件中。
- 在存储于注册表中的 Windows 上。

- 在环境变量中。

配置值用于各种设置，例如：

- 设置身份验证或信任模型的类型。
- 设置哪些组是数据库管理员。
- 确定密码管理功能。
- 确定数据库使用的加密机制。

验证配置值的完整性是任何审计的关键。

（3）数据文件

数据库需要将数据存储在通常包含一系列文件的物理操作系统文件中。文件的格式通常是专有的，并且数据文件包含如下信息：

- 正在存储的数据。
- 从一个字段指向下一个字段的指针，或从一行到下一行的指针。
- 索引数据，包括索引到物理数据的指针。

注意：索引包含它们指向的数据的子集。这意味着，如果攻击者可以访问索引，就可能不需要访问物理数据本身。确保对任何索引的访问可以受到与数据本身相同的保护。

通常，数据库字典存储在这些数据文件中，因此对这些文件的任何访问都可用于规避数据库中内置的控件。

（4）客户端/网络库

客户端是数据库系统的一个重要组件。通常，客户端位于数据库的远程系统上。客户端还可以从本地系统进行连接，批处理通常如此。

为了使客户端连接到数据库，客户端的计算机上需要客户端库或驱动程序。这通常包括一组可执行文件，如 DLL 和共享对象，以及客户端可用于连接到数据库的 API。客户端库很难维护，因为它们通常存在于访问控制更难维护的远程系统上。但是，在管理员甚至普通用户连接的位置处维护客户端驱动程序的完整性非常重要。

安全模型的一个弱点是客户端库的完整性。如果可以操作客户端驱动程序，则凭据很容易被窃取。客户端驱动程序可以是特洛伊木马，像客户端系统上的键盘记录这样的简单操作也会导致数据库的泄露。

通过网络通信还需要数据库上的网络驱动程序。这些驱动程序是审计员的另一个焦点，因为它们是攻击者用于访问数据库的途径。

（5）备份/还原系统

备份是每个数据库平台中都非常重要的一部分。数据库的某些组件会出现故障，而这仅仅是时间问题。无论是硬软件还是软件故障，备份对于还原系统都至关重要。备份包含数据库的副本。可以备份到单独的文件、磁带或其他存储设施。

数据通常通过备份设施被盗、丢失或泄露。通常通过在写入文件时加密数据或在写入整个文件后加密来保护备份。另外，存储加密密钥对于正确固化备份非常重要。同样重要的是确保已正确备份加密密钥以及数据，以便正确还原备份。如果无法还原文件，则备份将变得毫无价值。无法还原的备份会导致实用程序丢失。

3．SQL 语句

结构化查询语言（SQL）用于访问关系数据库中的数据。SQL 是一种基于集合的语言，这意味着它一次对一组数据起作用。它不是一种过程语言，这意味着它没有任何过程组件，如 while 循环、if 语句、for 循环等。大多数数据库平台都用 SQL 的扩展来提供过程组件。例如，Oracle 具有 PL/SQL，Sybase 和 Microsoft SQL 服务器具有 Transact-SQL。

SQL 语句用于从数据库中提取数据。SQL 围绕 4 个核心语句构建：

- 选择。查看表中的数据子集。
- 插入。向表中添加新数据。
- 更新。修改表中的现有数据。
- 删除。从表中删除数据子集。

用户需理解的语句是 SELECT。SELECT 语句的基本语法是：

SELECT <COLUMN LIST> FROM <TABLE NAME > WHERE <条件>

在此语句中，<COLUMN LIST> 是将要显示的列名称的逗号分隔列表。作为快捷方式，可以使用星号来显示所有列。

<TABLE NAME> 为表的名称。WHERE<条件>是可选的。如果未指示 WHERE 子句，则返回表中的所有行。使用 WHERE 子句时，只能选择要包括的行。

此处显示了选择收入超过 20000 美元的所有员工的姓名和姓氏的示例：

SELECT FIRST_NAME，LAST_NAME FROM EMPLOYEES WHERE SALARY>20000

实际应用中的 SELECT 语句可能比这复杂得多。但是，审计通常不会比这更复杂。

4．数据库对象

数据库包含各种对象，每个对象都有唯一的任务或目的。

每个数据库平台都有许多专有对象类型，如表空间、架构、规则、序列和同义词。

- 表将数据行存储在一个或多个列中。
- 在表或创建虚拟表的另一个视图的顶部查看 SELECT 语句。视图可以更改列的数量或顺序，可以调用函数，并且可以通过多种方式操作数据。
- 调用存储过程/函数过程代码可以在数据库中执行复杂的功能。函数返回值。过程不返回值。存储过程对于数据访问非常有效。
- 触发修改表时调用的程序代码，可用于在更改数据时执行任何操作，包括对其他表的修改。
- 提供快速查找数据的索引机制。索引是复杂的对象，对其进行适当的调整可以改善数据库性能。

5．数据字典

数据库存储有关自身的元数据，称为数据字典，有时称为系统表。元数据告诉数据库其自己的配置和对象。需注意，元数据不会说明数据库中信息的内容，只表示数据库的格式。数据字典的格式是静态的。数据字典中确实包含有关其自身结构的元数据，但其格式不是可以轻松修改的内容。

数据字典中的元数据被设计为可操作的。数据字典很少被直接操作。相反，使用具有复杂验证逻辑的特殊存储过程来操作数据字典。直接访问数据字典是危险的，因为即使是一个小错误也会损坏数据字典，从而导致严重的数据库问题。

数据字典定义数据库的其余部分，并指定对象，如用户、组和权限。数据字典定义数据库的结构，包括指定物理文件存储在磁盘上的位置、表的名称、列类型和长度，以及存储过程、触发器和视图的代码。

7.1.2 数据库安全审计要点

1．审计数据库的测试步骤

在进行审计之前，需要一些基本工具。审计人员应该有一个需要验证项目的检查列表。用户可以创建自己的清单，并在互联网上找到检查表，或者使用这里提供的基本检查表。

首先与数据库管理员（DBA）会面并讨论审计。有时 DBA 可能会对审计的想法不感兴趣，此时应尽可能以友好的方式与 DBA 接洽，确保 DBA 认识到审计是在帮助其工作，而不是阻碍其工作。

数据库通常是全天候系统，这意味着不允许停机。作为审计员，一旦关闭数据库，工作就会变得极其困难。

准备好优化访问系统的时间。确保系统上提供的账户仅使用所需的权限运行。完成工作后，立即让 DBA 锁定账户，不要删除账户，直到正式完成审计。如果需要收集更多信息，DBA 可以解锁账户，而非重新创建账户。

尽可能脱机地执行大量工作。理想情况下，用户希望将数据字典、密码哈希、文件权限和所有其他信息下载到本地源。然后断开与数据库的连接，并脱机执行审计步骤，此时不会影响数据库。

与 DBA 意见不一致，可能会导致对组织几乎没有价值的审计。

至此，用户已经具备了数据库的一些背景知识，现在需要一个执行审计的计划。此处介绍的许多步骤与在操作系统或网络审计上执行的步骤几乎相同，但它们需要放在数据库的上下文中。某些步骤对有些数据库是唯一的。

2．设置和常规控制

1）获取数据库版本，并与公司策略要求进行比较。验证数据库是否正在运行供应商继续支持的数据库软件版本。

编写和批准策略，使环境更安全、更易于管理和可审计。仔细检查基本配置信息，以确保数据库符合组织的策略。较旧的数据库会增加管理环境的难度，并扩大管理员职责的范围。维护标准生成和修补程序级别大大简化了数据库管理过程。此外，许多旧数据库版本不再由数据库供应商支持。当出现安全漏洞时，这将成为一个问题，并且无法修补数据库，因为供应商没有针对旧版本的修补程序。

通过与 DBA 的沟通和对公司 IT 标准及策略的审计，确定公司推荐和使用哪些数据库版本和平台。与数据库供应商核实哪些版本和平台受支持，以及是否提供针对新安全问题的修补程序。清点运行的数据库版本，并检查不受支持版本下的任何数据库。理想情况下，用户希望将数据库升级到受支持的版本。

2）验证策略和程序是否到位，以确定修补程序何时可用。确保根据数据库管理策略安装所有已批准的修补程序。

大多数数据库供应商都会定期发布修补程序版本。用户必须为计划发布的版本做好准备，以便可以适当地规划修补程序的测试和安装。如果未安装所有数据库修补程序，则数据库中可能存在广为人知的安全漏洞。

与 DBA 面谈，以确定谁审计供应商的通报、为测试和安装修补程序采取了哪些步骤，以及在将修补程序应用于生产数据库之前测试的时间。要求查看上一个修补周期中的注释。

获取尽可能多的有关最新修补程序的信息，并确定修补程序所解决的漏洞的范围。将可用的修补程序与应用于数据库的修补程序进行比较。与 DBA 讨论当不能及时应用修补程序时，为降低潜在风险而采取的步骤。许多 DBA 试图通过删除存在漏洞的系统组件来缓解进行修补的需要。这是一种方法，因为它确实降低了安全风险，但不应将其作为修补的长期替代手段。

对于大多数组织来说，数据库在修补方面带来了一个有趣的难题。许多数据库全天候运行，因此没有停机时间。这意味着没有时间关闭数据库来应用修补程序。

数据库修补的另一个主要复杂问题是，测试新修补程序通常是一个 3～6 个月的过程。数据库通常非常关键，如果不进行彻底测试，则无法安装修补程序。

停机问题的一个解决方案是使用群集。在群集环境中，群集中的单个节点可以脱机、修补并恢复联机。使用群集可以解决问题，但却给流程带来了复杂性。无论解决方案如何，都必须了解与控制弱点相关的修补程序，并且必须适当处理控制弱点以保护数据库。

3）确定标准生成是否可用于新的数据库系统，以及该标准是否具有足够的安全设置。

在整个环境中传播安全性的最佳方法之一是确保在进入测试或生产之前正确构建新系统。

通过与系统管理员的访谈，确定用于构建和部署新系统的方法。如果使用标准生成，则需考虑使用本章中的步骤来审计新创建的系统。

注意：考虑并讨论新标准生成的审批流程，其中，审计员将查看、更改并执行对新映像的全面审计。这是审计团队与数据库管理团队建立工作关系的好方法。

4）确保正确限制对操作系统的访问。

最好的情况是将操作系统专用于数据库。除 DBA 外，任何其他用户都不应从 SSH（Secure Shell）、文件传输协议（FTP）或其他任何外部应用程序连接到操作系统。对于大多数应用程序，用户不可直接更新数据库（即应用程序外部）。对 Oracle 数据的所有更新，通常应通过应用程序执行。直接更新应用程序外部的数据可能会损坏数据库，用户通常必须有理由在应用程序外部更新数据。这可以通过为应用程序提供通用数据库 ID 来实现。

与管理员确认对操作系统的所有访问是否仅限于 DBA。验证是否可通过安全协议（最好是 SSH）进行任何 Shell 访问。检查操作系统上应删除的任何账户。

5）确保正确限制数据库的目录和数据库文件本身的权限。

对基础数据库文件进行不适当的访问和更新可能会导致数据库的大规模中断。例如，对包含实际数据库数据的数据文件操作系统的任何直接更改都会损坏数据库。此外，在Oracle 中，重做日志文件允许在数据库崩溃时恢复未提交的数据，并且数据库使用控制文件执行诸如查找上次重做日志和数据文件等的操作。操作系统直接更新这些文件则可能损坏数据库功能或阻止数据库被启动。每个 DBMS 都有自己特定的启动文件、日志记录和配置文件，保护这些文件以确保数据库的持续可用性和完整性至关重要。

验证数据库安装目录的权限是否尽可能严格且由相应的 DBA 账户拥有。遗憾的是，某些数据库功能在编写时是不考虑安全性的，人们可以通过设置严格的文件权限来中断数据库功能。

在 Windows 中应采取类似的措施。安装数据库目录中的文件权限应限于数据库运行的账户。确保“其他所有人”或“匿名用户”对数据库文件没有任何权限。此外，需要确保用于存储数据库文件的所有驱动器都使用 NTFS。

在理想情况下，即使是 DBA 也不需要对基础操作系统文件有权限。但是，鉴于 DBA 需要处理数据库文件，以及备份、修补数据库并完成其他任务，DBA 将需要对操作系统文件进行一些访问。不需要访问操作系统的特权用户不应被授予对操作系统操作的权限。

检索所有数据库文件和它们所在目录的文件权限列表，连接到操作系统并自行提取此信息或从管理员处获取信息，查看列表以查找任何过多的特权。如果撤销所有人的权限，则许多程序可能会中断，因此需要小心。设置严格的安全性是一个很好的目标，但用户可能需要为此策略设置异常，并记录异常的原因。对于 Windows，需要确保不向所有人授予权限。最佳做法是向仅需要访问权限的 DBA 授予权限。

6）确保正确限制数据库使用的注册表项的权限。

对于在 Windows 上运行的数据库平台，必须正确保护数据库正在使用的注册表项。注册表项用于存储对数据库的安全运行非常重要的配置值。确保只有运行数据库的账户才具有编辑、创建、删除甚至查看这些注册表项的权限。

通过注册表编辑器、命令行实用程序或从管理员处获取的信息来查看安全权限。检索权限的完整列表后应检查该列表，以确保不存在过多的权限。

3．账户和权限管理

账户管理在任何级别都很困难，因为人们必须及时预配和删除用户。管理账户的挑战加上存储在数据库中的敏感数据的内在风险，使得审计这一部分变得尤为重要。

审查和评估所创建的用户账户并确保仅根据合法业务需求创建账户。还要查看和评估流程，以确保在终止或工作更改时及时删除或禁用用户账户。

应存在提供和删除对数据库访问的有效控制措施，从而限制对数据库资源的不必要访问。

与数据库管理员面谈，并查看账户创建过程。此过程应包括某种形式的验证，即用户有合法访问需要。确保尽量减少对 DBA 级账户和权限的访问。

查看账户示例和在创建之前正确批准账户的证据。或者，通过调查和理解账户所有者的工作职能，对账户进行采样并验证其合法性。确保系统上的每个用户都有自己的用户账户。不应存在来宾或组账户。如果存在大量数据库账户，则应质疑需求。应用程序最终用户通常应该通过应用程序访问数据库，而不是直接访问数据库。

此外，需要查看不再需要访问权限时删除账户的过程。此过程可以包括一种机制，通过该机制，在终止和作业更改时删除用户账户。该过程可包括系统管理员及其他管理人员定期审查和验证活动账户。获取账户示例，并验证这些账户是否归在职员工所有，以及这些员工的工作职位是否自创建账户以来未更改。

4．密码强度和管理功能

许多数据库平台都会维护自己的身份验证设置。确保传递词和身份验证机制不会成为链中的薄弱环节。

其他数据库平台通过与操作系统或其他安全子系统集成来提供身份验证。例如，DB2通用数据库（UDB）不维护自己的用户名和密码，而是使用操作系统或资源访问控制工具（RACF）进行身份验证。Windows 模式下的 Microsoft SQL Server 使用 Windows 身份验证。这并不意味着用户未在数据库中维护。用户名继续在数据库中维护，因为需要将用户映射到组、权限和其他数据库设置。但是，身份验证发生在操作系统级别，而不是在数据库中。

对任何使用集成操作的数据库平台，其安全性有优点和缺点。

优点如下：

- 操作系统身份验证通常比数据库身份验证更健壮。
- 操作系统身份验证通常包含更多的密码管理功能。
- 密码管理功能更有可能在操作系统级别实现。

缺点包括以下内容：

- 身份验证由 DBA 掌握。
- 如果操作系统账户配置不正确，则具有操作系统账户的用户就可以访问该数据库的操作系统。

1）检查默认用户名和密码。

要审计的第一个基本项是默认用户名和密码。至少有 5 种数据库蠕虫使用默认用户名和密码通过数据库进行传播。图 7.1 将这些默认用户名和密码分为几个类别。

类别	说明
默认数据库密码	在标准数据库安装中创建。取决于数据库的已安装组件。大多数最新版本的数据库都取消了默认的数据库密码，但在旧版本的数据库软件中，默认密码仍然是一个严重的问题
密码示例	许多新特性或现有特性的示例和演示都显示在 SQL 脚本中，其中包括测试或示例账户的创建
默认应用程序密码	在数据库上安装第三方产品时，这些产品通常使用默认用户名和密码来访问数据库。这是黑客和服务的共同访问途径
用户定义的默认密码	创建新账户时，密码通常设置为初始值，然后在首次使用时重置。当一个账户被创建但从未被访问时就会出现问题。确保新账户上设置的密码是随机的强密码

图 7.1　默认用户名和密码类别

验证所有默认用户名和密码是否已被删除或锁定，或者密码是否已更改。

2）检查密码是否能够被轻松猜测。

用户通常选择的密码，很容易被自动程序或聪明的黑客猜到。如今，人们会选择更安全的密码，但确保密码在字典中找不到或不容易猜到仍然很重要。

在密码哈希下进行密码强度测试，以确定是否有密码很容易被猜到。如果检测到字典中的密码或可以猜到的密码，应与 DBA 讨论用户意识实践和实现密码强度检查实践。

3）检查密码管理功能已启用。

许多数据库平台都支持丰富的密码管理功能。Oracle 通过包含以下功能来引领这一领域：

- 密码强度验证功能。
- 密码过期功能。
- 密码重用限制。
- 密码过期宽限期。
- 密码锁定。
- 密码锁定重置。

如果不配置这些功能，它们将不会提供任何其他安全性。默认情况下，这些功能未启用。

从数据库中选择配置值。确保启用每个密码管理功能，并根据公司的政策为环境设置适当的值。用户需要查看数据库平台的文档，以确定可用的密码管理功能以及查看这些功能所需的命令。

5. 查看数据库权限

数据库权限与操作系统权限略有不同。特权使用 GRANT 和 REVOKE 语句进行管理。例如，以下 SQL 语句授予 USER1 从 SALARY 表中进行选择的权限：

GRANT SELECT ON SALARY TO USER1

The REVOKE statement is used to remove permissions that have been granted:

REVOKE SELECT ON SALARY FROM USER1GRANT

GRANT 语句可以有选择地用于授予权限，如选择、更新、删除或执行。虽然授予用户读取表中数据的权限，但也限制了修改表的能力。在逐列的基础上，也可以有选择地使用 GRANT 和 REVOKE 语句。

1）验证数据库权限是否已适当授予或吊销，以达到所需的授权级别。

如果数据库权限未受到正确限制，则可能会出现对关键数据的不适当访问。数据库权限还应用于限制用户使用数据库中可用于规避安全性的子系统。安全最佳实践规定，应仅根据需求授予权限。如果账户不特别需要权限，则不应授予权限。

与数据库管理员联系，确定哪些用户账户能访问哪些数据。某些管理员可能需要访问某些数据，Web 应用程序可能使用某些账户来访问数据，某些账户可能由批处理作业使用。不需要访问权限的账户应锁定、禁用甚至删除。

2）查看授予个人的数据库权限，而不是组或角色。

数据库最佳实践规定，应该尝试向角色或组授予权限，这些权限也应授予角色或组中的个人。使用角色或组分配权限可减少出现管理错误的可能性，并可以更轻松地维护安全控制。当需要授予新权限时，可以授予单个组，而不是多个账户。此外，当用户更改作业时，撤销角色或组，以及授予角色或组内的新个人访问权限非常简单。

从数据库字典中选择权限列表，查看授予账户或用户的任何权限，检查是否授予了角色或组的权限。然后根据需要将单个用户分配给角色或组，并授予权限。

还需要下载允许授予的角色/组和用户/账户的列表。用户和组的列表存储在数据字典中。

3）确保未隐式授予数据库权限。

数据库权限有许多来源。诸如“选择任何表”等权限允许访问所有数据，并可能导致对数据的未授权访问。如果不能完全了解如何隐式授予数据库权限，则可能会以非预期的方式授予权限。

查看数据库平台的权限模型的详细信息，并验证权限是否得到适当继承。还要查看允许访问数据的系统权限，例如选择任何表或授予用户特权角色。对于可以隐式和显式授予的权限，应确保在权限不合适时不允许这些权限。

4）查看在存储过程中执行的动态 SQL。

还可以通过运行存储过程或函数来访问对象。在 Microsoft SQL Server 上，在执行代码对象时，允许用户访问存储过程所有者拥有的任何其他对象。在 Oracle 上，运行存储过程允许用户作为存储过程所有者访问对象。如果存储过程构造不正确且可以操作，则这可能很危险。

在 DBA 的帮助下查看存储过程，专门查找 SQL 注入或任何形式的动态 SQL 等问题。限制在使用提升权限运行的程序中使用动态 SQL。此外，应确保记录对提升权限下运行的存储过程的所有访问。

在大型数据仓库环境中，审计员应与 DBA 和应用程序所有者合作，确定关键路径的采样，然后在存储过程中查找动态 SQL。

5）确保正确实现对表数据的行级访问。

关系数据库能够授予表或列的权限。遗憾的是，它们的设计并不适合用来限制对表中行子集的访问。当授予用户对表有 SELECT 权限时，用户将能够读取表中的每行。

可以使用多种技术来帮助管理此问题。例如，Oracle 提供虚拟专用数据库（VPD），用户可以使用该数据库来限制对特定行的访问。还可以以编程方式使用视图来限制基于用户上下文返回的行。一种常见且实用的方法是使用存储过程访问表。使用此策略，DBA 不需要授予表权限，以防止用户尝试绕过存储过程。

如果用户绕过提供访问权限的应用程序或存储过程，则确保用户在没有适当授权的情况下无法访问表中的数据。通过用户账户访问数据库，以验证用户的“有效”能力是否达到预期。

6）在不需要时撤销 PUBLIC（公共）权限。

默认情况下，数据库中的许多内置存储过程和函数都被授予了 PUBLIC 组。不同的数据库都有一个稍微不同的 PUBLIC 组的实现。一般来说，它代表数据库中的每个人。这意味着所授予的 PUBLIC 权限适用于所有人。

这导致了数据库中的许多安全问题。许多内置过程可能看起来并不危险，对普通用户也没有实际用途。安全最佳实践规定，除非明确要求，否则应限制所有访问。如果过程包含不需要的功能，则不应将其授予任何用户。对于 PUBLIC 权限的授予，这一点尤其重要。

应注意，如果撤销所需的权限，则最终可能会破坏必要的功能。盲目地撤销所有PUBLIC 权限是发生灾难的原因之一。

首先收集所有权限的列表，突出显示授予的 PUBLIC 权限。与 DBA 讨论数据库的哪些程序和功能正在使用或将来可以使用 PUBLIC 权限，然后确定从明显不需要的对象中撤销权限会引入多大风险。如果每个人都同意撤销权限，则撤销这些权限是有意义的。如果以后确定需要这些权限或意外中断，则撤销脚本可用于回滚任何更改。

6．数据加密

数据加密应用于 3 个不同的状态。动态数据描述通过网络传输的数据，通常使用安全套接字层（SSL）等协议进行加密。静态数据描述存储中的数据驻留（如数据库中的数据），并且可以使用许多算法（如高级加密标准（AES））进行加密。正在使用的数据描述了应用程序中的数据处理。

1）验证是否实现了网络加密。

网络加密有两个主要目的：保护身份验证凭据在网络中移动，以及保护数据库中的实际数据在网络上移动。网络不是安全环境，IP 地址可能会被欺骗，网络流量可以重定向和嗅探。不仅可通过外部网络加密网络流量，而且还可在 Intranet 上加密网络流量，这一点至关重要。

验证网络和客户端驱动程序是否配置为支持使用 SSL 等协议加密网络流量，验证客户端和数据库的设置。在某些情况下，可能需要对流量进行采样以演示加密。

2）验证静态数据加密是否实现。

静态数据加密涉及加密存储在数据库中的数据。可以说，静态数据加密比其他形式的加密更重要，因此磁盘或数据库中数据的生存期也要比网络上数据的生存期长得多。如果查看数据最有可能被窃取的情况，将会看到数据在处于静止状态时直接从数据库中被窃取，而不是遍历网络时被窃取。

验证数据是否正确加密。还要查看加密密钥的存储位置，因为加密的强度依赖于加密密钥的保护强度。如果加密密钥与加密数据一起存储，那么攻击者只需提取加密密钥即可破坏安全性。

检查灾难恢复计划，以确保将加密密钥管理作为组件包含在内。不希望 DBA 犯的一个错误是，虽然实现了加密功能但未能在备份过程中包括密钥管理。无法正确备份加密密钥会导致无法恢复数据库备份。

7．监测和管理

应对敏感数据的访问进行适当监控。PCI、HIPAA 和萨班斯-奥克斯利等法规对存储敏感数据的公司产生了重大且积极的影响。

1）验证数据库审计和活动监视的适当使用情况。

不管外部组织是否强制进行数据库监视，如果存储的数据具有重大的业务价值，对数据库都应有适当的监视，以识别恶意攻击和不当使用数据。

有许多方法可用于监视活动：

- 在数据库中启用本机审计。
- 监控审计数据库活动的网络流量。

- 查看事务日志以从数据库构建审计跟踪。

每种方法都有长处和短处。例如，本机审计成本相对较低，因为它通常包含在数据库中。其他解决方案成本较高，但能满足要求或提供功能，例如可以识别攻击的上下文智能，而本机审计则无法提供这些攻击。

审计可以采取多种形式：

- 访问和身份验证审计。确定谁访问哪些系统、何时以及如何访问。
- 用户和管理员审计。确定用户和管理员在数据库中执行哪些活动。
- 可疑活动审计。识别并标记任何可疑或异常访问敏感数据或关键系统。
- 漏洞和威胁审计。检测数据库中的漏洞，然后监视试图利用这些漏洞的用户。
- 更改审计。为数据库、配置、架构、用户、权限和结构建立基线策略，然后查找和跟踪该基线的偏差。

与 DBA 查看已实现的监视方法，并讨论数据的灵敏度。活动监视应与数据库中存储信息的业务价值以及组织的策略和要求保持一致。

查看数据库中的敏感数据列表，并验证对敏感数据是否正确启用了审计。考虑审查特定时间段内的敏感事务列表，以证明监测系统审计此类事件的能力强弱。

2）评估如何管理数据库环境的容量，以支持现有和预期的业务需求。

受基础架构、业务关系、客户需求和法规要求的变化推动，数据库的技术和业务需求可以快速且频繁地变化。数据库基础架构不合适会使业务面临丢失重要数据的风险，并可能妨碍关键业务功能。

验证容量要求是否已记录在案并与客户商定。查看监视容量使用情况的流程，注意何时超过定义的阈值。需求可以由负责存储环境的同一团队进行部分的评估或捕获。评估容量使用量超过既定阈值时的响应和采取行动的过程。讨论用于确定当前数据库需求和预期增长的方法。与管理员一起查看增长计划，以验证硬件是否满足性能要求、容量要求和功能要求，以支持基础架构和业务增长。

3）评估如何管理和监控数据库环境的性能，以支持现有和预期的业务需求。

数据库性能由多个因素驱动，包括物理存储介质、通信协议、网络、数据大小、CPU、内存、存储体系结构、加密策略和许多其他因素。

应定期对数据库体系结构上的处理器、内存和 I/O 网络带宽负载进行性能检查，以确定体系结构上不断增加的压力。验证性能要求是否已记录并与客户商定。查看监视绩效的流程，并记录绩效何时低于定义的阈值。评估绩效低于既定阈值时的响应和采取行动的流程。讨论用于确定当前性能要求和预期更改的方法。

注意：审计容量管理和绩效规划是本次审计的关键步骤。确保管理员有容量管理计划，并验证性能需求是否适合组织。

8. 工具与技术

尽管可以使用手动方法执行大部分审计，但通常会发现使用一组工具执行重复性或技术性杂务会很有帮助。审计和监视工具可以对内容进行分析和解释。这是审计员在使用这些工具时带来的附加价值。

（1）审计工具

审计工具可用于查找漏洞和修补程序。扫描数据库以查找漏洞和修补程序的观点很常见：查找和记录尽可能多的漏洞，淡化漏洞，并且关注已安装的修补程序。在一天结束时，需要了解哪些修补程序尚未应用，并且需要识别关键漏洞和错误配置。

同样重要的是，要了解网络和操作系统审计工具在进行数据库审计时有可能会失败。这是由于数据库有自己的访问控制系统、自己的用户账户和密码、自己的审计子系统，甚至有自己的网络协议。通用扫描仪根本没有专业知识来提供对数据库的粗略查看。

（2）监控工具

监控工具旨在帮助用户进行数据库活动监视。使用这些工具记录和检测对敏感数据的未授权或恶意访问有影响。需要确定哪些法规适用于数据库，然后将它们转换为本机审计或更深入的活动监视实现的特定项。

数据库监视解决方案包括通过监视网络或使用安装在主机上的客户端被动监视数据库。某些监视解决方案将这两种方案结合起来，成为混合方案。例如，IBM 的混合方案维护了令人印象深刻的功能和报告，但需要代理在最佳实践设置中与审计保管库服务器协同工作。尽管 IBM 指出不会显著损害数据库性能，但许多 DBA 对使用客户端审计数据库持谨慎态度，宁愿使用监视网络流量的设备。认识到这一点，IBM 于 2009 年末收购了 Gardium。该产品使用网络设备，它透明地监视数据库流量、事务、安全事件和特权访问，而无须将客户端放在数据库主机上。

审计员还需要了解满足数据库加密要求的可用工具。有些供应商提供这方面的解决方案。最具创新性和令人印象深刻的解决方案来自 Vormetric，这主要是因为该方案的部署和管理模式。Vormetric 部署在没有任何应用程序编码或知识的情况下，可以同时管理与 LDAP 集成的数据库和文件加密权限。

数据库信息的安全性不如网络或操作系统的安全性大。人们可以找到足够的详细信息来有效地完成工作。

发现和修复的大多数数据库漏洞都可以记入相对较小的安全研究人员子集。尽管一些团体（包括许多数据库供应商）认为这项工作是“恶意的”，但安全研究人员已经为数据库安全市场完成了这项巨大的任务。

下面总结了用于审计数据库的步骤。

1）获取数据库版本并将其与策略要求进行比较。验证数据库是否正在运行供应商继续支持的版本。

2）验证策略和程序是否到位，以确定修补程序何时可用。确保根据数据库管理策略安装所有已批准的修补程序。

3）确定标准生成是否可用于新数据库系统，以及该标准是否具有足够的安全设置。

4）确保正确限制对操作系统的访问。

5）确保正确限制安装数据库的目录和数据库文件本身的权限。

6）确保正确限制数据库使用的注册表项的权限。

7）查看和评估所创建的用户账户并确保仅在有合法业务需求时创建账户。还要审查和评估流程，以确保在终止或工作变动时及时删除或禁用账户。

8）检查默认用户名和密码。

9）检查密码是否能够被轻松猜测。

10）检查密码管理功能已启用。

11）验证数据库权限是否已被适当授予或吊销，以达到所需要的授权级别。

12）查看授予个人的数据库权限，而不是组或角色。

13）确保未隐式授予数据库权限。

14）查看在存储过程中执行的动态 SQL。

15）确保正确实现对表数据的行级访问。

16）在需要时撤销 PUBLIC（公共）权限。

17）验证是否实现了网络加密。

18）验证静态数据加密是否实现。

19）验证数据库审计和活动监视的适当使用情况。

20）评估如何管理数据库环境的容量，以支持现有和预期的业务需求。

21）评估如何管理和监视数据库环境的性能，以支持现有和预期的业务需求。

7.2 审核云计算和外包运营

本节将讨论在审核外包给外部公司的IT 运营时要查找的关键控制措施，包括：

- 云计算和其他形式的 IT 外包的定义。
- SAS 70 报告。
- 供应商选择控制。
- 供应商合同中要包括的项目。
- 数据安全要求。
- 运营问题。
- 法律问题和法规遵从性。

将 IT 业务外包给外部服务提供商并不是一个新概念。多年来，有些公司一直在实施这个概念，从通过应用程序服务提供商（ASP）托管其应用程序，到将其计算机设备存储在同地数据中心，再到雇佣外部公司来运营其 IT 业务。将业务外包的决定通常基于降低成本和公司专注于其核心竞争力的愿望。换句话说，如果一家生产曲棍球棒的公司，其核心竞争力是设计和建造这些曲棍球棒，那么这家公司可能不会去考虑投入运行数据中心来支持运营所需的时间和资金。

外包运营领域还引入了一个新概念，称为云计算，其中 IT 服务使用的共享基础架构通过互联网（即云）提供。这产生了公司将其 IT 服务转移到外部提供商的新趋势。尽管外包运营可以为公司在成本和资源效率方面带来好处，但它们也会带来额外的风险，因为公司放弃了对其数据和 IT 环境的控制。

外包 IT 操作可以通过多种方法定义、分离和分类。这些方法并不是完美或包罗万象的，但就本章而言，将其分为两大类：

- IT 系统和基础设施外包。

● IT 服务外包。

7.2.1 IT 系统和基础设施外包

IT 系统和基础设施外包是指雇佣另一家公司提供部分或全部 IT 环境（如数据中心、服务器、操作系统、业务应用程序等）的做法。此服务可以由云计算或专用托管提供。

1．云计算

（1）云计算的定义

Gartner 将云计算定义为一种计算风格，通过 Internet 技术为外部客户提供可扩展且具有弹性的、支持 IT 的功能，即服务。美国国家标准与技术研究院（NIST）将云计算定义为一种模型，用于实现对可配置计算资源（如网络、服务器、存储、应用程序和服务）的共享网络访问，这些资源可在最少的管理工作量或服务提供商交互的情况下快速调配和发布。

基本上，云计算通过互联网提供 IT 服务的方式使最终用户不必担心数据存储的位置、基础结构的位置等。用户接收服务时无须担心如何提供服务的详细信息。此外，作为云计算的使用者，正在与其他用户共享提供服务的后端基础结构。

就个人而言，可能在家中体验过云计算。如果在 Yahoo！或 Gmail 中有个人电子邮件地址，则可在云中接收自己的电子邮件。人们不知道也不关心数据存储的位置，以及使用何种基础架构来提供服务。人们关心的只是可以发送和接收电子邮件并管理自己的联系人。此外，后端没有专用电子邮件服务器。许多其他电子邮件账户与自己的电子邮件账户位于同一服务器上。人们只需知道电子邮件是可用和安全的即可。

企业级的云计算扩展了这一概念，使得企业业务应用程序、客户机（PC）应用程序以及 IT 环境的其他方面能够通过互联网使用基础设施。

（2）云计算服务的 5 个特征

根据 NIST 下的定义，要获得云计算资格，必须表现出以下 5 个特征。

1）按需自助服务。

按需自助服务，意味着可以根据需要自动预配计算功能（如存储，而无须与每个服务的提供商进行人工交互）。它还意味着实现详细信息对使用者隐藏（与使用者无关）。例如，客户无须担心使用哪些存储技术，只需定义其业务需求，让服务提供商确定如何满足这些要求。

2）广泛网络访问。

这意味着，只要互联网连接可用，就可随时随地从任何设备（如笔记本计算机和移动设备）访问功能。

3）资源池。

这意味着提供程序的计算资源被集中用于多租户模型，为多个使用者提供服务，根据消费者需求动态分配和重新分配不同的物理及虚拟资源。它给人位置独立性的感觉，因为客户通常无法控制或不知道所提供资源的确切位置。这种情况下的资源示例包括存储、处理、内存、网络带宽和虚拟机。

4）快速弹性。

这意味着功能可以快速、弹性地调配（通常是自动配置），以便快速扩展并快速释放。对于使用者来说，可用于预配的功能通常看起来不受限制，可随时以任何数量购买。

5）测量服务。

这意味着云系统可以通过利用适合服务类型的计量功能（如存储、处理、带宽和活动用户账户）来自动控制和优化资源使用情况。可以监视、控制和报告资源使用情况，为服务的提供者和使用者提供透明度支持。这也意味着消费者知道自己只支付正在使用的资源的成本。

如果公司正在采购的服务不符合这 5 个标准，则可能并不是真正使用云计算，而是使用某种形式的专用托管。

云计算对公司很有吸引力，因为它避免了对物理基础设施（以及管理该基础设施的运营）的投资，而是从另一家公司租用基础设施（硬件和软件），并且只支付他们使用的资源的成本。

（3）云计算的 3 个主要模型

需要了解的下一个重要概念是云计算的 3 个主要模型。这 3 种模型的分类已被广泛接受，这里将依赖 NIST 给出的定义。

1）模型一：软件即服务（SaaS）。

在此模型中，将访问云提供商的应用程序，这些应用程序在云基础架构上运行。应用程序可通过瘦客户端界面（如 Web 浏览器）从客户端设备访问。作为使用者，不用管理或控制数据中心、网络、服务器、操作系统、中间件、数据库管理系统（DBMS），甚至单个应用程序功能（可能特定于用户的应用程序配置设置除外），但确实可以控制数据。这种云计算形式的常见示例包括 salesforce.com、Google Apps 和 Microsoft 的业务生产力在线套件。图 7.2 所示为一个表示形式，说明哪些基础架构层专用于公司，哪些层在 SaaS 模型中与其他客户共享。

	公司 1	公司 2	公司 3	公司 4
专用	数据	数据	数据	数据
共享	应用 数据库管理系统 中间件 操作系统 网络 物理的			

图 7.2　SaaS 模型

2）模型二：平台即服务（PaaS）。

在此模型中，将使用云提供商支持的编程语言和工具将创建或获取的应用程序部署到提供商的云基础架构中。作为使用者，不用管理或控制数据中心、网络、服务器、操作系统、中间件或 DBMS，但确实可以控制数据和已部署的应用程序，并可能控制托管环境配置。图 7.3 所示为基础架构专用于公司的哪些层以及 PaaS 模型中与其他客户共享的层的表示形式。

3）模型三：基础结构即服务（IaaS）。

在此模型中，处理、存储、网络工程和其他基本计算资源是从云提供商租用的。这允许人们部署和运行任意软件，其中可能包括操作系统和应用程序。作为使用者，不用管理或控制数据中心、网络，但确实可以控制数据和操作系统、中间软件、DBMS 和已部署的应用程序。图 7.4 所示为基础架构专用于公司的哪些层以及 IaaS 模型中与其他客户共享的层的表示形式。

	公司 1	公司 2	公司 3	公司 4
专用	数据 应用	数据 应用	数据 应用	数据 应用
共享	数据库管理系统 中间件 操作系统 网络 物理的			

图 7.3　PaaS 模型

	公司 1	公司 2	公司 3	公司 4
专用	数据	数据	数据	数据
	应用	应用	应用	应用
	数据库管理系统	数据库管理系统	数据库管理系统	数据库管理系统
	中间件	中间件	中间件	中间件
	操作系统	操作系统	操作系统	操作系统
共享	网络 物理的			

图 7.4　IaaS 模型

2．专用托管

专用托管在概念上类似于云计算，因为用户正在雇佣其他人来提供（并可能管理）基础架构。关键区别是，通过专用托管，公司将具有专用基础架构，可能与供应商的其他客户共享物理层。例如，一个同地位置数据中心，可以在其中将基础设施（如服务器）放置在另一家公司的数据中心中，从而节省构建和操作自己的数据中心的成本。另一个示例是应用程序服务提供商（ASP），其为用户托管业务应用程序，仅由于用户使用的专用服务器没有与供应商的其他客户共享，才与 SaaS 区别开来。相反，使用云计算，用户的数据将被隔离，但可能正在与供应商的其他客户共享其他基础架构（如网络、服务器、中间件等）。图 7.5 所示为基础架构专用于公司的哪些层以及专用托管模型中与其他客户共享的层的表示形式。

	公司 1	公司 2	公司 3	公司 4
专用	数据	数据	数据	数据
	应用	应用	应用	应用
	数据库管理系统	数据库管理系统	数据库管理系统	数据库管理系统
	中间件	中间件	中间件	中间件
	操作系统	操作系统	操作系统	操作系统
	网络	网络	网络	网络
共享	物理的			

图 7.5　专用托管模型

尽管需要保护的概念在专用托管和云计算中可能相同，但实现却大不相同。使用专用托管，用户将了解网络如何与其他客户隔离（如通过防火墙）。使用云计算，用户将了解在共享基础架构后数据是如何被隔离的。使用专用托管，隔离网络区域内的加密可能并不重要。使用云计算，用户将希望看到数据端到端加密，因为它与其他客户的数据处于相同的基础设施上。

如果用户不确定是云计算还是专用托管，可由提供商确定。例如，告诉提供商刚刚收购了另一家公司，并询问如何扩展应用程序以安置另外 30000 名员工。如果提供商说可以立即处理，则可能是一个云计算模型。但是，如果提供商说需要一些时间来扩展环境，以满足额外的需求，则可能是专用托管。这并不是一个完美的测试，因为这将取决于服务提供商和它们的资源量，但会给用户一个很好的指示。

图 7.6 所示为专用主机和 3 种云计算模型的比较。

	专用主机	IaaS	PaaS	SaaS
数据	专用	专用	专用	专用
应用	专用	专用	专用	共享
数据管理系统	专用	专用	共享	共享
中间件	专用	专用	共享	共享
操作系统	专用	专用	共享	共享
网络/服务器	专用	共享	共享	共享
物理数据中心	共享	共享	共享	共享

图 7.6　专用主机和 3 种云计算模型的比较

注意：云计算和专用托管的定义及区别并不总是明确的，并且仍不成熟。这些模型和自定义项之间可能发生重叠（基于特定的数据保护要求、成本限制等），可能导致混合模型。此外，人们并不总是一致地或准确地使用术语。例如，当实际托管应用程序时，通常会说正在使用 SaaS（反之亦然）。审计员需要熟悉概念和标准模型，但还应认识到，不是每个人都会认同相同的术语和定义，所以不要太纠结于语义。

7.2.2　IT 服务外包

IT 服务外包是雇佣另一家公司执行部分或全部 IT 运营职能的做法。通常，外包操作包括帮助台操作和 PC 支持。这与 IT 系统和基础架构的外包相似。例如，如果将 IT 设备放在另一家公司的数据中心，则可能还会雇佣该公司执行数据中心操作活动（如磁带操作、硬件支持等）。同样，如果部署云计算，则云提供商将在云基础架构上执行操作。

1．IT 服务外包的类型

IT 服务外包有两种类型：**现场和非现场**。这两种类型存在混合，其中部分功能在现场执行，部分功能在非现场执行。

（1）现场

当公司外包一个操作，但希望或需要在公司执行该职能时，使用此类型。外部公司负责提供和培训人员，建立并监控履行该职能所需的运营流程，管理运营的所有日常方面。但是，执行该职能的员工必须坐在公司的办公场所，使用公司的网络和 IT 环境。

（2）非现场

当公司外包操作而没有任何现场活动时，使用此类型。外部公司不仅负责提供履行该职能所需的人员和流程，而且还负责提供履行该职能所需的设施和基础设施（通常与招聘公司连接）。

2．IT 服务外包相关的其他注意事项

与 IT 服务外包相关的其他注意事项包括补充劳动力和离岸外包。

（1）补充劳动力

许多公司雇佣补充（合同）劳动力来帮助其日常运营。这通常是为了满足短期需求。此类活动不应与真正的外包运营混淆。补充劳动力在公司员工的日常指导下开展活动，并受员工履行职能已经建立的控制措施和保障的约束。这与日常运营真正外包的功能大相径庭。

（2）离岸外包

许多公司将 IT 功能转移到提供低成本资源的位置。这既可能发生在外包的运营中，也可以通过雇佣员工在这些成本较低的地区为公司工作。虽然可以提供显著的成本优势，但它也给 IT 环境带来了独特的内部控制挑战和额外的复杂性，特别是在协调和通信领域。

3．IT 服务外包模型

总之，在配置 IT 服务时，使用以下基本模型：

- 仅限内部员工。
- 内部员工加上补充劳动力。
- 外包：现场。
- 外包：异地。
- 外包：现场/场外组合。

对于每个预配模型，使用以下部署选项：

- 在岸。
- 离岸。
- 陆上/海上组合。

7.3 云储存的审计

7.3.1 云储存审计的标准

SAS 70 报告

审计供应商时，需要了解 SAS（审核标准声明）70 报告。SAS 70 是美国注册会计师协会（AICPA）为处理服务组织而制定的审计标准。通过该标准，服务组织（如提供 IT 服务的组织）可以证明其内部控制的有效性，而无须允许其每个客户进入并执行自己的审计。如果没有此标准，服务组织将使用大量用于响应每个客户审计请求的资源。使用此标准，服务组织可以聘请经过认证的独立服务审计员（如安永）进行 SAS 70 审核并发布报告。此报告可以提交给任何需要证明服务组织内部控制有效性的客户。

自 2002 年执行《萨班斯-奥克斯利法案》（以下简称 SOX 法案）第 404 条以来，SAS 70 报告变得特别重要，因为公司可以利用这些报告来证明内部控制对外包的财务处理和报告的任何方面的有效性。否则，任何提供金融服务的公司都会受到来自所有客户的 SOX 法案的轮番审计，而不是向每位客户提交相同的 SAS 70 报告。

SAS 70 服务审计员报告有两种类型：类型 1 和类型 2。这两种类型都包括对服务组织在某个时间点进行内部控制设计的描述和意见。但是，只有类型 2 的报告包括服务审计员关于管制措施在审查期间是否有效运作的测试结果，以确保控制目标得以实现。作为审计员，希望服务提供商能够提供类型 2 报告，因为类型 1 报告不提供控制措施有效运行的证据。

出于 SOX 法案的考虑，还建议影响供应商在审核期结束后 3 个月内执行 SAS 70 类型 2 审核。类型 2 的审核期通常为 6～12 个月。因此，如果审核期于 6 月 30 日结束，而财政年度于 12 月 31 日结束，则用于认证时结果将是 6 个月前的结果。这不是理想的，但 SOX 法案确实提供了如何处理它的方向，所以报告仍然具有价值。

7.3.2 审核云计算和外包运营的测试步骤

下面是有关测试步骤的一些说明。

首先，在审核外包职能时，应考虑要执行的任何审核步骤（即如果服务不是外包的）。例如，如果业务应用程序通过 SaaS 托管在云中，则需要查看记录的应用程序控件类型。这些风险不会因为应用程序已外包而消失，它们仍与审计计划相关。但是，如果函数已外包，则审核它们的方式可能大不相同。

其次，需要确定是否要审核供应商并评估其控制，或者是否审核自己的公司，并询问如何确保供应商对公司提供必要的控制。可询问供应商和公司内部 IT 团队相同的问题并比较其答案，这可以帮助了解和审查对外包运营的控制情况。

最后，对于本小节中的每个步骤，都应注意哪些类型的外包（如云计算、专用托管、服务外包）最适合该步骤。然而这并非绝对的，因为每个外包参与的范围都是独一无二的，而是旨在成为准则。

1．初步和概述

1）审查审计步骤，确定哪些风险和审计步骤适用于通过外包业务进行的审计。执行适用的审核步骤。

外包也存在风险。应记住，在许多情况下，外包内容的组件和功能与公司内部的组件和功能类似。它们只是由不同的实体处理。无论谁对数据和应用程序负责，客户都需要拥有必须设置的控件。尽管外包职能会带来额外的风险，但仍必须审查内部外包职能的基本控制措施。例如，如果将业务应用程序外包出去，仍然应对访问控制、数据输入控件和对这些应用程序的软件更改控件感兴趣。这些控件对于该应用程序的机密性、完整性和可用性仍然至关重要。如果将数据中心外包出去，仍然要关注运行该数据中心的人如何确保物理安全和操作的连续性。

此步骤适用于各种形式的外包。

尽管有人争辩说，对于外包功能，可以执行所有相同的步骤，但实际上可能不会像内部流程那样拥有与外包流程相同的访问级别。例如，如果要查看操作系统的安全性，提供商可能无法授予访问其操作系统上账户的权限。也许会提供，但经常会受到合同权利的限制。也许客户专注于流程，并定期监视系统本身的安全性，并且要求提供商运行一组只读脚本，从其环境中提取关键系统配置信息并向客户输出。在开发客户希望在审核期间执行的步骤的愿望列表后，可以确定哪些步骤最为关键。

在如何执行这些步骤方面，重大的可变性将是常态。有些提供商可能允许客户进入并审核流程和基础结构，就像是他们自己的内部审核员一样。有些提供商会交给客户一份 SAS 70 报告，并与客户一起完成，通知客户他们已履行了义务。客户必须单独协商每个实例，并争取法律和运营组的帮助，以查看能在多大程度上推动提供商的透明度。因此，在合同中建立可靠的“审计权”条款至关重要，以便预先处理这些情况，同时客户具有杠杆作用。

注意：这是一个关键步骤。

2）请服务提供商就其内部控制的有效性和在遵守适用法规的情况下向信誉良好的第三方提供独立保证。查看文档中已注意到的问题。此外，确定这些认证与自己公司的控制目标是否匹配，并确定差距。

尝试对服务提供商的控制措施执行自己的审核，然而经验丰富的服务提供商已经聘请第三方进行定期评估。事实上，许多服务提供商（尤其是较大的服务提供商）会坚持要求客户使用这些评估来代替执行自己的审核。

此步骤最适用于云计算、专用托管和异地服务外包。

客户要求的独立保证类型会因行业而异，但应该查找的最常见的评估是 SAS 70 报告。应确保请求类型 2 的 SAS 70 评估。客户可能会看到的另一个常见的评估是 ISO 27001，它是处理信息安全的标准，旨在构成第三方安全审核的基础。客户需要根据行业、正在执行的外包类型以及执行的审核类型来确定应进行哪些评估。例如，如果客户对外包网站执行审核，则应该会看到某种形式的 Web 安全认证。客户需要确定服务提供商是否将相关功能分包给其他第三方（例如，如果客户使用的是 SaaS 供应商，并且使用其他提供商的数据中心设施来托管其系统）。如果是这样，则客户应要求服务提供商从这些分包商那里获得适用的独立评估，并提供给自己。

收到任何可用的评估后，客户必须在多个领域对其进行审核。首先，客户必须查看评估结果以了解已注意到的任何问题和提供商的补救计划。其次，客户需要跟踪这些项目，以确保它们得到了令人满意的补救（客户可能需要再次通过第三方评估来确定）。同样重要的是，确保评估由合格的独立第三方执行，并确定评估涵盖的时间段，以确保评估仍然适用。

客户还需要查看所执行的评估范围，并确定评估解决了多少控制目标。客户可能会看到公司控制目标与独立评估所涉及的控制目标之间存在一些差距。一旦客户发现这些差距，客户可以主动对第三方评估未涵盖的项目执行自己的评估。客户必须单独协商每个实例，并争取法律和操作组的帮助，这可以推动执行自己的审核能力。这也再次强调了在合同中列入“审计权”条款的重要性。

如果发现服务提供商没有适当的第三方评估，则客户必须尝试自己执行所有相关的审核步骤（这可能受客户审核权的限制）。如果是这种情况，则客户应该敦促提供商获取 SAS 70 类型 2 的或其他相关的独立评估，从而可能使其在合同续订时成为谈判点。对于任何形式的 IT 系统和基础设施外包（如云计算），客户都希望看到这种类型的评估。

2. 供应商选择和合同

1）审查适用的合同，以确保这些合同能够充分识别与公司参与合同相关的所有可交付成果、要求和责任。

如果客户与提供商出现问题，那么合同将成为客户唯一真正的回退机制。如果合同中未明确说明出现的问题，那么恢复原状将会非常困难（如果不是不可能）。

此步骤适用于各种形式的外包。

执行此步骤的最佳时间是在合同最终确定和签署之前，因为此时客户可以相对轻松地进行更改和影响合同的内容。但是，如果客户在合同签署后执行审核，那么仍然具有相关性，原因有两个：首先，它将让客户了解客户正在使用什么以及在审计期间将具有何种杠杆作用；其次，它允许客户提供输入，说明在重新协商时需要在合同中进行哪些更改。

无论客户是在事后查看已签署的合同还是提供输入，都应确保合同中涉及以下方面：

- 指定如何衡量性能，包括指定可用性要求（如预期正常运行时间）、性能（如按下〈Enter〉键后的交易响应速度）、响应时间（如供应商是否会在正常工作时间对问题做出响应）和发布解决时间（如预期问题修复的速度）。
- 安全 SL（即保护数据的机密性、完整性和可用性的控制要求）可以包括要求遵循特定的控制框架（如 COBIT）和第三方评估的要求。它还应包括有关如何存储数据的要求（如加密，包括算法和密钥长度的要求）、谁可能被授予对数据的访问、如何确保业务连续性和灾难恢复、如何支持调查、需要哪些安全培训和背景调查的人员访问系统和数据、数据保留和销毁应该如何进行等。总体而言，用户希望确保供应商承担安全合同责任。
- 应包括其他关键指标和性能指标，公司可以使用这些指标和绩效指标来衡量服务质量。例如，如果已外包了帮助台功能，则可能需要设置一个期望值，即每个分析师关闭的票证数和客户满意度评级。
- 概述遵守适用法律和法规（如 PCI、HIPAA）的要求，包括独立评估认证合规性的要求。
- 提供对不履行或延迟履行 SL 的处罚规定，以及未达到绩效目标时终止协议的条件。
- 添加审核权条款，指定允许公司审核的内容以及何时审核。客户显然希望具有广泛的审计权利，允许随时随地审核（包括执行意外审核的能力）。审核条款越宽泛，用户就越有权利。
- 包括有关客户有权审核和审查提供商转包给其他提供商（例如，如果 SaaS 提供商与另一个第三方托管其系统）权利（如 SAS 70）的规定。如果可能，在合同中规定允许提供商分包或获得任何分包关系的审批权（如果有）。
- 确保在需要时以所需的格式检索数据。

- 添加禁止提供商将客户的数据用于自身目的的条款（即用于客户未指定的任何目的）。
- 包括保密条款，以防止提供商披露公司的信息。
- 包括公司的采购和法律组织以及运营团队对合同进行审查的证据。

基本上，合同中应包括客户希望从服务提供商处获得的任何内容，这些内容需要在合同中具体概述。

2）审查和评估用于选择外包提供商的流程。

如果选择提供商的流程不充分，则可能导致购买不符合业务要求的服务或财务决策不当。

此步骤适用于各种形式的外包。

显然，应该是在选择提供商之前执行此步骤，此时客户可以影响决策。但是，如果审核是在选择提供商之后执行的，则了解提供商选择过程仍有价值。这可以识别必须解决的差距，并提供在重新签订合同或签订其他合同时可以使用的信息。

查看提供商选择过程时应注意以下内容：

- 确保评估多个提供商并参与投标流程。这也许决定了竞标更低的价格。
- 确定是否作为评估流程的一部分调查了提供商的财务稳定性。如果不这样做，公司可能会与业务中断的提供商签约，从而在尝试将他们带回公司内部或将其转移到其他提供商时，对公司的运营造成重大干扰。
- 确定是否评估了提供商为本公司或类似行业提供支持的经验。公司通常希望使用已证明可以以类似规模执行正在寻找的服务类型的供应商。
- 确保考虑和评估提供商的技术支持能力。
- 确保将每个提供商与预定义的标准进行比较，提供客观评估。
- 确定采购人员是否适当参与，以帮助谈判合同，业务人员是否就提供商满足要求的能力提供专家评价，以及法律人员是否适当参与，以就外包安排的潜在监管和其他法律后果提供指导。
- 确保进行彻底的成本分析。应制定内部操作的总成本以及每个提供商使用总成本。此分析应包括所有相关成本，如一次性启动活动、硬件、相关电源和冷却、软件、硬件维护、软件维护、存储、支持（人工）等成本。公司往往在做出决策时不考虑所有相关成本。例如，云计算节省的一些成本可以通过增加监控来抵消，以确保满足要求。这些成本需要包含在分析中，以确保公司做出明智的决策。

3．数据安全

对于本节中的步骤，客户的第一个选项应该是确定是否可以通过第三方（如 SAS 70）来评估。否则，需要与运营、采购和法律部门合作，以确定有权审核该领域的提供商。公司希望这些权利在合同中阐明。如果没有，公司将需要尝试争取这一权利，可以将下一个合同续签作为谈判筹码。

如果评估（如 SAS 70）未涵盖该范围，并且有权审核该范围，则需要与提供商面谈并查看其有关技术控制和流程的文档，尽可能测试这些控制措施。

还希望查看合同中阐明的公司对这些控制措施的要求，并查找满足这些特定要求的证据。

1）确定数据如何与其他客户的数据隔离。

如果公司选择一种外包形式，可将数据存储在提供商的站点系统（如云计算和专用托管）中，但这么做就不能再完全控制本公司的数据。本公司的数据可能与其他客户的数据（云计算的可能方案）一起出现。这会产生许多风险。例如，如果数据未被正确隔离，则同一共享基础架构上的另一个客户（包括竞争对手）可能能够访问本公司的数据。同样，如果一个客户的系统遭到破坏，同一环境中其他客户的机密性、完整性和可用性就可能会面临风险。例如，病毒可能从一个客户传输到另一个客户，或者攻击者可能会从环境中的所有客户下载数据。

此步骤适用于云计算和专用托管。

查看技术控制和流程，以确保系统和数据的隔离及保护。没有单一的方法可以做到这一点，并且其实现会因提供商正在使用的技术而异，但提供商需要演示如何隔离、存储等。例如，在专用托管环境中，应查找网络设备（如防火墙），以便将托管系统的网络与托管其他客户的网络隔离。在 SaaS 环境中，应进行包含客户数据的数据库的隔离。理想情况下，人们希望按窗体的测试来验证其控件是否按设计工作。同样，这些测试的性质将取决于技术和实现。

2）审查和评估加密的使用，以保护存储在提供商网站并传输到提供商站点的公司数据。

如果数据不再完全处于客户的控制之下（即数据存储在第三方站点中，并且有可能来自其他客户的数据），则对数据进行加密以防止可能的泄露就变得至关重要。这降低了影响数据机密性或完整性的泄露风险。如果在共享环境中（如云计算）具有未加密的数据，则可以假定数据不再保密。

此步骤适用于云计算、专用托管和异地服务外包。

查找传输中的数据（例如，通过 SSL 进行启用浏览器的事务）和静态数据（即存储中的数据）的加密，因为如果数据存储在第三方站点中，则两者都不受控制。评估加密的强度。

确定如何执行密钥管理，以及如何将密钥与环境中其他客户的密钥分开。理想情况下，此功能应由公司或由标准外包提供商执行，从而提供职责分离。

3）确定提供商员工如何访问公司系统，以及如何控制和限制数据。

如果本公司的数据由公司外部的员工存储或处理，而公司对于谁有权访问该数据没有保留所有权，则会危及数据的机密性、完整性和可用性。

此步骤适用于各种形式的外包。

确定谁可以访问公司的数据和系统，并审查是否合适。确定如何保持适当的职责划分。确保遵循“最低必要访问”的概念。

查看审批流程，以确定谁将有权访问系统和数据。理想情况下，公司的数据所有者将成为审批的监管人。公司应保留拒绝提供商人员访问本公司数据的权利（在合同中阐明）。

审核提供商的招聘和筛选员工流程，确保执行适当的背景调查，并将有关环境安全和管理的规则传达给员工。这些要求应在合同中规定。

要求列出提供商拥有的任何第三方关系以及这些附加方对系统的任何相互关系。

4）审查和评估用于控制非员工对内部网络和内部系统的逻辑访问的流程。

如果使用的是服务外包或补充（合同）人工，则可能允许第三方提供商的人员对本公司的网络工作和系统进行某种程度的逻辑访问。由于这些人员不是公司的员工，因此他们不太可能对公司进行个人投资或对其政策和文化有足够的认识。如果他们对公司信息资产的访问不受控制，并且未传达有关其使用该访问权限的期望，则公司信息资产有可能会被不必要地暴露或被滥用。

此步骤适用于现场和非现场服务外包以及补充性脑力劳动。

确保非员工在获得对公司系统的逻辑访问权限之前得到了批准。如果可行，获取非员工账户样本，并验证是否进行了适当的批准。

在授予非员工系统访问权限之前，审核和评估向非员工传达公司策略（包括 IT 安全策略）的流程。寻找此通信发生的证据。例如，如果所有非员工都必须签署已阅读并同意政策的声明，则提取非员工样本并获取这些协议的副本。

审核和评估流程，以便删除非员工不再与本公司合作或不再需要访问权限时的逻辑访问。应考虑获取当前非员工账户的示例，验证这些非员工仍在与本公司合作，并且仍需要其当前的访问级别。

确保非员工签署保密协议（NDA），以在法律上保护公司免受非法使用公司数据的影响。提取非员工账户的示例，并获取这些账户的 NDA 副本。

确保能识别非员工不应访问的数据和非员工不应执行的活动。例如，公司可能决定绝不授予非员工访问某些级别的财务数据。或者，公司可能会决定绝不授予非雇员系统管理的职责。具体应取决于本公司的行业和理念，但是应进行评估，并在公司政策中记录该评估的结果并予以执行。

5）确保根据内部策略保护存储在提供商位置的数据。

无论在何处存储数据，数据都会受内部策略的约束。外包给第三方并不能免除公司遵守策略和确保数据正确、安全的责任。

此步骤适用于云计算和专用托管。

确保存储在第三方站点上的数据已按照公司的数据分类策略进行分类，并且根据该策略受到保护。具有特定分类级别的数据（如员工和客户个人信息）可能不适合存储在公司外部。查看公司的数据安全政策，并确保根据这些政策保护非现场数据。加密与服务提供商一起存储的数据将极大地为公司带来这一领域的益处。

6）审查和评估控制措施，以防止、检测和响应攻击。

如果没有适当的入侵检测和预防技术，公司的系统和数据将面临更大的危害风险。这种风险在外包模型中会增加，尤其是在外包系统和基础设施时，因为共享基础架构，因此对一个客户的攻击可能会导致其他客户系统的泄露。

此步骤适用于云计算和专用托管。此外，如果公司使用异地服务外包，则需评估此风险是否适用，因为服务提供商可能会将数据存储在其系统上或与公司内部系统连接。

此步骤可以分为单独的子步骤。对于位于第三方站点的基础架构和系统，确定流程的有效性，如下面列出的流程。

① 入侵检测。查找入侵检测系统（IDS）的使用和监控，以检测对系统的潜在攻击，使用完整性检查工具，以检测对系统的潜在未经授权的更改。

② 入侵防护。寻找入侵防御系统（IPS）的使用和监控，以主动检测和切断对系统的潜在攻击。

③ 事件响应。寻找明确定义的流程来响应潜在的安全事件，包括通知和升级过程。

④ 发现和修复漏洞。查找漏洞扫描工具的使用和监视，以检测和缓解可能允许入侵者访问或破坏系统的潜在漏洞。

⑤ 日志记录。查找系统上重要活动（成功活动和失败活动）的日志记录，监视这些日志，并在足够的时间内将这些日志存储在安全位置。

⑥ 修补。查找接收和应用最新安全修补程序的过程，以便关闭已知的安全漏洞。

⑦ 防止病毒和其他恶意软件。查找防病毒软件的使用和新的签名文件发布时的应用程序。

7）确定如何对基于云的系统和托管系统执行身份管理。

适当的身份管理实践对于控制对系统和数据的访问至关重要。分布式计算在 20 世纪 90 年代开始流行。当每个用户需要跟踪多个系统上的 ID 和密码时，会导致问题，例如员工共享账户、密码控制不一致（如密码强度、老化），不再需要时未删除账户等。如果没有某种形式的中央控制，就不可能有真正的治理。为了解决这些问题，许多公司部署了企业账户，为用户提供账户名称以及强企业密码，可用于对多个系统进行身份验证。

随着公司开始采用云计算，将面临再次出现同样问题的风险。用户最终可能会拥有多个云提供商的账户，每个提供商具有不同的 ID 和密码。如果不小心，则可能会遇到与 20 世纪 90 年代公司在分布式计算方面遇到的相同问题。

此步骤适用于云计算，尤其是 SaaS 和专用托管，以及购买的应用程序。

尽管可以查看每个外包系统的身份管理控件（检查每个系统是否具有适当的密码控件、账户管理控件等），但也应该希望具有联合身份管理功能。这将允许用户使用其企业 ID 和密码对内部系统进行身份验证，然后让提供商信任客户的断言，即每个用户都已正确进行身份验证。这样做具有集中式标识管理的优势。

如果实施这种形式的联合身份管理，应确保内部凭据数据（如身份证和密码）不会直接提供给提供商（即它们不能直接调用公司的内部身份管理系统），并且它们没有以明确的方式传输或存储在提供商站点中，这些要求最好在合同中明确规定。如果无法实现联合标识，则需要查看外包系统的身份管理控制，以确保它们符合策略的要求。另一种解决方案是使用身份管理服务作为公司和提供商之间的“中间人”，该解决方案引入了必须审核公司环境的第三方。

8）确保异地存储数据的保留和销毁做法符合内部政策。

如果未定义数据的生命周期，则数据的保留时间可能超过必要时间（导致额外的存储成本和可能的法律责任），或者可能过早销毁（导致潜在的运营、法律或税务问题）。

此步骤适用于云计算、专用托管和异地服务外包（如果提供商正在存储公司的数据）。

确定是否已为与提供商存储的数据定义了生命周期要求。有关示例应查看数据生命周期要求的文档，包括保留、存档和销毁要求。理想情况下，应确定数据处于活动状态的时间（联机、易于访问、适当可修改、定期备份等时间）、何时存档以及存档多长时间、何时销毁数据。确保这些要求适当地反映数据的性质（例如，网站上的外部公共内容应与客户数据区别对待）。合同应规定提供商应根据公司的生命周期要求管理数据。查看已实现生命周期要求的证据，尤其侧重于提供商根据公司的要求销毁数据的证据。应注意，数据破坏在云中通常很难证明，从而进一步说明了对数据使用强加密的重要性。

9）审查和评估提供商的物理安全性。

物理安全性会影响逻辑安全性，因为物理访问可以覆盖某些逻辑访问。

此步骤适用于云计算、专用托管和异地服务外包。

查看提供商的物理安全性，应注意以下控制措施：

- 徽章阅读器或生物识别扫描仪。
- 安全摄像头。
- 保安。
- 栅栏。
- 照明。
- 锁和传感器。
- 确定谁将被授予物理访问权限的过程。

4．操作

1）审查和评估本公司的流程，以监控外包业务的质量。确定如何监控 SL 和其他合同要求的合规性。

客户都希望在合同中确定期望，除非客户监控这些期望的遵守情况，否则将无法知道这些期望是否得到满足。如果不满足这些期望，公司运营的可用性、效率和有效性以及系统和数据的安全性就可能会受到影响。

此步骤适用于各种形式的外包。

审核合同以了解要求。与公司的内部管理层面谈，以确定其监控满足这些要求的流程。获取和审核指标，并将结果与合同中规定的要求进行比较。在发生偏差时，审查纠正行动计划和证明这些计划已实施并有效的证据。

如果合同中未规定要求，应确定如何监控服务质量以及如何追究供应商的责任。在续签合同时，应要求将以上内容列入 SL。

应确保在执行此步骤时涵盖以下基本主题：

- 可用性（如预期停机时间）。
- 性能（如按下〈Enter〉键后的交易响应速度）。
- 响应时间（如供应商是全天候响应问题，还是仅在正常工作时间内响应问题）。
- 解决时间。
- 安全和合规性要求。
- 用公司可以使用的其他主要指标和性能指标来衡量服务质量。

2）确保有足够的灾难恢复流程，在服务提供商发生灾难时保证业务连续性。

与内部托管系统一样，在外包运营时，公司必须为从灾难中恢复做好准备。如果没有做好准备，当提供商发生灾难时，可能会导致长时间中断和业务中断。

此步骤适用于云计算、专用托管和异地服务外包。

公司应该期望提供商遵循健全的灾难恢复原则，如审核内部操作时的纪律。还应包括本书其他部分概述的步骤，如查看异地备份、最新的文档化恢复过程、定期测试、硬件冗余等。公司的第一个选项应该是确定是否可以通过第三方（如 SAS 70）来评估此范围。否则，需要与运营、采购和法律部门合作，以确定公司有权审核该领域的提供商。理想情况下，这项权利应在合同中阐明。如果没有阐明，公司将需要尝试争取这一权利，可以用下一个合同续签作为谈判筹码。

如果评估（如 SAS 70）未涵盖该范围，并且公司有权审核该范围，则需要与提供商面谈并查看有关其控制和流程的文档，以及尽可能测试这些控制措施。公司还需要查看灾难恢复控制的要求，包括恢复时间目标（系统在灾难后恢复的速度）和恢复点目标，在合同中阐明。确定提供商如何确保符合合同中的要求。

虽然了解提供商的灾难恢复过程很重要，但还应记录有关提供商发生灾难时恢复的过程。这应包括通知和上报过程、公司与提供商在恢复期间的任何必要交接，以及在等待恢复时可能采用的手动解决方法。如果提供商无法在较长时间内（或以往）恢复，则还应包括应急计划。请求有关数据位置以及体系结构中任何复制的信息。如果数据和基础设施在多个站点上复制，则漏洞和应急计划需求将减少。如果公司的系统位于单个位置，则公司记录应急计划变得更加关键，这需要包括一种获取数据并在必要时将其带回内部的方法。

3）确定是否制定了适当的公司员工参与新云服务的治理流程。

云计算使业务单位人员无须参与企业 IT 即可轻松满足其需求。由于大多数云服务可以通过 Internet 连接的浏览器访问，因此业务部门可以与云提供商接洽，并将与其业务流程相关的系统和数据外包，而无须告诉其他人。这有可能绕过所有正常的治理过程，以确保公司数据的安全、系统的互操作性、适当的支持功能等。

此步骤适用于云计算。

查看公司策略以确定是否已处理本主题。应制定政策，要求公司人员在要求提供商进行此类服务时遵循特定程序。如果存在此策略，应查看其是否充分。它应要求 IT 参与，并满足具体的安全和业务需要。确定如何让员工了解该政策。此外，确定策略的强制执行方式。例如，如果公司有一个集中采购组织，则必须要求他们签署合同，此时可以将他们作为监管人，以确保新合同遵循适当的程序。

4）在外包关系预期或意外终止时，审核和评估公司的计划。

公司将来可能会终止外包关系。提供商可能会停业或停止本公司正在使用的服务。公司可能对提供商的成本或性能不满意。公司可以在合同结束时进行新的竞争性投标，而另一个供应商可能会赢得业务。

如果无法将服务带回公司内部或将其转到其他供应商，就会发现本公司的业务已被提供商垄断，这会极大地损害本公司影响价格和服务质量的杠杆作用。如果那家公司停业，则会经历严重的业务中断。

此步骤适用于各种形式的外包。

确定公司是否有一个记录在案的计划，并能够说明如何在必要时将职能带回内部（或将其移至其他提供商）。将函数引入内部是不现实的，应该看到已识别替代服务提供商的证据。确定对服务转换需要多长时间进行分析，并确定是否制订了临时应急计划，以保持业务在过渡期间运行。

查找提供商应要求返回的数据和资产的合同要求。公司应要求提供商定期以商定的格式（可轻松移植到新应用程序）将数据副本交付给公司。在适用的情况下，确保将代码置于代管中，以防止提供商停业。

对于 IaaS 和 PaaS，应开发和部署公司自己的系统，以便移植到新环境。查看公司的流程，确保可移植性是基于云服务的任何开发的关键目标。

5）如果 IT 服务外包，则审查服务提供商的流程，以确保员工素质并尽量减少更替的影响。如果这些服务是在境外执行的，则应寻求额外的控制措施，以确保员工出勤，并与总部进行有效的沟通和交接。

如果服务提供商的员工没有资格履行他们的职责，那么 IT 服务的质量可能会很差。这种风险通常会随着外包业务而增加，因为外包业务的金额往往较高。

离岸进行的外包业务会导致通信中断和缺勤的风险，从而影响所收到的服务质量。

此步骤适用于 IT 服务外包（现场和非现场）。

审核合同，确保记录每个职位的描述和最低资格（如教育水平、技能、经验）。提取供应商员工样本，并验证是否满足这些最低要求。审核提供商的员工筛选流程，以验证在提供雇佣信息之前是否进行了适当的背景调查和资格审查。

确定在服务提供商员工更替的情况下如何保证服务的连续性。审查人员配置分配并确定是否存在任何单点故障。审查交叉培训流程。

查看供应商的流程，提供培训以更新技能和知识。

查看供应商的流程以监控出勤情况。如果服务是在境外进行的，则这一点尤其重要，因为缺勤率往往很高。这应包括对物理安全日志和系统访问日志的审查。重新复制这些日志，并验证员工样本的出勤情况。

对于离岸外包，确定如何确保适当的语言技能。这可能包括定义最低考试分数要求的语言测试、以所需语言进行口语和书面考试等。还应确定如何减轻沟通和移交的固有复杂性。寻找各国之间定期举行会议的情况。应记录并监控 SL。本公司在离岸站点（或至少在同一城市，易于访问该站点）的员工应能够充当联络人，对运营进行监控和监督。

所有这些项目的要求应在合同中规定。查看合同以验证此情况。

5. 法律问题和法规遵从性

1）审查和评估本公司从提供商处获取支持调查所需信息的权利和能力。

公司可能需要在诉讼的后端口执行电子发现。无法生成适用数据可能会导致法律后果，因为公司将对自己的信息承担法律责任，即使这些信息是由第三方提供商存储和处理。公司可能出于自身原因（如欺诈或黑客攻击）需要按形式进行调查。无法访问适当的日志记录和其他数据会阻止公司执行调查，因此，当发生这些不适当的活动时无法真正追索。

此步骤适用于云计算。

由于云提供商通常会访问其客户的数据，尤其是记录数据，因此，公司收到提供商的合同承诺以支持调查就变得至关重要。查看合同并记录，包括可能需要的调查支持类型（如特定的日志信息、数据格式要求）和重新执行任务所需响应时间的详细信息。合同中还必须定义云提供商和本公司与电子发现[1]相关的责任（如谁负责执行搜索、冻结数据、提供专家证词等）。审查提供商的流程，以确保有正式流程与客户调查合作和处理信息传票。

如果发现云提供商无法（或不愿意）为调查提供足够的支持，则公司可能需要在内部维护其数据的副本。如果是这种情况，这样做将影响云关系的利益。

2）审查安全违规通知的要求。确保明确定义在发生安全漏洞时提供商何时以及如何通知公司，并确保公司在收到此类通知时已明确定义了响应程序。

服务提供商的安全漏洞不仅会危及公司的数据和操作，还可能涉及法律问题。例如，如果公司托管了个人信息，并且发生了安全事件，则可能要求公司通知可能受到影响的所有用户。因此，服务提供商必须及时通知所发生的事情，以便能够组合任何必要的响应。

此步骤适用于云计算和专用托管。

审查合同是否存在要求，并评估这些要求是否充分。查找哪些行为是违规的、需要以多快的速度向公司传达违规以及应传达违规的方法的要求。确定是否将处罚纳入合同，以便公司能够得到因提供商违约而产生的费用补偿。

获取公司响应程序的副本，并确保这些流程包含有关应遵循哪些流程、应通知谁、何时通知流程以及如何实施任何补偿流程的基本信息。

如果报告了违规行为，则审查是否遵循了正确流程的证据。

3）确定如何确保遵守适用的隐私法律和其他法规。

无论数据存储在何处以及谁管理，都有责任确保公司遵守所有适用的法律和法规。如果发现公司违反了适用的法律和法规，则可能导致严厉的处罚和罚款、声誉受损、诉讼，并可能撤销公司。

此步骤适用于云计算和专用托管。

查看合同，并查找要求提供商获得第三方认证的语句，这些认证涉及遵守适用的法规（如 PCI 和 HIPAA）以及要求 SAS 70 评估。如果发现此类语句，应查看公司向提供商请求这些内容并查看结果的证据。查看最新报告，了解已注意到的任何问题，并确定公司如何跟踪这些问题。

合同中应要求提供商披露公司数据的所在位置，并保证他们遵守与公司数据相关的当地隐私要求。合同中还应包含在不符合规定时应承担责任的语句。

如果合同不需要这些认证或供应商将不再进行这些评估，应确定公司如何证明符合适用的法规。如果是这种情况，公司应认真考虑退出策略。

4）审查和评估流程，以确保公司符合非员工托管或具有任何软件的适用软件许可证。

非法使用软件可能导致处罚、罚款和诉讼。如果公司未制定跟踪软件和许可证合法

---

[1] 对可能涉及诉讼相关的电子证据的归档和再现。

使用情况的流程，则它们可能要接受软件提供商的审核，并且正确说明公司无法使用提供商软件的问题。在处理外包操作时，这种情况会变得更加复杂，因为购买的软件可能托管在第三方，或外包服务提供商员工使用。公司必须确保继续跟踪软件的副本，并确保使用符合协议条款。

此步骤适用于各种形式的外包。

下面将此处列出的用于审核云计算和外包操作的步骤进行说明。

1）查看本书中的审计步骤，确定哪些风险和审计步骤适用于通过外包业务进行的审计。执行适用的审核步骤。

2）请服务提供商就其内部控制的有效性和在遵守适用法规的情况下向信誉良好的第三方提供独立保证。查看文档中已注意到的问题。此外，确定这些认证与自己公司的控制目标是否匹配，并确定差距。

3）审查适用的合同，以确保这些合同能够充分识别与公司参与合同相关的所有可交付成果、要求和责任。

4）查看和评估用于选择外包提供商的流程。

5）确定数据如何与其他客户的数据隔离。

6）审查和评估加密的使用，以保护存储在提供商站点并传输到提供商站点的公司数据。

7）确定提供商员工如何访问公司系统，以及如何控制和限制数据。

8）审查和评估用于控制非员工对内部网络和内部系统的逻辑访问的流程。

9）确保根据内部策略保护存储在提供商位置的数据。

10）审查和评估控制措施，以防止、检测和响应攻击。

11）确定如何对基于云的系统和托管系统执行身份管理。

12）确保异地存储数据的保留和销毁做法符合内部政策。

13）查看和评估提供商的物理安全性。

14）审查和评估公司的流程，以监控外包运营的质量。确定如何监控 SL 和其他合同要求的合规性。

15）确保有足够的灾难恢复流程，在服务提供商发生灾难时保证业务连续性。

16）确定是否制定了适当的公司员工参与新云服务的治理流程。

17）在外包关系预期或意外终止时，审核和评估公司的计划。

18）如果 IT 服务已外包，则审查服务提供商的流程，以确保员工质量并尽量减少更替的影响。如果这些服务是在境外执行的，则应寻求额外的控制措施，以确保员工出勤，并与总部进行有效的沟通和交接。

19）审查和评估公司从提供商处获取支持调查所需信息的权利和能力。

20）审查安全违规通知的要求。确保明确定义在发生安全漏洞时提供商何时以及如何通知公司，并确保公司在收到此类通知时已明确定义了响应程序。

21）确定如何确保遵守适用的隐私法律和其他法规。

22）审查和评估流程，以确保公司符合非员工托管或具有任何软件的适用软件许可证。

7.4 本章小结

数据库和云存储在信息系统中的地位越来越重要。本章详细介绍了数据库安全的审计要点，进一步讨论了审核外包运营，将外包 IT 操作的方法分为 IT 系统和基础设施外包和 IT 服务外包。此外，还介绍了云储存的审计，其中包括云储存审计的标准及审核云计算和外包运营的测试步骤。

习题 7

1．为什么要对数据库进行审计？审计要点有哪些？
2．云计算服务的特征有哪些？为什么要对云计算进行审计？
3．审查云计算和外包运营的测试步骤有哪些？

第 8 章　信息系统的审计

本章学习要点：

- 了解信息系统开发原理。
- 了解信息系统安全机制。
- 掌握信息安全审计的流程。

案例：2016 年，在对某连锁酒店开展的审计中，对酒店信息系统的安全性、可靠性进行了测试。测试结果发现信息系统在数据传输和运算上存在错误，通过数据验证证明错误是由信息系统本身的缺陷造成的。上述审计结果得到了被审计单位的认可，促使被审计单位更换了信息系统。

请思考：在信息系统开发中需要考虑什么安全问题？应该用到哪些安全机制？

8.1　信息系统开发原理

8.1.1　信息系统概述

信息系统（Information System），是由计算机硬件、网络和通信设备、计算机软件、信息资源、信息用户和规章制度组成的以处理信息流为目的的人机一体化系统。信息系统经历了简单的数据处理信息系统、孤立的业务管理信息系统、集成的智能信息系统 3 个发展阶段。

从信息系统的发展和特点来看，可分为数据处理系统（Data Processing System，DPS）、管理信息系统（Management Information System，MIS）、决策支持系统（Decision Sustainment System，DSS）、专家系统（人工智能的一个子集）和办公自动化（Office Automation，OA）5 种类型。

信息系统的 5 个基本功能：输入、存储、处理、输出和控制。

1）输入：输入功能取决于系统所要达到的目的及系统能力和信息环境的许可。

2）存储：存储功能指的是系统存储各种信息资料和数据的能力。

3）处理：基于数据仓库技术的联机分析处理（OLAP）和数据挖掘（DM）技术。

4）输出：信息系统的各种功能都是为了保证最终实现最佳的输出功能。

5）控制：对构成系统的各种信息处理设备进行控制和管理，对整个信息加工、处理、传输、输出等环节通过各种程序进行控制。

8.1.2 信息系统开发的基本流程和规范

信息系统开发的基本流程分为 4 步，分别是系统分析（系统规划）、系统设计、系统实施、系统运行与维护。

1. 系统分析

系统分析是管理信息系统开发的第一个阶段，是后续所有工作的起点和依据，也是通常所说的需求调研或者需求分析阶段，解决“做什么”的问题。系统分析可将在需求调查中所得到的文档资料、业务流程等结果集中到一起，对企业内部整体管理状况和信息处理过程进行分析。系统分析在很大程度上决定了系统开发的成败。

系统分析阶段需要操作的内容如下：

1）了解用户需求和系统现存问题。

2）确定系统目标。

3）进行可行性分析。

4）进行业务调查分析。

5）进行系统数据和功能分析。

6）形成文档。

2. 系统设计

系统分析阶段结束以后，紧接着的就是系统设计阶段，系统设计阶段解决“怎么做”的问题，就是如何利用 IT 技术实现需求分析中用户提出的各种功能。

系统设计是新系统的物理设计阶段，根据系统分析阶段所确定的新系统的逻辑模型和功能要求，在用户提供的环境条件下，设计出一个能在计算机网络环境下实施的方案，即建立新系统的物理模型。

系统模型分为逻辑模型和物理模型。逻辑模型通常在系统分析阶段提出。物理模型则主要在系统设计阶段提出。

系统设计的原则如下：

1）系统性。从整个系统的角度考虑，如系统的代码要统一，设计规范要标准，传递语言要尽可能一致，对系统的数据采集要做到数出一处、全局共享等。

2）灵活性。要求系统具有很强的环境适应性，如尽量采用模块化结构，提高各模块的独立性。

3）可靠性。如具有安全保密性、检错、纠错能力、抗病毒能力等。

4）经济性。如不要盲目追求技术上的先进，尽量避免不必要的复杂化。

3. 系统实施

系统实施是开发信息系统的最后一个阶段。这个阶段的任务是实现系统设计阶段提出的物理模型，按照实施方案完成一个可以实际运行的信息系统，并交付用户使用。

系统实施分为物理系统的实施、程序设计、软件测试、系统切换。

（1）物理系统的实施

物理系统的实施是指计算机系统和通信网络系统设备的订购、机房的准备和设备的安装调试等一系列活动的总和。

（2）程序设计

程序设计主要要求可维护性、可靠性、可理解性、效率。

- 可维护性：指当系统需求变化时，容易对程序进行补充或修改。
- 可靠性：不仅在正常情况下能正确工作，而且在意外情况下也应便于处理。
- 可理解性：要求层次清楚，便于阅读，便于维护。
- 效率：指程序能否有效地利用计算机资源，如节省存储空间、提高运行效率等。

（3）软件测试

软件测试就是要以各种可能的数据和操作条件反复地对程序进行试验，发现存在的错误并及时加以修改，使其完全符合设计要求。测试目的在于发现程序中的错误并及时予以纠正，一般可以用理论法和实验法来验证程序的正确性。软件测试过程一般按 4 个步骤进行，即单元测试、集成测试、确认测试和系统测试。

软件测试目的主要包括以下方面：

- 控制开发团队的工作状态和工作进度。
- 检查系统是否满足需求。
- 发现软件存在的错误，便于软件的更新和版本控制。

（4）系统切换

系统切换指由旧的、手工处理系统向新的计算机信息系统过渡。信息系统的切换一般有 3 种方法：直接切换法、并行切换法、试点过渡法。

- 直接切换法：是在某一确定的时刻，即老系统停止运行时，新系统随即投入运行。
- 并行切换法：新系统与老系统同时运行一段时间，对照两者的输出，利用老系统的数据对新系统进行检验。
- 试点过渡法：先用新系统的某一部分代替老系统，作为试点，然后逐步地代替整个老系统。

在实施阶段，风险管理的主要目标是确保上述安全需求得到实现。

4．系统运行与维护

管理信息系统在完成系统实施、投入正常运行之后，就进入了系统运行与维护阶段。一般来说，信息系统的使用寿命短则 4～5 年，长则 10 年以上，在信息系统的整个使用寿命中，都将伴随着系统维护工作的进行。系统维护的目的是保证管理信息系统正常而可靠地运行，并能使系统不断得到改善和提高，以充分发挥作用。因此，系统维护的任务就是要有计划、有组织地对系统进行必要的改动，以保证系统中的各个要素随着环境的变化始终处于最新的、正确的工作状态。

（1）系统维护的类型

- 纠错性维护。由于系统测试不可能揭示系统存在的所有错误，因此在系统投入运行后的频繁的实际应用过程中，就有可能暴露出系统内隐藏的错误。诊断和修正系统中遗留的错误，就是纠错性维护。
- 适应性维护。适应性维护是为了使系统适应环境的变化而进行的维护工作。
- 完善性维护。在系统的使用过程中，用户往往要求扩充原有系统的功能，增加一些在软件需求规范书中没有规定的功能与性能特征，以及要求对处理效率和编写程序进行改进。

- 预防性维护。应进行主动的预防性维护，即选择那些还有较长使用寿命，目前尚能正常运行，但可能将要发生变化或调整的系统进行维护，目的是为未来的修改与调整奠定更好的基础。

（2）系统维护的内容

系统人员应根据 MIS 运行的外部环境的变更和业务量的改变，及时对系统进行维护。

（3）系统的日常管理

MIS 运行的日常管理决不仅仅是机房环境和设施的管理，更主要的是对系统每天的运行状况、数据输入和输出情况以及系统的安全性与完备性进行如实的记录和处置。系统管理员需要对系统运行的日常维护和运行情况进行记录。

在运行与维护阶段，风险管理的主要目标是确保上述安全需求得到实现。

下面介绍信息系统建设完整流程。

1）信息系统规划，完成信息系统立项和总体解决方案。

申请立项部门依据《立项控制规程》提交与信息系统立项有关的书面或电子文档，立项部门申请信息系统项目立项。信息系统项目立项主要从市场方面、技术方面及行业导向方面进行考虑。

立项部门的上级部门或领导按《评审验收规程》组织业务专家、市场人员、技术人员等完成对信息系统立项相关文档的评审和检查工作，形成立项评审结论。评审结论包括合格和不合格两种，合格的可以进入下一阶段，不合格的需要说明具体原因，且不能进入下一阶段。

根据信息系统立项的相关文档，生成信息系统的《总体解决方案》文档。文档中一般包括系统范围和目标、系统总体功能结构图、系统网络拓扑图、系统部署方案、系统实施计划、系统费用概算等。

2）信息系统整体管理，建立项目管理章程。

建立基本的信息系统项目管理章程，指定信息系统项目的项目经理（产品经理、负责人），完成项目启动。

项目经理组织人员制订初步的项目管理计划，计划内容可包括项目最终目标、项目阶段性目标、项目进度计划、项目预算、变更流程和变更控制委员会、人力资源计划、项目风险、项目采购计划等。

依据《配置管理规程》和《变更控制规程》形成配置管理系统和变更控制系统，成立变更控制委员会。

项目经理指导和管理项目的执行过程，包括项目完成情况、项目进度、项目质量、项目变更情况等。

3）信息系统需求分析，完成《需求分析》文档。

项目经理组织人员完成信息系统相关资料收集和需求详细调查工作，完成信息系统业务流程分析和数据流分析。

分析信息系统目标，确定信息系统项目边界，完成项目范围定义和项目内容分解。

项目经理组织人员完成项目《需求分析》文档的编写，并提交上级部门申请评审。

上级部门按《评审验收规程》组织业务专家、市场人员、技术人员、测试人员等完成对《需求分析》文档的评审和检查工作，形成评审结论。评审结论包括合格和不合格两种，合格的可以进入下一阶段，不合格的需要说明不合格的具体原因，且不能进入下一阶段。

4）信息系统设计，完成《系统设计》文档。

项目经理制订系统设计阶段的项目工作计划，确定该阶段的检查点和里程碑。项目经理向上级提交工作计划，上级部门按《评审验收规程》完成对工作计划的评审，形成评审结论。评审结论包括合格和不合格两种，合格的可以进入下一阶段，不合格的需要说明不合格的具体原因，且不能进入下一阶段。

项目经理组织人员编写《系统设计》文档，文档内容一般包括物理配置方案设计（客户机、服务器、网络、数据库等）、功能结构详细设计、主要系统功能流程设计、主要系统功能数据处理流程设计、系统外部接口说明和定义等。

项目经理向上级部门提交《系统设计》文档，申请评审。上级部门按照《评审验收规程》组织技术人员完成对《系统设计》文档的评审和检查工作，形成评审结论。评审结论包括合格和不合格两种，合格的可以进入下一阶段，不合格的需要说明不合格的具体原因，且不能进入下一阶段。

5）信息系统编码与测试，完成系统编码和单元测试。

项目经理组织人员按《软件编码规范》完成信息系统的代码编写。

项目经理组织人员按《测试规程》完成信息系统的单元测试工作，单元测试一般由模块编码人员进行自我测试。

6）信息系统内部实施，完成系统试运行和集成测试。

项目经理组织人员搭建系统运行环境，按项目要求完成信息系统的安装及部署工作。

项目经理组织人员按《测试规程》完成信息系统的集成及测试工作，生成系统测试报告和结论。

7）信息系统整体评价，生成项目总结报告、技术白皮书。

项目经理组织人员编写信息系统相关的技术性文档，如技术白皮书。

项目经理编写项目总结报告，包括功能评价、应用评价等。

8）信息系统内部验收，生成验收报告。

信息系统内容建设完成后，项目经理根据《评审验收规程》编写项目验收申请报告，并提交上级申请验收。

上级部门根据验收申请、系统测试报告和结论及需求分析等相关文档，组织人员按《评审验收规程》进行信息系统内部验收，形成验收结论，完成验收报告。验收报告包括合格和不合格两种，验收合格的才可以将信息系统交付项目部实施，不合格的不能交付项目部。

8.2 信息系统安全机制

信息系统安全机制主要包括身份认证、访问控制以及消息认证。

8.2.1 身份认证

身份认证技术是在计算机网络中为确认操作者身份的过程而产生的一种有效解决方法。计算机网络世界中的一切信息（包括用户的身份信息）都是用一组特定的数据来表示的，计算机只能识别用户的数字身份，所有对用户的授权也是对用户数字身份的授权。如何保证以数字身份进行操作的操作者就是这个数字身份的合法拥有者，也就是说如何保证操作者的物理身份与数字身份相对应，身份认证技术就是为了解决这个问题而提出的。作为保护网络资产的第一道关口，身份认证有着举足轻重的作用。认证常常被用于通信双方相互确认身份，以保证通信的安全，一般可以分为两种：

1）身份认证：用于鉴别用户身份。

2）消息认证：用于保证信息的完整性和抗否认性；在很多情况下，用户要确认网上的信息是不是假的，信息是否被第三方修改或伪造，这就需要消息认证。

身份认证的常用方法有基于口令的认证、双因素认证、一次口令机制、生物特征认证、USB Key 认证、动态口令等方法。

1．身份认证的基本方法

身份认证的基本方法可以分为以下 3 种：

1）基于信息秘密的身份认证：根据所知道的信息来证明身份（What you know，你知道什么）。

2）基于信任物体的身份认证：根据所拥有的东西来证明身份（What you have，你有什么）。

3）基于生物特征的身份认证：直接根据独一无二的身体特征来证明身份（Who you are，你是谁），比如指纹、面貌等。

由于网络世界中的手段与真实世界中一致，为了达到更高的身份认证安全性，某些场景会在上面的方法中挑选两种混合使用，即所谓的双因素认证。

2．基于口令的认证方法

传统的认证技术主要采用基于口令的认证方法。当被认证对象要求访问提供服务的系统时，提供服务的认证方要求被认证对象提交该对象的口令，认证方在收到口令后，将其与系统中存储的用户口令进行比较，以确认被认证对象是否为合法访问者。

这种认证方法的优点是：一般的系统（如 UNIX/Linux、Windows NT/XP、NetWare 等）都提供了对口令认证的支持，这对于封闭的小型系统来说不失为一种简单可行的方法。

3．双因素认证

在双因素认证系统中，用户除了拥有口令外，还拥有系统颁发的令牌访问设备。当用户登录系统时，除输入口令外，还要输入令牌访问设备所显示的数字。该数字是不断变化的，而且与认证服务器是同步的。

4．一次口令机制

一次口令机制其实采用动态口令技术，是一种让用户的密码按照时间或使用次数不断动态变化，每个密码只使用一次的技术。它采用一种称为动态令牌的专用硬件，内置电源、密码生成芯片和显示屏，密码生成芯片运行专门的密码算法，根据当前时间或使用次数生成当前密码并显示在显示屏上。认证服务器采用相同的算法计算当前的有效密码。用户使用时只需要将动态令牌上显示的当前密码输入到客户端计算机，即可实现身份的确认。由于每次使用的密码必须由动态令牌来产生，只有合法用户才持有该硬件，所以只要密码验证通过就可以认为该用户的身份是可靠的。而用户每次使用的密码都不相同，即使黑客截获了一次密码，也无法利用这个密码来仿冒合法用户的身份。

5. 生物特征认证

生物特征认证是指采用每个人独一无二的生物特征来验证用户身份的技术，常见的有指纹识别、虹膜识别等。从理论上说，生物特征认证是最可靠的身份认证方式，因为它直接使用人的物理特征来表示每一个人的数字身份，不同的人具有相同生物特征的可能性可以忽略不计，因此几乎不可能被仿冒。

6. USB Key 认证

基于 USB Key 的身份认证是近几年发展起来的一种方便、安全、经济的身份认证技术，它采用软硬件相结合的一次一密的强双因子认证模式，很好地解决了安全性与易用性之间的矛盾。USB Key 是一种 USB 接口的硬件设备，它内置单片机或智能卡芯片，可以存储用户的密钥或数字证书，利用 USB Key 内置的密码学算法实现对用户身份的认证。基于 USB Key 的身份认证系统主要有两种应用模式：一种是基于冲击/响应的认证模式，另一种是基于 PKI 体系的认证模式。

7. 动态口令

动态口令是目前最为安全的身份认证方式之一，它利用 What you have 方法，也是一种动态密码。

动态口令牌是客户手持的用来生成动态密码的终端，主流的是基于时间同步方式的，每 60s 变换一次动态口令，口令一次有效，它能产生 6 位动态数字并以一次一密的方式进行认证。

但是由于基于时间同步方式的动态口令牌存在 60s 的时间窗口，导致该密码在这 60s 内存在风险，现在已有基于事件同步的、双向认证的动态口令牌。基于事件同步的动态口令，根据用户动作触发的同步原则，真正做到了一次一密，并且由于是双向认证（即服务器验证客户端，客户端也需要验证服务器），从而达到了彻底杜绝木马网站的目的。

由于动态口令使用起来非常便捷，85%以上的世界 500 强企业运用它保护登录安全，广泛应用在 VPN、网上银行、电子政务、电子商务等领域。

8.2.2 访问控制

访问控制技术可以防止对任何资源进行未授权的访问，从而使计算机系统在合法的范围内使用。访问控制将系统中的所有功能标识出来，组织起来，托管起来，并将所有的数据组织起来，标识出来，托管起来，然后提供一个简单的、唯一的接口，这个接口的一端是应用系统，另一端是权限引擎。权限引擎所回答的只是谁是否对某资源具有实施某个动作（运动、计算）的权限。返回的结果只有“有”“没有”“权限引擎异常”。

访问控制几乎是所有系统（包括计算机系统和非计算机系统）都需要用到的一种技术。访问控制是按用户身份及其所归属的某项定义组来限制用户对某些信息项的访问，或限制对某些控制功能使用的一种技术，例如，UniNAC 网络准入控制系统的原理就是基于此技术的。访问控制通常用于系统管理员控制用户对服务器、目录、文件等网络资源的访问。主要有以下 3 类：

1）防止非法的主体进入受保护的网络资源。

2）允许合法用户访问受保护的网络资源。

3）防止合法的用户对受保护的网络资源进行非授权的访问。

1．访问控制类型

访问控制可分为自主访问控制和强制访问控制两大类。

（1）自主访问控制

自主访问控制是指用户有权对自身所创建的访问对象（文件、数据表等）进行访问，并可以将对这些对象的访问权授予其他用户和从授予权限的用户那里收回其访问权限。缺点是信息在移动过程中其访问权限关系会被改变。

（2）强制访问控制

强制访问控制是指由系统对用户所创建的对象进行统一的强制性控制，按照规定的规则决定哪些用户可以对哪些对象进行什么样的操作系统类型的访问，即使是创建者用户，在创建一个对象后，也可能无权访问该对象。

强制访问控制为所有主体和客体指定安全级别，如绝密级、机密级、秘密级、无秘级。不同级别的主体对不同级别客体的访问是在强制的安全策略下实现的。只有安全管理员才能修改客体访问权和转移控制权（对客体拥有者也不例外）。

2．访问控制模型

（1）基于对象的访问控制模型

对于基于对象的访问控制模型（Object-based Access Control Model，OBAC Model），控制策略和控制规则是 OBAC 访问控制系统的核心所在。在基于受控对象的访问控制模型中，将访问控制列表与受控对象或受控对象的属性相关联，并将访问控制选项设计成为用户、组或角色及其对应权限的集合。同时，允许对策略和规则进行重用、继承和派生操作。

这样，不仅可以对受控对象本身进行访问控制，对受控对象的属性也可以进行访问控制，而且派生对象可以继承父对象的访问控制设置，这对于信息量巨大、信息内容更新频繁的管理信息系统非常有益，可以减轻由于信息资源的派生、演化和重组等带来的分配、设定角色权限等的工作量。

OBAC 访问控制系统从信息系统的数据差异变化和用户需求出发，有效地解决了信息数据量大、数据种类繁多、数据更新频繁的大型管理信息系统的安全管理问题。并从受控对象的角度出发，将访问主体的访问权限直接与受控对象相关联。一方面定义对象的访问控制列表，增加、删除、修改访问控制项易于操作；另一方面，当受控对象的属性发生改变，或者受控对象发生继承和派生行为时，无须更新访问主体的权限，只需要修改受控对象的相应访问控制项即可，从而减少了访问主体的权限管理，降低了授权数据管理的复杂性。

（2）基于任务的访问控制模型

基于任务的访问控制模型（Task-based Access Control Model，TBAC Model）从应用

和企业层角度来解决安全问题，以面向任务的观点，从任务（活动）的角度来建立安全模型和实现安全机制，在任务处理的过程中提供动态实时的安全管理。

在 TBAC 中，对象的访问权限控制并不是静止不变的，而是随着执行任务的上下文环境发生变化。TBAC 首要考虑的是在工作流的环境中对信息的保护问题：在工作流环境中，数据的处理与上一次的处理相关联，相应的访问控制也如此，因而 TBAC 是一种上下文相关的访问控制模型。其次，TBAC 不仅能对不同工作流实行不同的访问控制策略，而且还能对同一工作流的不同任务实例实行不同的访问控制策略。从这个意义上说，TBAC 是基于任务的，这也表明，TBAC 是一种基于实例（Instance-based）的访问控制模型。

（3）基于角色的访问控制模型

基于角色的访问控制模型（Role-based Access Model，RBAC Model）的基本思想是将访问许可权分配给一定的角色，用户通过担任不同的角色获得角色所拥有的访问许可权。这是因为在很多实际应用中，用户并不是可以访问客体信息资源的所有者（这些信息属于企业或公司），即访问控制是由各个用户在部门中所担任的角色来确定的，例如，一个学校可以有教工、老师、学生和其他管理人员等角色。

RBAC 从控制主体的角度出发，根据管理中相对稳定的职权和责任来划分角色，将访问权限与角色相联系，这点与传统的 MAC 和 DAC 将权限直接授予用户的方式不同。通过给用户分配合适的角色，让用户与访问权限相联系。角色逐渐成为访问控制中访问主体和受控对象之间的一座桥梁。

那么，依据角色的不同，每个主体只能执行自己所制定的访问功能。用户在一定的部门中具有一定的角色，其所执行的操作与其所扮演角色的职能相匹配，这正是基于角色的访问控制（RBAC）的根本特征，即依据 RBAC 策略，系统定义了各种角色，每种角色都可以完成一定的职能，不同的用户根据其职能和责任被赋予相应的角色，一旦某个用户成为某角色的成员，则此用户可以完成该角色所具有的职能。

3．实现机制

对于访问控制的实现机制，建立访问控制模型和实现访问控制都是抽象和复杂的行为，实现访问的控制不仅要保证授权用户使用的权限与其所拥有的权限对应，制止非授权用户的非授权行为，还要保证敏感信息的交叉感染。

访问控制列表（Access Control Lists，ACL）是以文件为中心建立的，简记为 ACL。大多数 PC、服务器和主机都使用 ACL 作为访问控制的实现机制。访问控制列表的优点在于实现简单，任何得到授权的主体都可以有一个访问表。

访问控制矩阵（Access Control Matrix，ACM）是通过矩阵形式表示访问控制规则和授权用户权限的方法。也就是说，对每个主体而言，都拥有对某些客体的某些访问权限；而对客体而言，又有哪些主体对其可以实施访问。将这种关联关系加以阐述，就形成了控制矩阵。其中，特权用户或特权用户组可以修改主体的访问控制权限。访问控制矩阵的实现很易于理解，但是查找和实现起来有一定的难度，而且，如果用户和文件系统要管理的文件很多，那么控制矩阵将会按几何级数增长，这样对于增长的矩阵而言，会有大量的空余空间。

访问控制能力列表是访问控制中的一个重要概念，它是指请求访问的发起者所拥有的一个有效标签（Ticket），它授权标签所表明的持有者可以按照何种访问方式来访问特定的客体。访问控制能力列表（Access Control Capabilities Lists，ACCLs）是以用户为中心建立的访问权限表。定义能力的重要作用在于能力的特殊性，如果赋予某个主体一种能力，事实上就说明了这个主体具有了某种对应的权限。能力的实现有两种方式，传递的和不可传递的。一些能力可以由主体传递给其他主体使用，另一些则不能。

安全标签是限制和附属在主体或客体上的一组安全属性信息。安全标签的含义比能力更为广泛和严格，因为它实际上还建立了一个严格的安全等级集合。访问控制安全标签列表（Access Control Security Labels Lists，ACSLLs）是限定一个用户对一个客体目标访问的安全属性集合。安全标签会对敏感信息加以区分，这样就可以对用户和客体资源强制执行安全策略，因此，强制访问控制会经常用到这种实现机制。

8.2.3 消息认证技术

随着网络技术的发展，对网络传输过程中信息的保密性提出了更高的要求，这些要求主要包括：

1）对敏感的文件进行加密，即使别人截取文件也无法得到其内容。

2）保证数据的完整性，防止截获人在文件中加入其他信息。

3）对数据和信息的来源进行验证，以确保发信人的身份。

现在业界普遍通过加密技术来满足以上要求，实现消息的安全认证。消息认证就是验证所收到的消息确实来自真正的发送方且未被修改的消息，也可以验证消息的顺序和及时性。

消息认证是在信息领域避免一切主动攻击（像信息的篡改和伪造）的有效方法，它规定报文的接收方可验证收到的报文是真实的，包括发送者姓名、发送时间和发送内容等。

消息认证也叫“报文认证”或“报文鉴别”，是证实收到的报文源自能信任的信息源且没有被修改过的过程，消息认证也能证明报文的序列编号与是否及时，所以用消息认证方式可防止以下现象的出现。

1）伪造消息。攻击者伪造消息发给目标端，并说此消息来自于授权的实体（如计算机或用户），或攻击者借接收者的名义仿造假的确认报文。

2）内容篡改。通过插入、删除、调换或修改等手段对消息进行篡改。

3）序号篡改。在像 TCP 等依赖报文序列号的通信协议中，修改通信双方的报文序号，含插入、删除与重排等。这在目前的网络攻击事件中较为常见。

4）计时篡改。篡改报文的时间戳是用来实现报文延迟或重传的。

产生消息认证的方法可归纳为 3 种：一是对报文进行加密，用整个报文的密文当作鉴别符；二是用消息认证码（MAC），该算法用一个密钥，以报文内容为输入，得到一个比较短的定长值作为鉴别符；三是哈希函数，也叫散列函数或杂凑函数，以 Hash 值作为鉴别符。

消息认证码（MAC）是利用密钥对要认证的消息产生新的数据块并对数据块加密生成的。它对于要保护的消息来说是唯一的，因此可以有效地保护消息的完整性，以及实现发送方消息的不可抵赖和不能伪造。

消息认证技术可以防止数据的伪造和被篡改，以及证实消息来源的有效性，已广泛应用于信息网络。随着密码技术与计算机计算能力的提高，消息认证码的实现方法也在不断地改进和更新之中，多种实现方式会为更安全的消息认证码提供保障。

8.3 信息系统安全审计

8.3.1 信息安全审计

安全审计是对信息系统的各种事件及行为实行监测、信息采集、分析，并针对特定事件及行为采取相应响应动作。信息安全审计是揭示信息安全风险的最佳手段，是改进信息安全现状的有效途径，是满足信息安全合规要求的有力武器。网络安全审计是指对与网络安全有关的活动的相关信息进行识别、记录、存储和分析，并检查网络上发生了哪些与安全有关的活动以及谁对这个活动负责。

信息安全审计有多方面的作用与功能，包括取证、威慑、发现系统漏洞、发现系统运行异常等。

1）取证：利用审计工具来监视和记录系统的活动情况。

2）威慑：通过审计跟踪，并配合相应的责任追究机制，对外部的入侵者以及内部人员的恶意行为起到威慑和警告的作用。

3）发现系统漏洞：安全审计为系统管理员提供有价值的系统使用日志，从而帮助系统管理员及时发现系统入侵行为或潜在的系统漏洞。

4）发现系统运行异常：通过安全审计，为系统管理员提供系统运行的统计日志，管理员可根据日志数据库记录的日志数据分析网络或系统的安全性，输出安全性分析报告，因而能够及时发现系统的异常行为，并采取相应的处理措施。

按照不同的分类标准，安全审计具有不同的分类特性。

1）按照审计分析的对象，安全审计可分为针对主机的审计和针对网络的审计。前者对系统资源（如系统文件、注册表等文件）的操作进行事前控制和事后取证，并形成日志文件；后者主要针对网络的信息内容和协议进行分析。

2）按照审计的工作方式，安全审计可分为集中式安全审计和分布式安全审计。集中式体系结构采用集中的方法，收集并分析数据源（网络各主机的原始审计记录），所有的数据都要交给中央处理机进行审计处理。分布式安全审计包含两层含义，一是对分布式网络的安全审计，二是采用分布式计算的方法对数据源进行安全审计。

信息安全审计适用于各种类型、各种规模的组织，特别是对 IT 依赖度高的组织，如金融、电力、航空航天、军工、物流、电子商务、政府部门等。各个行业和部门可以单独实施信息安全审计，也可以将信息安全审计作为其他审计与信息安全相关工作的一部分内容联合实施。如 IT 审计、信息安全等级保护建设、信息安全风险评估、信息安全管理体系建设等。

1．安全审计系统的目标

安全审计系统的目标至少要包括以下几个方面：

1）确定和保持系统活动中每个人的责任。

2）确认重建事件的发生 。

3）评估损失。

4）监测系统问题区。

5）提供有效的灾难恢复依据。

6）提供阻止不正当使用系统行为的依据。

7）提供案件侦破证据。

2．信息安全审计系统结构

信息安全审计系统包括审计发生器、日志记录器、日志分析器等（如图 8.1 所示）。

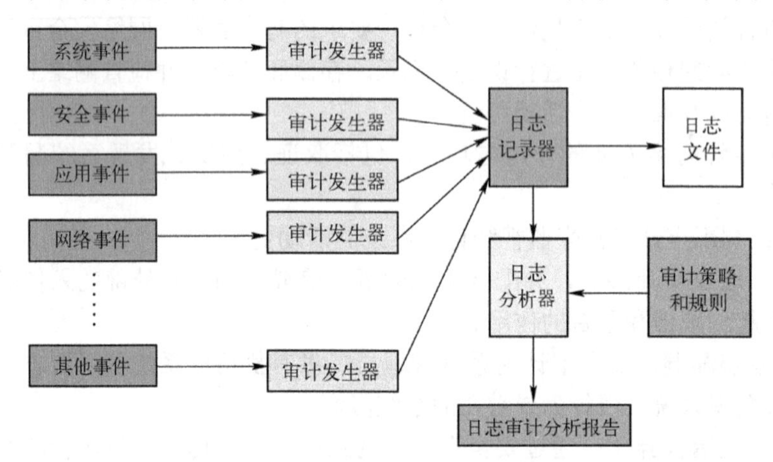

图 8.1　信息安全审计系统的结构

1）审计发生器。在信息系统中，各事件发生时，审计发生器可将这些事件的关键要素进行抽取并形成可记录的素材。

2）日志记录器。可将审计发生器抽取的事件素材记录到指定的位置上，从而形成日志文件。

3）日志分析器。可根据审计策略和规则对已形成的日志文件进行分析，得出某种事件发生的实时和规律，并形成日志审计分析报告。

3．信息安全审计分类

根据被审计的对象，安全审计可以分类如下。

1）主机审计：审计针对主机的各种操作和行为。

2）设备审计：对网络设备、安全设备的操作和行为进行审计。

3）网络审计：对网络中各种访问、操作的审计，如 Telnet 操作、FTP 操作等。

4）数据库审计：对数据库行为和操作甚至操作的内容进行审计。

5）业务审计：对业务操作、行为和内容的审计。

6）终端审计：对终端设备（PC、打印机）等的操作和行为进行审计，包括预配置审计。

7）用户行为审计：对企业和组织的人进行审计，包括上网行为审计、运维操作审计。有的审计产品针对上述一种对象进行审计，还有的产品会综合上述多种审计对象进行审计。

按照不同的审计角度和实现技术进行划分，安全审计分为合规性审计、日志审计、网络行为审计、主机审计、应用系统审计、集中操作运维审计六大类。

1）合规性审计：合规性审计指建设与运行 IT 系统的过程是否符合相关的法律、标准、规范、文件精神要求的检测方法。作为风险控制的主要内容之一，它是检查安全策略落实情况的一种手段。

2）日志审计：通过 SNMP、SYSLOG 或者其他的日志接口从网络设备、主机服务器、用户终端、数据库、应用系统和网络安全设备中收集日志，对收集的日志进行格式标准化、统一分析和报警，并形成多种格式和类型的审计报表。

3）网络行为审计：通过旁路和串接的方式实现对网络数据包的捕获，继而进行协议分析和还原，可达到审计服务器、用户终端、数据库、应用系统的安全漏洞，审计合法、非法或入侵操作，监控上网行为和内容，监控用户非工作行为等目的。

4）主机审计：通过在主机服务器、用户终端、数据库或其他审计对象中安装客户端的方式来进行审计，可达到审计安全漏洞，审计合法、非法或入侵操作，监控上网行为和内容，以及向外复制文件行为，监控用户非法行为等目的。主机审计包括主机的漏洞扫描产品、主机防火墙和主机 IDS/IPS 的安全审计功能产品、主机上网和上机行为监控产品、终端管理产品等。

5）应用系统审计：对用户在业务应用过程中的登录、操作、退出等一切行为通过内部截取和跟踪等相关方式进行监控和详细记录，并对这些记录按时间段、地址段、用户、操作命令、操作内容等分别进行审计。

6）集中操作运维审计：集中操作运维审计侧重于对网络设备、服务器、安全设备、数据库在运行维护过程中的风险审计。

8.3.2 信息安全审计流程及分析方法

对于安全审计系统而言，输入数据的选择是首先需要解决的问题，而安全审计的数据源可以分为 3 类：基于主机、基于网络和其他途径。

1．一般流程

信息安全审计一般为 5 个流程，其中包括策略定义、事件采集、事件分析、事件响应、结果汇总。

（1）策略定义

安全审计应在一定的审计策略下进行。审计策略规定哪些信息需要采集、哪些事件是危险事件，以及对这些事件应如何处理等。因而审计前应制定一定的审计策略，并下发到各审计单元。在事件处理结束后，应根据对事件的分析处理结果来检查策略的合理性，必要时应调整审计策略。

（2）事件采集

事件采集设备通过硬件或软件代理对客体进行事件采集。事件采集包含以下行为：

1）按照预定的审计策略对客体进行相关审计事件采集。形成的结果交由事件后续的各阶段来处理。

2）将事件其他各阶段提交的审计策略分发至各审计代理，审计代理依据策略进行客体事件采集。

（3）事件分析

事件采集设备将采集到的事件发送至事件辨别与分析器进行事件辨别与分析。事件分析包含以下行为。

1）按照预定策略对采集到事件进行事件辨析，决定以下几个结果：忽略该事件；产生审计信息；产生审计信息并报警；产生审计信息且进行响应联动。

2）按照用户定义与预定策略，将事件分析结果生成审计记录，并形成审计报告。

（4）事件响应

策略定义的危险事件发送至报警处理部件，进行报警或响应，包含以下行为：

1）对事件分析阶段产生的报警信息、响应请求进行报警与响应。

2）按照预定策略生成审计记录，写入审计数据库，并将各类审计分析报告发送到指定的对象。

3）按照预定策略对审计记录进行备份。

（5）结果汇总

在事件处理结束后，应根据对事件的分析处理结果来检查策略的合理性，必要时应调整审计策略。结果汇总主要包含以下行为。

1）对各类审计报告进行分类汇总。

2）对审计结果进行适当的统计分析，形成分析报告。

3）根据用户需求和事件分析处理结果形成审计策略修改意见。

2．分析方法

信息安全审计的分析方法一般分为 4 类，分别是基于规则库的安全审计方法、基于数理统计的安全审计方法、基于日志数据挖掘的安全审计方法以及其他安全审计方法。

1）基于规则库的安全审计方法：对已知的攻击行为进行特征提取，把这些特征用脚本语言等方法进行描述后放入规则库中，当进行安全审计时，将收集到的审核数据与这些规则进行某种比较和匹配操作（关键字、正则表达式、模糊近似度等），从而发现可能的网络攻击行为。

2）基于数理统计的安全审计方法：首先给对象创建一个统计量的描述，比如一个网络流量的平均值、方差等，统计出正常情况下这些特征量的数值，然后对实际网络数据包的情况进行比较，当发现实际值远离正常数值时，就可以认为是潜在的攻击发生。数理统计的最大问题在于如何设定统计量的“阈值”，也就是正常数值和非正常数值的分界点，这往往取决于管理员的经验，从而不可避免地会产生误报和漏报。

3）基于日志数据挖掘的安全审计方法：与传统的网络安全审计系统相比，基于数据挖掘的网络安全审计系统有检测准确率高、速度快、自适应能力强等优点。带有学习能力的数据挖掘方法已经在一些安全审计系统中得到了应用，它的主要思想是从系统使用或网络通信的“正常”数据中发现系统的“正常”运行模式，并和常规的一些攻击规则库进行关联分析，并用于检测系统攻击行为。

4）其他安全审计方法：安全审计根据收集到的关于已发生事件的各种数据来发现系统漏洞和入侵行为，能为追究造成系统危害的人员责任提供证据，是一种事后监督行为。入侵检测是在事件发生前或攻击事件正在发生过程中，利用观测到的数据，发现攻击行为。两者的目的都是发现系统入侵行为，只是入侵检测要求有更高的实时性，因而安全审计与入侵检测在分析方法上有很大的相似之处，入侵检测分析方法多应用于安全审计。

8.4 本章小结

本章首先介绍了信息系统的开发原理。然后介绍信息系统的安全机制，即身份认证、访问控制及消息认证。最后在此基础上，介绍了信息安全审计的基本概念以及信息安全审计的流程和分析方法。

习题 8

1．简述信息系统的开发过程？
2．信息系统用哪些方法来保证系统安全？
3．为什么要进行信息安全审计？
4．信息安全审计的过程是什么？

第9章　信息安全审计风险、标准和法规

本章学习要点：

- ➢ 了解信息安全管理与风险评估。
- ➢ 理解建立信息安全管理体系的过程。
- ➢ 掌握信息安全风险评估的过程。
- ➢ 了解信息安全审计中的标准与法规。

案例：1994 年 8 月 1 日，由于一只松鼠在位于美国康涅狄格州网络主计算机附近的一条电话线挖洞，造成电源紧急控制系统损坏，电子交易系统日均超过 3 亿股的股票市场暂停营业 34min。

请思考：信息系统该如何分析其审计风险？审计过程中有什么标准和法规？

9.1　信息安全管理与风险评估

9.1.1　信息安全管理与风险评估概述

1．相关概念

1）威胁（Threat）：可能对资产或组织造成损害的事故的潜在原因。

2）脆弱性（Vulnerability）：可能被一个或多个威胁所利用的资产或一组资产的弱点。

3）风险（Risk）：特定威胁利用单个或一组资产脆弱性的可能性以及由此可能给组织带来的损害。它以事态的可能性及其后果的组合来度量。

4）资产（Asset）：被组织赋予了价值的、需要保护的有用资源。

5）风险评估（Risk Assessment）：对信息和信息处理设施的威胁、影响（Impact）和脆弱性及三者发生的可能性评估。它是确认安全风险及其大小的过程，即利用适当的风险评估工具确定资产风险等级和优先控制顺序，风险评估也称为风险分析。

6）风险管理（Risk Management）：以可接受的费用来识别、控制、降低或消除可能影响信息系统安全风险的过程。

2．信息安全风险评估的目的和意义

风险管理是指如何在一个肯定有风险的环境里把风险可能造成的不良影响减至最低的管理过程。风险管理的目标就是要以最小的成本获取最大的安全保障。因此，它不仅是一个安全生产问题，而且还包括识别风险、评估风险和处理风险，涉及财务、安全、生

产、设备、物流、技术等多个方面，是一套完整的方案，也是一个系统工程。

信息安全管理是指导和控制组织关于信息安全风险的相互协调的活动。关于信息安全风险的指导和控制活动通常包括制定信息安全方针、风险评估、控制目标与方式选择、风险控制、安全保证等。信息安全管理实际上是风险管理的过程，管理的基础是风险的识别与评估。

信息安全风险评估是从风险管理的角度，运用科学的手段，系统地分析网络与信息系统所面临的威胁及其存在的脆弱性，评估安全事件一旦发生后可能造成的危害程度。为防范和化解信息安全风险，或者将风险控制在可以接受的水平，制定有针对性的抵御威胁的防护对策和整改措施，以便为保障网络和信息安全提供科学依据。

风险评估的目的和意义：

1）认识现有的资产及其价值。

2）对信息系统安全的各个方面的当前潜在威胁、弱点和影响进行全面的评估。

3）通过安全评估，能够清晰地了解当前所面临的安全风险，以及能够清晰地了解信息系统的安全现状。

4）明确地看到当前安全现状与安全目标之间的差距。

5）为下一步控制和降低安全风险、改善安全状况提供客观和翔实的依据。

3．风险评估中各要素的关系

资产所有者应对信息资产进行保护，通过分析信息资产的脆弱性来确定威胁可能会利用哪些弱点来破坏其安全性。风险评估要识别资产相关要素的关系，从而判断资产面临的风险大小。

风险评估中各要素的关系如图 9.1 所示。

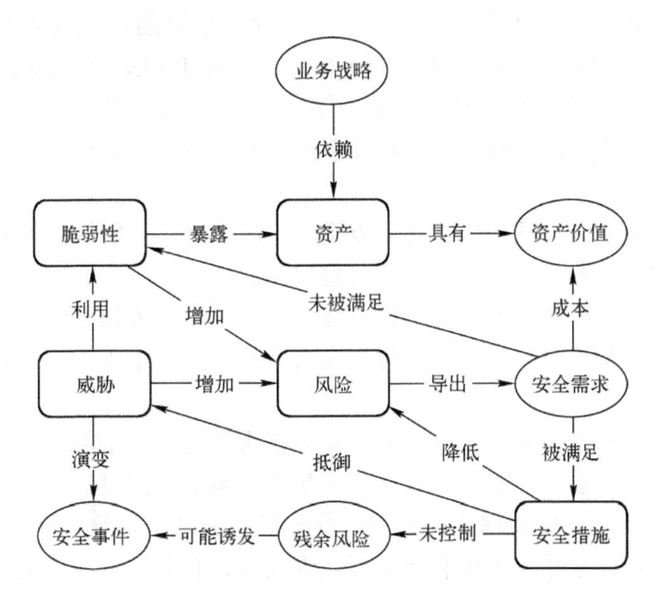

图 9.1　风险评估中各要素的关系图

图 9.1 中方框部分的内容为风险评估的基本要素，椭圆部分的内容是与这些要素相关

的属性。风险评估围绕着这些基本要素展开，在对这些要素的评估过程中，需要充分考虑业务战略、资产价值、安全需求、安全事件、残余风险等与这些基本要素相关的各类属性。

图 9.1 中的风险要素及属性之间存在着以下关系：

1）业务战略的实现对资产具有依赖性，依赖程度越高，要求其风险越小。

2）资产是有价值的，组织的业务战略对资产的依赖程度越高，资产价值就越大。

3）资产价值越大，原则上其面临的风险就越大。

4）风险是由威胁引发的，资产面临的威胁越多则风险越大，并可能导致安全事件。

5）弱点越多，威胁利用脆弱性导致安全事件的可能性就越大。

6）脆弱性是未被满足的安全需求，威胁利用脆弱性危害资产，从而形成风险。

7）风险的存在及对风险的认识导出安全需求。

8）安全需求可通过安全措施得以满足，需要结合资产价值来考虑实施成本。

9）安全措施可抵御威胁，降低安全事件发生的可能性，并减少影响。

10）风险不可能也没有必要降为零，在实施了安全措施后还可能有残余风险。有些残余风险可能是安全措施不当或无效而导致的，需要继续控制；而有些残余风险则是在综合考虑了安全成本与效益后未控制的风险，是可以接受的。

11）残余风险应受到密切监视，它可能会在将来诱发新的安全事件。

9.1.2 信息安全管理体系

信息安全管理体系（Information Security Management System，ISMS）是 1998 年前后从英国发展起来的信息安全领域中的一个新概念，它是管理体系（Management System，MS）思想和方法在信息安全领域的应用，是从管理学惯用的过程模型 PDCA（Plan、Do、Check、Act）发展及演化而来的。近年来，伴随着 ISMS 国际标准的制订，ISMS 迅速被全球接受和认可，成为世界各国、各种类型、各种规模的组织解决信息安全问题的一个有效方法。ISMS 认证随之成为组织向社会及其相关方证明其信息安全水平和能力的一种有效途径。

ISMS 是一个系统化、过程化的管理体系，它的建立不可能一蹴而就，需要全面、系统、科学的风险评估、制度保证和有效的监督机制。

ISMS 应该体现预防控制为主的思想，强调遵守国家有关信息安全的法律法规，强调全过程的动态调整，从而确保整个安全体系在有效管理控制下不断改进完善，以适应新的安全需求。

在建立信息安全管理体系的各环节中，安全需求的提出是 ISMS 的前提，运作实施、监视评审和维护改进是重要步骤，可管理的信息安全是最终的目标。

在各环节中，风险评估管理、标准规范管理以及制度法规管理这 3 项工作会直接影响整个信息安全管理体系是否能够有效实行，因此也具有非常重要的地位。

1. PDCA 循环

PDCA 循环是管理学中的一个通用模型，最早由休哈特于 1930 年构想，后来被美国质量管理专家戴明博士在 1950 年再度挖掘出来，并加以广泛宣传和运用于持续改善产品质量的过程。全面质量管理的思想基础和方法依据就是 PDCA 循环。PDCA 循环的含义是将质量管理分为 4 个阶段，即 Plan（计划）、Do（执行）、Check（检查）、Act（处理）。在质量管理活动中，要求把各项工作按照制订计划、计划实施、检查实施效果的步骤进行，然后将成功的纳入标准，将不成功的留待下一循环去解决。这一工作方法是质量管理的基本方法，也是企业管理中各项工作的一般规律。

PDCA 是英语单词 Plan（计划）、Do（执行）、Check（检查）和 Act（处理）的第一个字母组成的，PDCA 循环就是按照这样的顺序进行质量管理且循环不止地进行下去的科学程序。

1）P（Plan）：计划。包括方针和目标的确定，以及活动规划的制定。

2）D（Do）：执行。根据已知的信息设计具体的方法、方案和计划布局，再根据设计和布局进行具体运作，实现计划中的内容。

3）C（Check）：检查。总结执行计划的结果，分清哪些对了，哪些错了，明确效果，找出问题。

4）A（Act）：处理。对总结检查的结果进行处理，对成功的经验加以肯定，并予以标准化；对于失败的教训也要总结，引起重视；对于没有解决的问题，应提交给下一个 PDCA 循环去解决。

以上 4 个过程不是运行一次就结束，而是周而复始地进行，一个循环完了，解决一些问题，未解决的问题进入下一个循环，这样阶梯式上升。

PDCA 循环是全面质量管理所应遵循的科学程序。全面质量管理活动的全部过程，就是质量计划的制订和组织实现的过程，这个过程就是按照 PDCA 循环周而复始地运转的。图 9.2 所示为信息安全管理的 PDCA 模型图。

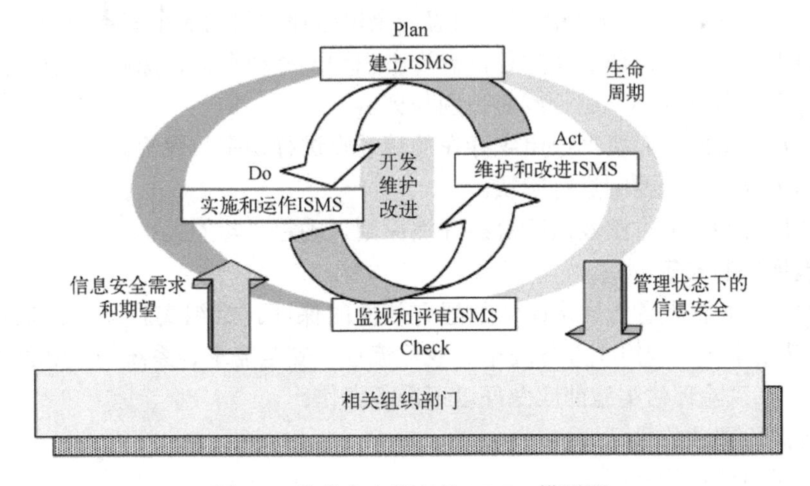

图 9.2　信息安全管理的 PDCA 模型图

2．建立信息安全管理体系

建立信息安全管理体系分为以下 6 步：

1）定义信息安全策略。信息安全策略是组织信息安全的最高方针，需要根据组织内各个部门的实际情况，分别制定不同的信息安全策略。

2）定义 ISMS 的范围。ISMS 的范围描述了需要进行信息安全管理的领域轮廓。组织需要根据自己的实际情况，在整个范围或个别部门构架 ISMS。

3）进行信息安全风险评估。信息安全风险评估的复杂程度将取决于风险的复杂程度和受保护资产的敏感程度，所采用的评估措施应该与组织对信息资产风险的保护需求相一致。

4）信息安全风险管理。根据风险评估的结果进行相应的风险管理。

5）确定控制目标和选择控制措施。控制目标的确定和控制措施的选择原则是费用不超过风险所造成的损失。

6）准备信息安全适用性声明。信息安全适用性声明记录了组织内相关的风险控制目标和针对每种风险所采取的控制措施。

9.1.3 信息安全风险评估

作为风险管理的基础，风险评估是组织确定信息安全需求的一个重要手段。

风险评估管理就是指在信息安全管理体系的各环节中，合理地利用风险评估技术对信息系统及资产进行安全性分析及风险管理，为规划设计和完善信息安全解决方案提供基础资料，属于信息安全管理体系的规划环节。

信息安全风险评估分为自评估和检查评估两种形式，信息安全风险评估应以自评估为主，自评估和检查评估相互结合、互为补充。检查评估可在自评估实施的基础上，对关键环节或重点内容实施抽样评估。检查评估也可委托风险评估服务技术支持方实施，但评估结果仅对检查评估的发起单位负责。

风险评估应考虑信息资产及其价值、对这些资产的威胁及威胁发生的可能性、薄弱点、已有的安全控制措施这 4 个因素。信息安全风险评估包括 5 个基本环节：

1）按照组织的商务运作流程进行信息资产识别，并根据估价原则对资产进行估价。

2）根据资产所处的环境进行威胁识别与评价。

3）对应每一威胁，对资产或组织存在的薄弱点进行识别与评价。

4）对已采取的安全控制进行确认。

5）建立风险测量的方法及风险等级评估原则，确定风险的大小与等级。

1．风险评估的准备

风险评估的准备是整个风险评估过程有效性的保证。组织实施风险评估是一种战略性的考虑，其结果将受到组织业务战略、业务流程、安全需求、系统规模和结构等方面的影响。因此，在风险评估实施前应做好以下准备工作：

1）确定风险评估的目标。

2）确定风险评估的范围。

3）组建适当的评估管理与实施团队。

4）进行系统调研。

5）确定评估依据和方法。

6）获得最高管理者对风险评估工作的支持。

2．资产识别

资产是具有价值的信息或资源，它能够以多种形式存在，有无形的、有形的，有硬件、软件，有文档、代码，也有服务等。机密性、完整性和可用性是评价资产的3个安全属性。风险评估中资产的价值不仅仅以资产的经济价值来衡量，而且由资产在这3个安全属性上的达成程度或者其安全属性未达成时所造成的影响程度来决定。安全属性达成程度的不同将使资产具有不同的价值，而资产面临的威胁、存在的脆弱性，以及已采用的安全措施都将对资产安全属性的达成程度产生影响。为此，有必要对组织中的资产进行识别。

在一个组织中，资产有多种表现形式。同样的两个资产也会因属于不同的信息系统而重要性不同，而且对于提供多种业务的组织，其支持业务持续运行的系统数量可能更多。这时首先需要对信息系统及相关的资产进行恰当的分类，以此为基础进行下一步的风险评估。在实际工作中，具体的资产分类方法可以根据具体的评估对象和要求，由评估者灵活把握。根据资产的表现形式，可将资产分为数据、软件、硬件、文档、服务、人员等类型。

3．威胁识别

威胁是一种对组织及其资产构成潜在破坏的可能性因素，它是客观存在的。威胁可以通过威胁主体、资源、动机、途径等多种属性来描述。造成威胁的因素可分为人为因素和环境因素。根据威胁的动机，人为因素又可分为恶意和非恶意两种。环境因素包括自然界不可抗的因素和其他物理因素。威胁的作用形式可以是对信息系统进行直接或间接的攻击，从而在机密性、完整性或可用性等方面造成损害；威胁也可能是偶发的或蓄意的事件。

判断威胁出现的频率是威胁识别的重要内容，评估者应根据经验或有关的统计数据来进行判断。在评估中，需要综合考虑以下3个方面，以计算出在某种评估环境中各种威胁出现的频率。

1）以往安全事件报告中出现过的威胁及其频率的统计。

2）实际环境中，通过检测工具以及各种日志发现的威胁及其频率的统计。

3）近一两年来国际组织发布的对于整个社会或特定行业的威胁及其频率统计，以及发布的威胁预警。

可以对威胁出现的频率进行等级化处理，不同等级分别代表威胁出现的频率的高低。等级数值越大，威胁出现的频率越高。

4．脆弱性识别

脆弱性是对一个或多个资产弱点的总称。脆弱性识别也称为弱点识别，弱点是资产本身存在的，如果没有被相应的威胁利用，单纯的弱点本身不会对资产造成损害。而且如果系统足够强健，严重的威胁也不会导致安全事件发生并造成损失。也就是说，威胁总是要利用资产的弱点才可能造成危害。

资产的脆弱性具有隐蔽性，有些弱点只有在一定条件和环境下才能显现，这是脆弱性识别中最为困难的部分。不正确的、起不到应有作用的或没有正确实施的安全措施本身就可能是一个弱点。

脆弱性识别是风险评估中最重要的一个环节。脆弱性识别可以以资产为核心，针对每一项需要保护的资产识别可能被威胁利用的弱点，并对脆弱性的严重程度进行评估；也可以从物理、网络、系统、应用等层次进行识别，然后与资产、威胁对应起来。脆弱性识别的依据可以是国际或国家安全标准，也可以是行业规范和应用流程的安全要求。对应用在不同环境中的相同的弱点，其脆弱性严重程度是不同的，评估者应从组织安全策略的角度考虑，判断资产的脆弱性及其严重程度。信息系统所采用的协议、应用流程的完备与否、与其他网络的互联等也应考虑在内。

脆弱性识别时的数据应来自于资产的所有者、使用者，以及相关业务领域和软硬件方面的专业人员等。脆弱性识别所采用的方法主要有问卷调查、工具检测、人工核查、文档查阅和渗透性测试等。

脆弱性识别主要从技术和管理两个方面进行，技术脆弱性涉及物理层、网络层、系统层和应用层等各个层面的安全问题。管理脆弱性又可分为技术管理脆弱性和组织管理脆弱性两个方面，前者与具体技术活动相关，后者与管理环境相关。

对不同的识别对象，其脆弱性识别的具体要求应参照相应的技术或管理标准实施。例如，对物理环境的脆弱性识别可以参照 GB/T 9361—2011《计算机场地安全要求》中的技术指标实施；对操作系统、数据库可以参照 GB 17859—1999《计算机信息系统 安全保护等级划分准则》中的技术指标实施。

可以根据对资产的损害程度、技术实现的难易程度、弱点的流行程度，采用等级方式对已识别的脆弱性的严重程度进行赋值。由于很多弱点反映的是同一方面的问题，或者可能造成相似的后果，因此赋值时应综合考虑这些弱点，以确定这一方面脆弱性的严重程度。

对某个资产，其技术脆弱性的严重程度还受到组织管理脆弱性的影响。因此，资产的脆弱性赋值还应参考技术管理和组织管理脆弱性的严重程度。

对脆弱性严重程度可以进行等级化处理，不同的等级分别代表资产脆弱性严重程度的高低。等级数值越大，脆弱性严重程度越高。

5. 已有安全措施确认

在识别脆弱性的同时，评估人员应对已采取的安全措施的有效性进行确认。安全措施的确认应评估其有效性，即是否真正降低了系统的脆弱性，抵御了威胁。对有效的安全措施应继续保持，以避免不必要的工作和费用，防止安全措施的重复实施。对确认为不适当的安全措施核实是否应被取消或对其进行修正，或用更合适的安全措施替代。

安全措施可以分为预防性安全措施和保护性安全措施两种。预防性安全措施可以降低威胁利用脆弱性导致安全事件发生的可能性，如入侵检测系统；保护性安全措施可以减少因安全事件发生后对组织或系统造成的影响，如业务持续性计划。

已有安全措施确认与脆弱性识别存在一定的联系。一般来说，安全措施的使用将减少系统技术或管理上的弱点，但安全措施确认并不需要和脆弱性识别过程那样具体到每个资产、组件的弱点，而是一类具体措施的集合，为风险处理计划的制订提供依据和参考。

6. 风险分析

在完成了资产识别、威胁识别、脆弱性识别，以及对已有安全措施进行确认后，将采用适当的方法与工具来确定威胁利用脆弱性导致安全事件发生的可能性。综合安全事件所作用的资产价值及脆弱性的严重程度，判断安全事件造成的损失对组织的影响，即安全风险。风险计算原理以下面的范式形式来加以说明：

$$风险值=R(A, T, V)= R(L(T, V)，F(I_a, V_a))$$

其中，R 表示安全风险计算函数；A 表示资产；T 表示威胁；V 表示脆弱性；I_a 表示安全事件所作用的资产价值；V_a 表示脆弱性严重程度；L 表示威胁利用资产的脆弱性导致安全事件发生的可能性；F 表示安全事件发生后产生的损失。

为实现对风险的控制与管理，可以对风险评估的结果进行等级化处理。可以将风险划分为一定的级别，如划分为五级或三级，等级越高，风险越高。

评估者应根据所采用的风险计算方法，计算每种资产面临的风险值。根据风险值的分布状况，为每个等级设定风险值范围，并对所有的风险计算结果进行等级处理。每个等级代表了相应风险的严重程度。表 9.1 提供了一种风险等级划分方法。

表 9.1　风险等级划分表

等　级	标　识	描　述
5	很高	一旦发生风险将产生非常严重的经济或社会影响，如严重破坏组织信誉、严重影响组织的正常经营、经济损失重大、社会影响恶劣
4	高	一旦发生风险将产生较大的经济或社会影响，在一定范围内给组织的经营和信誉造成损害
3	中	一旦发生风险会造成一定的经济、社会或生产经营影响，但影响面和影响程度不大
2	低	发生风险后造成的影响程度较低，一般仅限于组织内部，通过一定手段很快就能解决
1	很低	发生风险后造成的影响几乎不存在，通过简单的措施就能弥补

风险等级处理的目的是在风险管理过程中对不同风险的直观比较，以确定组织安全策略。组织应当综合考虑风险控制成本与风险造成的影响，提出一个可接受的风险范围。对某些资产的风险，如果风险计算值在可接受的范围内，则该风险是可接受的风险，应保持已有的安全措施；如果风险评估值在可接受的范围外，即风险计算值高于可接受范围的上限值，则是不可接受的风险，需要采取安全措施以降低和控制风险。另一种确定不可接受的风险的办法是根据等级化处理的结果，不设定可接受风险值的基准，只要达到相应等级的风险就进行处理。

对不可接受的风险应根据导致该风险的脆弱性制订风险处理计划。风险处理计划中应明确所采取的弥补弱点的安全措施、预期效果、实施条件、进度安排和责任部门等。安全措施的选择应从管理与技术两个方面考虑，管理措施可以作为技术措施的补充。安全措施的选择与实施应参照信息安全的相关标准进行。

在为不可接受的风险选择适当的安全措施后，为确保安全措施的有效性，可进行再评估，以判断实施安全措施后的残余风险是否已经降低到可接受的水平。残余风险的评估可以依据本文提出的风险评估流程实施，也可做适当裁减。一般来说，安全措施的实施是以减少脆弱性或降低安全事件发生可能性为目标的，因此，残余风险的评估可以从脆弱性评估开始，在对照安全措施实施前后的脆弱性状况后，再次计算风险值的大小。

对于某些风险，可能在选择了适当的安全措施后，残余风险的结果仍处于不可接受的风险范围内，应考虑是否接受此风险或进一步增加相应的安全措施。

7. 风险评估文件记录

风险评估文件是指在整个风险评估过程中产生的评估过程文档和评估结果文档，主要包括（但不仅限于此）以下几种。

1）风险评估方案：阐述风险评估的目标、范围、人员、评估方法、评估结果的形式和实施进度等。

2）风险评估程序：明确评估的目的、职责、过程、相关的文件要求，以及实施本次评估所需要的各种资产、威胁、脆弱性识别和判断依据。

3）资产识别清单：根据组织在风险评估程序文件中所确定的资产分类方法进行资产识别，形成资产识别清单，明确资产的责任人/部门。

4）重要资产清单：根据资产识别和赋值的结果，形成重要资产列表，包括重要资产名称、描述、类型、重要程度、责任人/部门等。

5）威胁列表：根据威胁识别和赋值的结果，形成威胁列表，包括威胁名称、种类、来源、动机及出现的频率等。

6）脆弱性列表：根据脆弱性识别和赋值的结果，形成脆弱性列表，包括具体弱点的名称、描述、类型及严重程度等。

7）已有安全措施确认表：根据对已采取的安全措施确认的结果，形成已有安全措施确认列表，包括已有安全措施名称、类型、功能描述及实施效果等。

8）风险评估报告：对整个风险评估过程和结果进行总结，详细说明被评估对象、风险评估方法、资产、威胁、脆弱性的识别结果、风险分析、风险统计和结论等内容。

9）风险处理计划：对评估结果中不可接受的风险制订风险处理计划，选择适当的控制目标及安全措施，明确责任、进度、资源，并通过对残余风险的评价来确定所选择安全措施的有效性。

10）风险评估记录：根据风险评估程序，要求风险评估过程中的各种现场记录可复现评估过程，并且可以作为产生歧义后解决问题的依据。

9.2 信息安全审计标准与法规

我国信息安全审计标准与法规参照 GB/T 22080—2016《信息技术　安全技术　信息安全管理体系　要求》、GB/T 22239—2019《信息安全技术　网络安全等级保护基本要求》以及 2009 年银监会（现银保监会）印发的《商业银行信息科技风险管理指引》，组织自己的信息安全规章制度。

9.2.1 信息安全审计标准

1. TCSEC 对于审计子系统的要求

TCSEC（Trusted Computer System Evaluation Criteria）标准是计算机系统安全评估的第一个正式标准，具有划时代的意义。该标准于 1970 年由美国国防科学委员会提出，并于 1985 年 12 月由美国国防部公布。TCSEC 最初只是军用标准，后来延伸至民用领域。TCSEC 按信息的等级和应用采用的响应措施将计算机系统的安全划分为 4 个等级、7 个级别。其中：

1）D 类安全等级：只包括 D1 一个级别。D1 的安全等级最低。D1 系统只为文件和用户提供安全保护。D1 系统最普通的形式是本地操作系统，或者是一个完全没有保护的网络。

2）C 类安全等级：该类安全等级能够提供审计的保护，并为用户的行动和责任提供审计能力。C 类安全等级可划分为 C1 和 C2 两类。

3）B 类安全等级：B 类安全等级可分为 B1、B2 和 B3 这 3 类。B 类系统具有强制性保护功能。强制性保护意味着如果用户没有与安全等级相连，系统就不会让用户存取对象。

4）A 类安全等级：A 类系统的安全级别最高。目前，A 类安全等级只包含 A1 一个安全类别。A1 类与 B3 类相似，对系统的结构和策略不做特别要求。

TCSEC 的 A1 和 A1+两个级别较 B3 级没有增加任何安全审计特征，C2 级的各级别都要求具有审计功能，而 B3 级提出了关于审计的全部功能要求。因此，TCSEC 共定义了 4 个级别的审计要求：C2、B1、B2、B3。

C2 级要求审计以下事件：用户的身份标识和鉴别、用户地址空间中客体的引入和删除、计算机操作员/系统管理员/安全管理员的行为、其他与安全有关的事件。

B1 级相对于 C2 级增加了以下需要审计的事件：对于可以输出到硬拷贝设备上的人工可读标记的修改（包括敏感标记的覆盖和标记功能的关闭）、对任何具有单一安全标记的通信通道或 I/O 设备的标记指定、对具有多个安全标记的通信通道或 I/O 设备的安全标记范围的修改。

B3 级在 B2 级的功能基础上，增加了对可能将要违背系统安全政策这类事件的审计，比如对于时间型隐蔽通道的利用。

B2 级的安全功能要求较 B1 级增加了可信路径和隐蔽通道分析等，因此，除了 B1 级的审计要求外，对于可能被用于存储型隐蔽通道的活动，在 B2 级也要求被审计。

2. CC 标准中的安全审计功能需求

CC（Common Criteria of Information Technical Security Evaluation，简称 CC 标准）是美国、加拿大、英国、法国、德国、荷兰等国家联合提出的信息安全评价标准，1999 年通过国际标准化组织认可，成为信息安全评价的国际标准。CC 标准基于安全功能与安全保证措施相独立的观念，在组织上分为基本概念、安全功能需求和安全保证需求三大部分。在 CC 标准中，安全需求都以类、族、组件的层次结构形式进行定义。CC 标准适用于硬件、固件和软件实现的信息技术安全措施，而某些内容因涉及特殊专业技术或仅是信息技术安全的外围技术，因此不在 CC 标准的范围内。

CC 标准包括 3 个部分：简介及一般模型、安全功能要求、安全保证要求。CC 标准共包含 11 个安全功能类，其中，FAU 类就是 CC 标准关于安全审计提出的功能类标准。它包括对审计数据产生、用户身份关联、受限的审计查阅、可选审计查阅、选择性审计、防止审计数据丢失提供的标准。

3. GB 17859—1999 对安全审计的要求

我国的信息安全国家标准 GB 17859—1999《计算机信息系统　安全保护等级划分准

则》定义了 5 个安全等级。第一级：用户自主保护级；第二级：系统审计保护级；第三级：安全标记保护级；第四级：结构化保护级；第五级：访问验证保护级。

《计算机信息系统　安全保护等级划分准则》从第二级“系统审计保护级”开始就有了对审计的要求，它规定计算机信息系统可信计算基（Trusted Computing Base，TCB）可以记录以下事件：使用身份鉴别机制；将客体引入用户地址空间（如打开文件、程序初始化）；删除客体；由操作员、系统管理员和系统安全管理员实施的动作，以及其他与系统安全相关的事件。

第三级“安全标记保护级”在第二级的基础上，要求对于客体的增加和删除这类事件在审计记录中增加对客体安全标记的记录。另外，TCB 也要审计对可读输出标记（如输出文件的安全标记）的更改这类事件。

第四级“结构化保护级”的审计功能要求与第三级相比，增加了对可能利用存储型隐蔽通道的事件进行审计的要求。

第五级“访问验证保护级”在第四级的基础上，要求 TCB 能够监控可审计安全事件的发生与积累，当这类事件的发生或积累超过预定阈值时，TCB 能够立即向安全管理员发出警报。而且，如果这些事件继续发生，系统应以最小的代价终止它们。

4．信息系统安全审计产品技术要求

信息系统安全审计产品技术要求规定了信息系统安全审计产品的技术要求和测试评价方法，技术要求包括安全功能要求、自身安全功能要求和安全保证要求，并提出了信息系统安全审计产品的分级要求。

（1）安全审计产品分类

技术规范将安全审计产品分为专用型和综合型两类。专用型是指对主机、服务器、网络、数据库管理系统、其他应用系统等客体采集对象的其中一类进行审计，并对审计事件进行分析和响应的安全审计产品。

（2）安全功能要求

技术规范分为审计踪迹、审计数据保护、安全管理、标识和鉴别、产品升级、监管要求 6 个方面，给出了详细的安全功能要求，其中每个功能还有更细致、可测试的安全子功能描述。

（3）自身安全要求

技术规范对安全审计产品的自身安全也做出了明确的要求，分别包括自身审计数据生成、自身安全审计记录独立存放、审计代理安全、产品卸载安全、系统时间同步、管理信息传输安全、系统部署安全、审计数据安全等。

（4）性能要求

信息系统安全审计产品的性能要求包括：

1）稳定性。

2）资源占用：软件代理的运行对宿主机资源（如 CPU、内存空间和存储空间）不应长时间固定或无限制占用。

3）产品应有足够的吞吐量。

（5）保证要求

技术规范还对产品及开发者提出了若干产品保证方面的要求。

9.2.2 ISO/IEC 27001 信息安全管理体系

信息安全管理实用规则 ISO/IEC 27001 的前身为英国的 BS7799 标准，该标准由英国标准协会（BSI）于 1995 年 2 月提出，并于 1995 年 5 月修订而成。1999 年，BSI 重新修改了该标准。BS7799 分为两个部分：BS7799-1 信息安全管理实施规则和 BS7799-2 信息安全管理体系规范。

第一部分对信息安全管理给出建议，供那些负责在其组织启动、实施或维护安全的人员使用；第二部分说明了建立、实施和文件化信息安全管理体系（ISMS）的要求，规定了根据独立组织的需要应实施安全控制的要求。

信息安全管理体系标准（ISO 27001）可有效保护信息资源，保护信息化进程健康、有序、可持续发展。ISO 27001 是信息安全管理领域的标准体系，类似于质量管理体系认证 ISO 9000 标准。当企业通过 ISO 27001 的认证，就等同于企业的信息安全管理是科学合理的，能够切实有效地保护客户信息资料和企业内部信息资料。在通过 ISO 27001 信息安全管理体系认证之后，可以具有多个方面的好处或优势。引入信息安全管理体系后可以协调各个层面的信息管理，简化管理环节，提高管理效率。通过 ISO 27001 信息安全管理体系认证，还可以增加企业之间电子商务往来的信用度，能够在网站和贸易伙伴之间建立起信任的合作关系，加深企业商务信息化发展。通过 ISO 27001 信息安全管理体系认证，可以促使相关企业实现信息安全承诺，消除客户及员工存有的不信任感，改善企业业绩。不仅如此，甚至还可以获得国际认可，以便于向海外拓展业务。

1. ISO 27001 信息安全管理体系构建思路

参考 ISO 27001 标准，结合企业的信息管理需求与现状，大致可以按照如下思路构建。

第一是准备工作，通过管理层决策进行安全组织和人员配置，并对其展开宣传培训，为后期工作打下基础。

第二是构建框架，根据 ISO 27001 信息安全体系框架，对管理体系和技术框架进行分析，得出相应的理论支撑基础。

第三是评估风险，按照信息安全的具体评估流程，通过风险分类和资产分类做出相应评估，并作为信息安全管理体系构建的数据基础。

第四是改善安全，将风险评估与管理技术结合，得出科学合理的改善措施。

第五是运行实施，严格实施得出的措施，对于已经建立的部分进行完善，并将其纳入整体管理体系。

第六是检查改进，通过实施和运行信息安全管理体系，保证信息安全管理体系能够正常运转，并为企业提供可靠的信息安全保障。

第七是运行改进，在信息安全管理体系运转的过程中，不断发现问题并解决问题，逐步完善体系，使其日益成熟稳定。

2．ISO 27001 信息安全管理体系的实现

在明确构建思路之后，就需要进入实际建设阶段，将计划付诸行动。实现 ISO 27001 信息安全管理体系的构建，需要通过多个步骤来进行。首先是在企业决策层树立信息安全管理的基本概念，只有掌握企业未来方向的决策层认识到信息安全管理的重要性和必要性，才能带头做好相关工作。其次是引进和开发先进的信息安全管理技术，实现相关技术的国产化，摒除国外技术可能存在的技术性后门，避免造成企业信息资料被窃取。接着构建对应的信息安全级别制度，即针对员工在企业中的不同部门以及不同职位，给予其不同的信息安全级别。级别越高，可获取的信息资料范围和机密程度也越高；级别越低，可获取的信息资料范围和机密程度也越低。最后是将构建思路的各个步逐一实现，并将其与上述几个方面进行结合，以此构建全方位的基于 ISO 27001 的信息安全管理体系，保证企业信息安全。

9.2.3 信息安全相关法律法规

信息安全法是调整信息主体在维护信息安全过程中所产生的社会关系的法律规范的总称，也是调整信息安全保障活动中所形成的社会关系的法律规范的总称。

第一阶段（20 世纪 70—80 年代）：适应信息的保密性要求，保护个人隐私权。计算机安全需要解决的是确保信息系统中硬件、软件，以及正在处理、存储、传输的信息的机密性、完整性和可用性。这一时期，针对个人隐私权的保护，世界各国开始了第一次计算机信息系统安全立法潮流。代表性的法律法规为德国的《联邦数据保护法》。

第二阶段（20 世纪 80—90 年代）：以计算机犯罪为核心的信息安全法体系。对安全性有了新需求，即可控性，对信息及信息系统实施安全监控管理；不可否认性，保证行为人不能否认自己的行为。立法需解决网络入侵、病毒破坏、计算机犯罪等问题。世界各国（主要是发达国家）都适时地对刑法做出了修改。国际性的立法浪潮始于 1985 年。代表性的法律法规为 1987 年美国的《计算机犯罪法》《计算机欺诈法》等。

第三阶段（20 世纪 90 年代—2001 年 9·11 事件）：以信息安全监督管理为核心的信息安全法体系。信息安全的概念已不再局限于对信息的保护，而是提出了信息安全保障的概念，强调了系统整个生命周期的防御和恢复。为适应信息保障的要求，立法以信息安全监督管理为核心。明确政府机构和商业机构负责人的安全责任。代表性的法律法规为美国的《关键基础设施保护》《联邦信息技术》等。

第四阶段（9·11 事件以后）：向对国家关键基础设施保护的转移。9·11 事件后，各国的网络与信息安全工作几乎都是围绕着“反恐”展开的。特别是在美国，为了避免“数字珍珠港”事件的上演，立法重点从对信息基础设施的保护向对国家关键基础设施保护转移，强调应急响应、检测预警，重视监控。代表性的法律法规为《信息时代的关键基础设施保护》《爱国者法案》《网络安全国家战略》等。

我国的信息安全法的相关法律法规主要有：

1）《中华人民共和国计算机信息系统安全保护条例》。

2）《中华人民共和国计算机信息网络国际联网管理暂行规定实施办法》。

3）《计算机信息网络国际联网安全保护管理办法》。

4）《互联网上网服务营业场所管理条例》。

5）《中华人民共和国电信条例》。

6）《互联网信息服务管理办法》。

7）《信息网络传播权保护条例》。

8）《中华人民共和国网络安全法》。

9）《中华人民共和国密码法》。

1994 年 2 月 18 日，国务院颁布了《中华人民共和国计算机信息系统安全保护条例》（国务院 147 号令），这是我国第一部保护计算机信息系统安全的专门条例。条例指出，计算机信息系统的建设和应用，应当遵守法律、行政法规和国家其他有关规定。任何组织或者个人，不得利用计算机信息系统从事危害国家利益、集体利益和公民合法利益的活动，不得危害计算机信息系统的安全。

为了加强对计算机信息网络国际联网的管理，保障国际计算机信息交流的健康发展，制定了《中华人民共和国计算机信息网络国际联网管理暂行规定》（修正）。

为了规范电信市场秩序，维护电信用户和电信业务经营者的合法权益，保障电信网络和信息的安全，促进电信业的健康发展，制定了《中华人民共和国电信条例》。

为了规范互联网信息服务活动，促进互联网信息服务健康有序发展，制定了《互联网信息服务管理办法》。

为保护著作权人、表演者、录音录像制作者的信息网络传播权，鼓励有益于社会主义精神文明、物质文明建设的作品的创作和传播，国务院制定了《信息网络传播权保护条例》。

2017 年 6 月 1 日起施行的《中华人民共和国网络安全法》是我国第一部全面规范网络空间安全管理方面问题的基础性法律，是我国网络空间法治建设的重要里程碑，是依法治网、化解网络风险的法律重器，是保证互联网在法治轨道上健康运行的重要保障。《中华人民共和国网络安全法》提出制定网络安全战略，明确网络空间治理目标，提高了我国网络安全政策的透明度。进一步明确了政府各部门的职责权限，完善了网络安全监管体制。强化了网络运行安全，重点保护关键信息基础设施。完善了网络安全义务和责任，加大了违法惩处力度。将监测预警与应急处置措施制度化、法制化。

2020 年 1 月 1 日起施行的《中华人民共和国密码法》由中华人民共和国第十三届全国人民代表大会常务委员会第十四次会议于 2019 年 10 月 26 日通过。《中华人民共和国密码法》是我国密码领域的综合性、基础性法律，填补了密码领域长期存在的法律空白，对于保障国家网络和信息安全，保护人民群众利益，加快密码法治建设，完善国家安全法律制度体系具有重要意义。

9.3 信息安全等级保护

信息安全等级保护是对信息和信息载体按照重要性等级分级别进行保护的一种工作。在我国，信息安全等级保护广义上为涉及该工作的标准、产品、系统、信息等均依据等级保护思想的安全工作；狭义上一般指信息系统安全等级保护，是指对国家安全、法人、其他组织和公民的专有信息及公开信息，以及存储、传输、处理这些信息的信息系统分等级实行安全保护，对信息系统中使用的信息安全产品实行按等级管理，对信息系统中发生的信息安全事件分等级响应、处置的综合性工作。

国家通过制定统一的信息安全等级保护管理规范和技术标准，组织公民、法人和其他组织对信息系统分等级实行安全保护，对等级保护工作的实施进行监督、管理。

公安机关负责信息安全等级保护工作的监督、检查、指导。国家保密工作部门负责等级保护工作中有关保密工作的监督、检查、指导。国家密码管理部门负责等级保护工作中有关密码工作的监督、检查、指导。涉及其他职能部门管辖范围的事项，由有关职能部门依照国家法律法规的规定进行管理。

实行信息安全等级保护制度，能够有效提高信息和信息系统安全建设的整体水平。有利于在进行信息化建设的同时建设新的安全设施，保障信息安全和信息化建设相协调；有利于为信息系统安全建设和管理提供系统性、针对性、可行性的指导和服务，有效控制信息安全建设成本；有利于优化安全资源的配置，有利于保障基础信息网络和关系国家安全、经济命脉、社会稳定等方面重要信息系统的安全等。通过开展信息安全等级保护工作，可以有效解决信息安全面临的威胁和存在的主要问题，充分体现“适度安全、重点保护”的目的。

信息安全等级保护工作包括定级、备案、安全建设和整改、信息安全等级测评、信息安全检查 5 个阶段。

9.3.1 信息安全等级保护的等级划分与相关知识

1. 信息系统安全保护等级的划分

《信息安全等级保护管理办法》规定，国家信息安全等级保护坚持自主定级、自主保护的原则。信息系统的安全保护等级应当根据信息系统在国家安全、经济建设、社会生活中的重要程度，信息系统遭到破坏后对国家安全、社会秩序、公共利益以及公民、法人和其他组织的合法权益的危害程度等因素来确定。信息系统的安全保护等级分为以下 5 级：

第一级，信息系统受到破坏后，会对公民、法人和其他组织的合法权益造成损害，但不损害国家安全、社会秩序和公共利益。第一级信息系统运营、使用单位应当依据国家有关管理规范和技术标准进行保护。

第二级，信息系统受到破坏后，会对公民、法人和其他组织的合法权益产生严重损害，或者对社会秩序和公共利益造成损害，但不损害国家安全。国家信息安全监管部门对该级信息系统安全等级保护工作进行指导。

第三级，信息系统受到破坏后，会对社会秩序和公共利益造成严重损害，或者对国家安全造成损害。国家信息安全监管部门对该级信息系统安全等级保护工作进行监督、检查。

第四级，信息系统受到破坏后，会对社会秩序和公共利益造成特别严重损害，或者对国家安全造成严重损害。国家信息安全监管部门对该级信息系统安全等级保护工作进行强制监督、检查。

第五级，信息系统受到破坏后，会对国家安全造成特别严重损害。国家指定专门部门对该级信息系统安全等级保护工作进行专门监督、检查。

2. 相关定义

（1）国家秘密

国家秘密是指关系国家的安全和利益，依照法定程序确定，在一定时间内只限一定范围的人员知悉的事项。保守国家秘密是中国公民的基本义务之一。

（2）国家秘密的密级

国家秘密的等级简称密级，一般划分为 3 级：绝密、机密、秘密。

1）绝密：最重要的国家秘密，泄露会使国家安全和利益遭受特别严重的损害，破坏国家主权和领土完整，威胁国家政权巩固，使国家政治、经济遭受巨大损失。

2）机密：重要的国家秘密，泄露会使国家安全和利益遭受严重的损失，某一领域内的国家安全和利益遭受重大损失。

3）秘密：一般的国家秘密，泄露会使国家安全和利益遭到损害，使某一方面的国家安全利益遭受损失。

3．信息安全等级保护制度的原则

《信息安全技术　网络安全等级保护实施指南》（GB/T 25058—2019）明确了以下基本原则：

1）自主保护原则：等级保护对象运营、使用单位及其主管部门按照国家相关法规和标准，自主确定等级保护对象的安全保护等级，自行组织实施安全保护。

2）重点保护原则：根据等级保护对象的重要程度、业务特点，通过划分不同安全保护等级的等级保护对象，实现不同强度的安全保护，集中资源优先保护涉及核心业务或关键信息资产的等级保护对象。

3）同步建设原则：等级保护对象在新建、改建、扩建时应当同步规划和设计安全方案，投入一定比例的资金建设网络安全设施，保障网络安全与信息化建设相适应。

4）动态调整原则：应跟踪定级对象的变化情况，调整安全保护措施。由于定级对象的应用类型、范围等条件的变化及其他原因，安全保护等级需要变更的，应当根据等级保护的管理规范和技术标准的要求，重新确定定级对象的安全保护等级，根据其安全保护等级的调整情况，重新实施安全保护。

9.3.2　等保（等级保护）2.0

等保 1.0 指的是 2007 年公布的《信息安全等级保护管理办法》和 2008 年的 GB/T 22239—2008《信息安全技术　信息系统安全等级保护基本要求》。根据《中华人民共和国网络安全法》的规定，等级保护是我国信息安全保障的基本制度。等保是对网络安全法在产业层面、标准层面和执行层面的具体落实。《中华人民共和国网络安全法》第二十一条规定，国家实行网络安全等级保护制度。网络运营者应当按照网络安全等级保护制度的要求，履行下列安全保护义务：保障网络免受干扰、破坏或者未经授权的访问，防止网络数据泄露或者被窃取、篡改。

随着云计算、移动互联、大数据、物联网、人工智能等新技术的不断涌现，计算机信息系统的概念已经不能涵盖全部内容，特别是互联网快速发展带来大数据价值的凸显。云计算、大数据、工业控制系统、物联网、移动互联等新技术的不断拓展已经成为产业结构升级的坚实基础，而其中的网络和信息系统作为新兴产业的承载者，构建起了整个经济社会的神经中枢，保证其安全性。由于业务目标的不同、使用技术的不同、应用场景的不同等因素，不同的等级保护对象会以不同的形态出现，表现形式有基础信息网络、信息系统、云计算平台、大数据平台、物联网系统、工业控制系统等。形态不同的保护对象面临的威胁有所不同，安全保护需求也会有所差异。现有的标准体系需要完善，以适应新技术的发展，等级保护的相关标准也需要跟上新技术的变化。“等保 1.0”的标准体系在适用性、时效性、易用性、可操作性上需要进一步扩充和完善，因此“等保 2.0”应运而生。

GB/T 22239—2019《信息安全技术　网络安全等级保护基本要求》（以下简称“等保 2.0”）已经于 2019 年 12 月 1 日正式实施，对安全等保工作提出了新要求，《中华人民共和国网络安全法》第二十一条明确规定“国家实行网络安全等级保护制度”。至此，正式开启了等保 2.0 的时代。一般认为等保 2.0 是指 GB/T 22239—2019《信息安全技术　网络安全等级保护基本要求》及其配套标准。

1. 等保 2.0 解读

《中华人民共和国网络安全法》于 2017 年 6 月 1 日正式实施，这标志着等保 2.0 的正式启动。该法明确了“国家实行网络安全等级保护制度。”（第二十一条）、“国家对公共通信和信息服务、能源、交通、水利、金融、公共服务、电子政务等重要行业和领域，以及其他一旦遭到破坏、丧失功能或者数据泄露，可能严重危害国家安全、国计民生、公共利益的关键信息基础设施，在网络安全等级保护制度的基础上，实行重点保护。”（第三十一条）。上述要求为网络安全等级保护赋予了新的含义，重新调整和修订了等保 1.0 标准体系，配合《中华人民共和国网络安全法》的实施和落地，对于指导用户按照网络安全等级保护制度的新要求，履行网络安全保护义务的意义重大。

随着信息技术的发展，等级保护对象已经从狭义的信息系统扩展到网络基础设施、云计算平台/系统、大数据平台/系统、物联网、工业控制系统、采用移动互联技术的系统等。基于新技术和新手段提出新的分等级的技术防护机制和完善的管理手段是等保 2.0 标准必须考虑的内容。关键信息基础设施在网络安全等级保护制度的基础上实行重点保护，确保等级保护标准和关键信息基础设施保护标准的顺利衔接也是等保 2.0 标准体系需要考虑的内容。

等保 2.0 标准体系的主要标准如下：

- 《网络安全等级保护条例》（总要求/上位文件）。
- 《计算机信息系统　安全保护等级划分准则》（GB 17859—1999）（上位标准）。
- 《信息安全技术　网络安全等级保护实施指南》（GB/T 25058—2019）。
- 《信息安全技术　网络安全等级保护定级指南》（GB/T 22240—2020）。
- 《信息安全技术　网络安全等级保护基本要求》（GB/T 22239—2019）。
- 《信息安全技术　网络安全等级保护安全设计技术要求》（GB/T 25070—2019）。
- 《信息安全技术　网络安全等级保护测评要求》（GB/T 28448—2019）。
- 《信息安全技术　网络安全等级保护测评过程指南》（GB/T 28449—2018）。

关键信息基础设施标准体系框架如下：

- 《关键信息基础设施安全保护条例（征求意见稿）》（总要求/上位文件）。
- 《信息安全技术　关键信息基础设施安全控制措施》（征求意见稿）。
- 《信息安全技术　关键信息基础设施安全保障指标体系》（征求意见稿）。

等保 2.0 标准的主要特点：

1）将对象范围由原来的信息系统改为等级保护对象（信息系统、通信网络设施和数据资源等），对象包括网络基础设施（广电网、电信网、专用通信网络等）、云计算平台/系统、大数据平台/系统、物联网、工业控制系统、采用移动互联技术的系统等。

2）在等保 1.0 标准的基础上进行了优化，同时针对云计算、移动互联、物联网、工业控制系统及大数据等新技术和新应用领域提出新要求，形成了安全通用要求+新应用安全扩展要求构成的标准要求内容。

3）采用了“一个中心，三重防护”的防护理念和分类结构，强化了建立纵深防御和精细防御体系的思想。

4）强化了密码技术和可信计算技术的使用，把可信验证列入各个级别并逐级提出各个环节的主要可信验证要求，强调通过密码技术、可信验证、安全审计和态势感知等建立主动防御体系的期望。

2．等保 2.0 与等保 1.0 的区别

等保 2.0 标准的主要变化：

1）名称由原来的“信息安全技术　信息系统安全等级保护基本要求”改为“信息安全技术　网络安全等级保护基本要求”。等级保护对象由原来的信息系统调整为基础信息网络、信息系统（含采用移动互联技术的系统）、云计算平台/系统、大数据应用/平台/资源、物联网和工业控制系统等。

2）将原来各个级别的安全要求分为安全通用要求和安全扩展要求，其中，安全扩展要求包括云计算安全扩展要求、移动互联安全扩展要求、物联网安全扩展要求以及工业控制系统安全扩展要求。安全通用要求是不管等级保护对象形态如何必须满足的要求。

3）基本要求中的各级技术要求修订为“安全物理环境”“安全通信网络”“安全区域边界”“安全计算环境”和“安全管理中心”；各级管理要求修订为“安全管理制度”“安全管理机构”“安全管理人员”“安全建设管理”和“安全运维管理”。

4）取消了原来安全控制点的 S、A、G 标注，增加一个附录 A“关于安全通用要求和安全扩展要求的选择和使用”，描述等级保护对象的定级结果和安全要求之间的关系，说明如何根据定级的 S、A 结果选择安全要求的相关条款，简化了标准正文部分的内容。增加附录 C 描述等级保护安全框架和关键技术、附录 D 描述云计算应用场景、附录 E 描述移动互联应用场景、附录 F 描述物联网应用场景、附录 G 描述工业控制系统应用场景、附录 H 描述大数据应用场景。可以说，等保 2.0 标准为适应新技术的发展，解决了云计算、物联网和工控领域信息系统的等级保护工作的需要。等保 2.0 与等保 1.0 的对比如表 9.2 所示。

表 9.2　等保 2.0 与等保 1.0 的比较

	等保 1.0	等保 2.0
保障体系	被动防御：一个中心，三重防护（防火墙、入侵检测、防病毒），以防为主	全方位主动防御：事前、事中、事后；感知预警、动态防护、安全检测、应急响应等
定级对象	信息系统	基础信息网络、工业控制系统、云计算平台、物联网、移动互联网络、其他网络、大数据等多个系统
评测周期	三级的每年一次，四级的半年一次	三级以上的系统每年一次
评测及格分	60 分以上	75 分以上

9.4 本章小结

随着全球信息化和信息技术的不断发展，以及信息化应用的不断推进，信息安全显得越来越重要，信息安全形势日趋严峻：一方面，信息安全事件发生的频率大规模增加；另一方面，信息安全事件造成的损失越来越大。本章首先介绍了信息安全审计中的管理与风险评估，然后介绍了信息安全审计中应该用到的标准与法规，最后介绍了信息安全等级保护的相关知识。

习题 9

1．风险评估中出现了哪些名称？这些名称之间的关系是怎么样的？
2．如何建立信息安全管理体系？
3．信息安全风险评估的过程是什么？
4．信息安全审计中使用到哪些标准与法律法规？这些法规的作用是什么？
5．我国对于信息安全审计提出了哪些标准与法规？
6．信息安全等级保护的保护等级分为哪几级？

第 10 章　信息安全审计流程

本章学习要点：

- 了解信息及相关技术控制目标（COBIT）。
- 了解 IT 基础架构库（ITIL）。
- 了解 ISO 27001。
- 掌握美国国家安全局（NSA）INFOSEC 评估方法。
- 了解框架和标准趋势。

案例：随着业务的拓展，某市商业银行在全市已经建立起 8 个支行和多家储蓄所，相应的安全问题也被提到了日程上。通过调研分析，某信息安全公司将用户的安全需求划分为确保机密信息在租用通信线路上传输时的安全性；确认柜台操作员身份的真实性；确保使用者操作的不可否认性；对于所有的操作都有详细日志记录。针对该用户的安全需求，公司提供了以下解决方案：

第一，在中央机房安装 Everlink SRAC 服务器作为管理端，通过详细的控制策略设置实现对下端 Everlink DSAE 产品的管理。通过基于数字证书的身份验证后，实现对用户的身份确认和访问权限的控制。

第二，在储蓄所中配备 C01A 型号的 Everlink DSAE。C01A 型号的 Everlink DSAE 与 Everlink SRAC 服务器结合使用，可以完成基于数字证书的身份认证以及细粒度的权限控制；通过身份认证后可以建立起从 Everlink DSAE 到 Everlink SRAC 服务器之间的安全数据传输通道，完成储蓄所与中心机房的通信数据的密文传输。

第三，在支行安装 C01M08/16 型号的 Everlink DSAE。该型号产品集成了终端服务器功能，可以直接与 Everlink DSAE 产品连接，可以对设备提交的信息进行加密。

请思考：对于商业银行的信息系统如何进行审计？

20 世纪 70 年代，人们对企业破产和金融危机的担忧加剧了对上市公司加强问责制和透明度的需求。1977 年，美国《反海外腐败法》（FCPA）将外国的贿赂定为刑事犯罪，这是要求公司实施内部控制计划以保留交易记录来用于披露目的的第一个法规。20 世纪 80 年代中期，当美国的储蓄和贷款业务崩溃时，人们呼吁政府监督会计准则和审计行业。为了阻止政府干预，1985 年人们发起了一项独立的私营部门倡议，后来称为“发起组织委员会”（全美反舞弊性财务报告委员会发起组织，Committee of Sponsoring Organizations of the Treadway Commission，COSO），专门研究内部控制问题，评估财务报告的质量。1992 年，COSO 发布了《内部控制整合框架》（COSO-IC），COSO 框架已正式成为美国上市公司内部控制框架的参照性标准。

本章在介绍内部控制的基础上，重点介绍一些典型的框架和标准。

10.1 COSO

20 世纪 80 年代中期，为了应对美国日益严重的金融危机以及政府关注会计和审计的呼吁，由美国管理会计师协会、美国注册会计师协会、美国会计协会、财务经理人协会、内部审计师协会等联合创建了反虚假财务报告委员会，旨在探讨财务报告中产生舞弊的原因，并寻找解决办法。委员会赞助的组织应共同努力，制定全面的内部控制准则。

该委员会完全独立于每个赞助组织，包括来自行业、公共会计、投资公司和纽约证券交易所的代表。

1992 年，COSO 发布了第一个正式的内部控制准则，即 COSO 内部控制整合框架，该框架已在全球获得广泛的认可和应用。1994 年，COSO 的工作得到了美国国会总审计长（GAO）的批准。其目的是帮助上市公司自我监管，从而避免政府对会计和审计行业的监管。2002 年颁布的《萨班斯-奥克斯利法案》也要求上市公司全面关注风险，加强风险管理，在客观上也推动了内部控制整体框架的进一步发展。2004 年 9 月正式颁布了《企业风险管理整合框架》（COSO-ERM）。自 2004 版发布以来，风险的复杂性发生了重大变化，由于新环境、新技术的不断演变，新的风险也层出不穷。在此前提下，COSO 在 2014 年启动了首次对风险管理框架的修订工作，并于 2017 年 9 月发布了最新修订版《企业风险管理框架》（COSO-ERM）。COSO 通过建立内部控制、企业风险管理和其他基本概念，彻底改变了会计和审计行业。

10.1.1 内部控制及其关键概念

内部控制是一个过程，受企业管理层和相关人员的影响，为实现以下目标提供合理的保证：

- 运营的有效性和效率。
- 财务报告的可靠性。
- 遵守相应的法律和法规。

内部控制的主要含义：

- 内部控制是一个过程。它是达到目的的手段，而不是目的本身。
- 内部控制受人影响。不仅仅是政策手册和表格，还有组织中每个级别的人员。
- 内部控制只能为实体的管理层和董事会提供合理的保证，而不是绝对的保证。
- 内部控制旨在实现一个或多个单独但重叠的类别的目标。

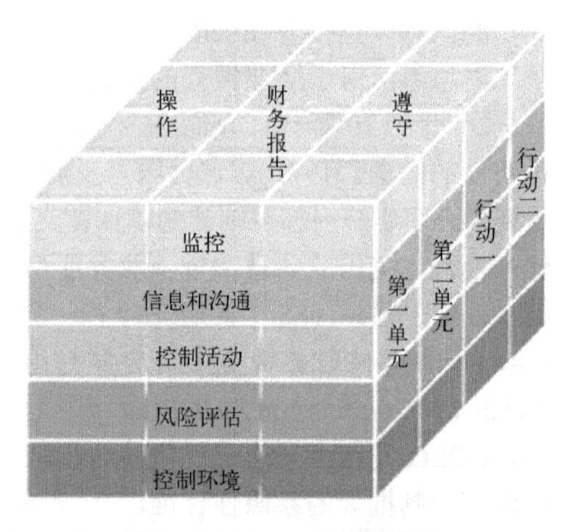

图 10.1 COSO 多维数据集

10.1.2 内部控制整合框架

“内部控制整合框架”中引入了 COSO 多维数据集，如图 10.1 所示。即内部控制由 5 个相互关联的部分组成：

- 控制环境。
- 风险评估。
- 控制活动。
- 信息和沟通。
- 监控。

这些组成部分源自管理层经营企业的方式，集成了公司的管理流程。尽管这些组成部分适用于所有实体，但中小型公司实施这些组成部分的方式可能与大型公司有所不同。其控制过程可能不太正式，结构也不太合理，但一家小公司仍然可以进行有效的内部控制。

（1）控制环境

控制环境为组织定下了基调，会影响组织的控制意识。它是内部控制所有其他组成部分的基础，提供纪律和结构。控制环境因素包括实体人员的诚信、道德价值观和能力；管理理念和经营风格；管理分配权力和责任，组织和培养员工的方式；董事会的关注方向。

（2）风险评估

每个实体都面临着来自外部和内部的必须进行评估的各种风险。风险评估的一个先决条件是确定目标，这些目标应在不同级别上相互关联，保持内部一致。风险评估可确定和分析相关风险，以实现这些目标，是控制风险的基础。由于经济、行业、监管和经营条件会不断变化，因此需要建立机制来识别和处理与变革相关的特殊风险。

（3）控制活动

控制活动是有助于确保执行管理指令的政策和程序，有助于确保采取必要行动来应对风险，从而实现实体的目标。控制活动发生在整个组织、所有级别和所有职能中。这些活动包括审批、授权、核查、对账、业务业绩审查、资产安全和职责分工等。

（4）信息和沟通

根据 COSO 的定义，必须以能够让人们履行其职责的形式和时间框架来识别、捕获和传达相关信息。信息系统生成包含运营、财务和合规性相关信息的报告，使业务能够运行和控制。它们不仅要处理内部生成的数据，还要处理有关外部事件、活动和条件的信息，这些信息对于进行业务决策和生成外部报告是必不可少的。

有效的沟通必须在广泛的意义上进行，沟通范围包括组织各个层级的人员。所有人员都必须从最高管理层收到明确的信息，认真对待控制责任。每个人必须了解自己在内部控制制度中的作用，以及个人活动与他人工作的关系。还需要与客户、供应商、监管机构和股东等外部进行有效的沟通。

（5）监控

内部控制系统需要受到监控，这是一个评估系统性能质量的过程。监控是通过持续监测活动、单独评价或两者的结合来实现的。持续监控在操作过程中进行，它包括定期管理和监督活动，以及工作人员在履行职责时采取的其他行动。单独评价的范围和频率将主要取决于对风险的评估和持续监测程序的有效性。内部控制缺陷应向上级汇报，严重事项要向最高管理层和董事会报告。

组成部分之间的关系：

这些组成部分协同作用和联系，形成了一个对不断变化的条件做出动态反应的综合系统。内部控制系统与实体的经营活动相互关联，而且是基于基本业务而存在的。当把控制内置于实体的基础设施中并使其成为企业的一部分时，内部控制将是最有效的。“内置”控制支持质量和授权计划，可以避免不必要的成本，并能够对不断变化的条件做出快速响应。

实体努力实现的目标与表示实现目标所需的组成部分存在直接关系。所有组成部分都与每个目标的类别相关。在查看任何一个类别时，所有 5 个组成部分都必须存在并有效发挥作用，从而得出对业务进行内部控制是有效的结论。

10.1.3 企业风险管理整合框架

COSO 于 2004 年发布了“企业风险管理整合框架”，为公司提供在其组织内管理风险的基准。

2017 年 9 月发布了最新修订版《企业风险管理框架》（COSO-ERM）。

1. COSO 的企业风险管理定义

企业风险管理是一个过程，受实体的董事会、管理层和其他人员的影响，应用于战略制定和整个企业，旨在识别可能影响实体的潜在事件，并在其风险可控范围内管理风险，为实现实体目标提供合理的保证。

企业风险管理具有以下特点：

- 一个持续不断的贯穿实体的过程。
- 受组织内所有级别人员的影响。
- 应用于策略的制定。
- 应用于整个企业，以及企业的每个级别和单元。
- 旨在识别可能发生的事件。如果这些事件发生，将影响实体，并在其风险偏好范围内管理风险。
- 能够向实体的管理层和董事会提供合理的保证。
- 致力于在一个或多个单独但重叠的分类中实现目标。

2. 企业风险管理整合框架概念

在企业风险管理整合框架中，扩展的 COSO 多维数据集，如图 10.2 所示。

此 COSO 多维数据集旨在实现实体的目标，分为 4 类。

1）战略：高层次目标，与使命保持一致，并支持其使命。

2）运营：有效、高效地利用其资源。

3）报告：报告的可靠性。

4）遵守：遵守适用的法律和法规。

企业风险管理由 8 个相互关联的部分组成。这些部分集成了管理流程。

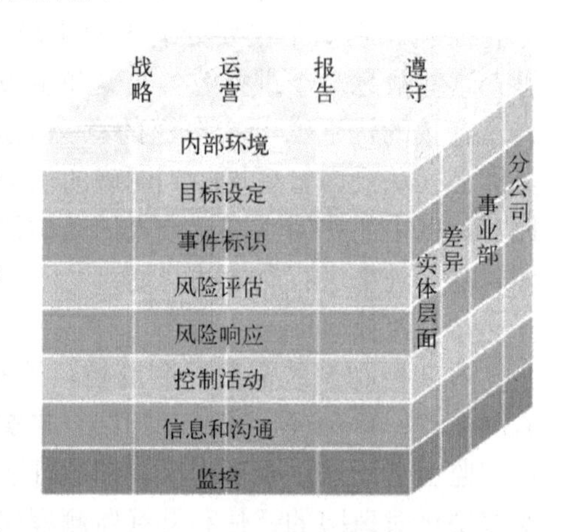

图 10.2 扩展的 COSO 多维数据集

（1）内部环境

内部环境包含组织的基调，并为实体人员查看和处理风险提供了基础。它包括风险管理理念和实体的风险偏好、诚信和道德价值观。

（2）目标设定

管理层必须先确定目标，才能确定影响其目标实现的潜在事件。企业风险管理确保管理层已制定所设定目标的流程，确保所选目标支持且符合实体的使命，并与其风险偏好保持一致。

（3）事件标识

必须确定影响实体目标实现的内部和外部事件，区分风险和机会。机会被引导回管理层的战略或目标设定流程。

（4）风险评估

分析风险时会考虑其可能性和影响，并以此作为如何确定管理风险的依据。风险根据固有和残余情况进行评估。

（5）风险响应

管理层选择风险应对措施（避免、接受、减少或共享），并制定一套行动方案，使风险与实体的风险承受能力和可控风险保持一致。

（6）控制活动

制定政策和程序，以确保有效执行风险响应。

（7）信息与沟通

必须以能够让人们履行其职责的形式和时间框架来识别、获取和传达相关信息。有效的沟通也发生在更广泛的意义上，上下左右横跨整个实体。

（8）监控

监控整个企业风险管理，并在必要时进行修改。监控是通过持续管理活动、单独评估或两者结合完成的。

由于内部控制整合框架经受住了时间的考验，是现有规则、条例和法律的基础，因此该文件作为内部控制的定义和框架仍然有效。同时，内部控制是企业风险管理的重要组成部分。内部控制整合框架的全部内容通过参考纳入了企业风险管理与整体框架。企业风险管理整合框架纳入了内部控制，形成了额外的概念化和管理工具。

10.1.4 COSO 的影响

具有里程碑意义的 COSO 文件中所描述的原则正在美国的公司中逐步实施。COSO 是美国证券交易委员会（SEC）和上市公司会计监督委员会（PCAOB）提出的内部控制的唯一框架。

PCAOB 是 SEC 根据 2002 年颁布的《萨班斯—奥克斯利法案》创建的机构，负责监督上市公司使用的会计流程。在《第二号审计准则》（Auditing Standard No.2）的“对财务报告内部控制的审计与财务报表审计同时进行”中，PCAOB 特别提到了 COSO。

在提供与《萨班斯—奥克斯利法案》相关的指导时，《第二号审计准则》指出，管理层必须按照适当的、公认的控制框架工作，对公司财务报告内部控制的有效性进行评估。

COSO 报告称为内部控制整合框架，为管理层的评估提供了一个合适的可用框架。因此，此标准中的绩效和报告是基于 COSO 框架的。

此外，COSO 原则也正进入世界各地的政府机构、私营公司、非营利组织和其他实体。利益相关者认识到，上市公司的良好做法往往也是他们的良好做法。

COSO 引入了对信息系统的控制概念。在内部控制整合框架中，COSO 指出，由于对信息系统的广泛依赖，需要对重要的系统进行控制。它将信息系统控制活动分为两大类：第一种是一般计算机控件，包括对 IT 管理、IT 基础结构、安全管理和软件购置、开发和维护的控制。这些控制适用于所有系统，从大型机到客户端服务器，再到桌面计算机环境。第二种是应用程序控制，其中包括应用程序软件内的计算机化的步骤来控制技术应用程序。必要时与其他手动过程控制相结合，确保信息的完整性、准确性和有效性。

10.2 信息及相关技术控制目标（COBIT）

COBIT，即信息及相关技术控制目标，于 1996 年 4 月首次公布。它是国际公认的 IT 治理和控制的首要框架。目前，已经更新至 COBIT2019 版。它在商业风险、控制需求和技术问题之间架起了一座桥梁，以满足管理的多方面需要。该标准体系已在世界上一百多个国家的重要组织与企业中应用，指导这些组织有效利用信息资源，有效管理与信息相关的风险。COBIT 是一个基于 IT 治理概念的、面向 IT 建设过程的 IT 治理实现指南和审计标准。

10.2.1 COBIT 概念

COBIT 将其主要控制目标划分为 4 个领域：规划和组织、获取和实施、交付和支持，以及监控和评估。每个操作都会显示出与该区域关联的关键 IT 控制活动。该框架突出了信息的 7 个特性：

- 有效性。
- 效率。
- 保密性。
- 诚信。
- 可用性。
- 合规。
- 可靠性。

COBIT 框架概述了 34 个高级控制目标和 215 个较低级别的控制活动。IT 资源定义为人员、应用程序、基础结构和信息。

该模型显示了所有 IT 活动如何支持管理目标的实现，而治理目标又支持业务目标。4 个领域的控制活动以循环方式协同工作，以生成一个管理良好的 IT 支持组织，根据组织的优先级和资源产生最佳结果。COBIT 框架如图 10.3 所示。

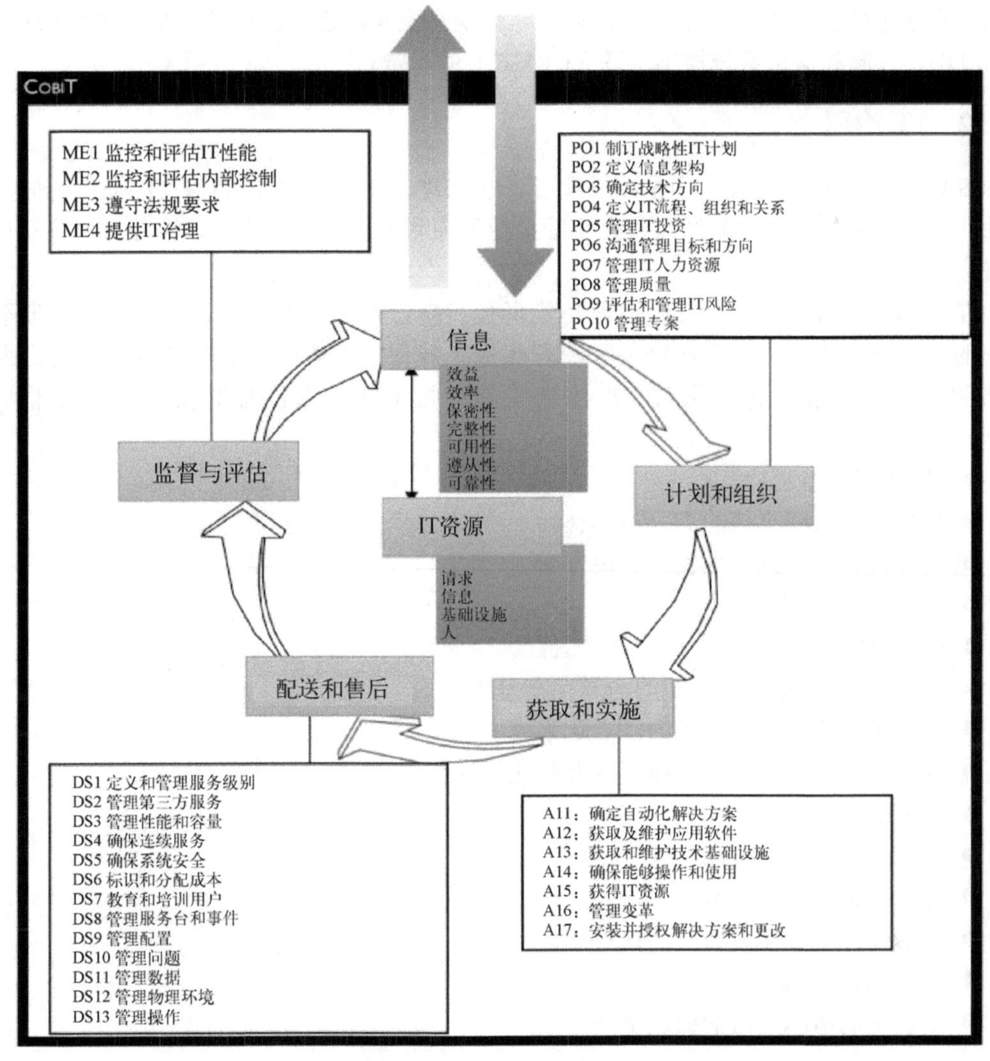

图 10.3　COBIT 框架

以下是 COBIT 提供的一些附加功能：

- COBIT 是 IT 控制的良好实践，是普遍适用且国际公认的标准。
- COBIT 独立于技术平台。
- COBIT 面向管理和业务流程所有者。
- COBIT 已成为 IT 治理的事实上的国际标准。

非营利性独立的 IT 治理研究院（ITGI）是隶属于国际信息系统审计协会（ISACA）的研究实体。ITGI 成立于 1998 年，旨在推进指导和控制企业 IT 的国际思维及标准。此外，ITGI 还提供原创研究和案例研究，以协助组织和董事会管理 IT 资源。

ISACA 是 IT 治理、控制、安全和保证领域公认的全球化组织，在世界 160 多个国家/地区拥有 86000 多名成员。ISACA 成立于 1969 年，赞助国际会议，出版信息系统控制杂志，并制定国际信息系统审计和控制标准。此外，ISACA 还负责管理全球关注的认证组织内系统审核员（CISA）的指定，以及认证信息安全经理（CISM）、企业 IT 治理认证（CGEIT）、风险和信息系统控制认证（CRISC）的指定。

10.2.2 IT 治理

ISACA 是 IT 治理理念的早期发起者，它创建了 ITGI，通过确保 IT 提供价值、衡量性能、正确定位资源并降低风险来协助企业领导者履行他们的责任，确保 IT 目标与业务目标保持一致。

ITGI 提供了以下定义：IT 治理是董事会和高管管理层的责任。它是企业治理不可或缺的一部分，由领导、组织结构和流程组成，确保组织的 IT 能够维持并扩展组织的战略和目标。目前，各组织对 IT 治理工具和技术的需求日益增长，这得益于以下因素：

- IT 环境日益复杂。
- 分散的或性能不佳的 IT 基础架构。
- 用户挫折感导致产生临时解决方案。
- 失控的 IT 成本。
- IT 经理以被动而非主动的方式运营。
- 业务经理和 IT 经理之间的沟通存在差距。
- 在业务战略中利用技术的压力越来越大。
- 需要遵守越来越多的法律、标准和法规。
- 熟练员工短缺。
- 缺乏应用程序所有权。
- 资源冲突/转移优先级。
- 组织灵活性和变更的灵活性受损。
- 担心风险暴露。
- 不稳定的组织、政治或经济环境。

10.2.3 IT 治理成熟度模型

ITGI 开发了 IT 内部控制的成熟度模型，为组织提供了一种实用且结构化的方法，用于衡量其流程在一致且易于理解的规模下的发展程度。成熟度模型是根据软件工程研究所（SEI）提出的软件开发成熟度模型而建立的。SEI 是一个由美国国防部赞助、由卡内基梅隆大学运营的研发中心。ITGI 将成熟度模型应用于 IT 流程和控制的管理，从而扩展了成熟度模型的基本概念。这些原则用于定义一组层级，使组织能够评估与 IT 控制和治理相关的位置。如图 10.4 所示，这些层级从左侧到右侧不断优化。通过使用这种量表，组织可以确定自己位于哪里，并定义它想要去的地方。如果组织确定了差距，则可以执行分析，将调查结果转化为项目。参考点可以添加到其中。如果数据可用，则可以与其他人员进行比较，并且组织可以确定新兴的国际标准和行业最佳做法在哪些方面为有效管理安全和控制。图 10.5 为 ITGI 内部控制成熟度模型的说明。

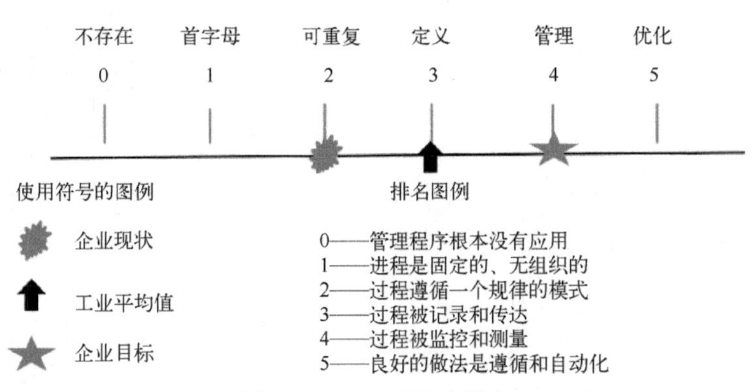

图 10.4 ITGI 成熟度量表

内部控制成熟度模型的说明

成熟度	网络内部控制环境法律	建立内部控制
0. 不存在	没有意识到内部控制的必要性，控制并不是组织的一部分，有很高的发生大量缺陷和事故的风险	无意评估内部控制的必要性，但事件一发生就会处理
1. 首字母	已经意识到内部控制的必要性，有专门对风险和控制要求的处理方法，但是方法混乱，员工没有意识到他们的责任，无法识别出没有通报或监测出的缺陷	没有意识到评估 IT 控制方面需要哪些措施，当执行的时候，只是在一个正当基础和高层次上对一个重大事件做出反应。评估只针对实际事件
2. 可重复	控制但不记录，操作取决于个人的知识和动机，所以没有充分评估可操作性，没有好的方式去控制薄弱环节，没有优先或者一致的管理行为去解决控制问题，员工可能意识不到自己的责任	只有在选定的过程需要评估控制需求以确定控制成熟度的当前水平、应达到的目标水平以及存在的差距时，才会进行控制需求评估，评估采用研讨会的方式
3. 定义	有文件证明内部控制措施已经到位，会定期评估操作效果，但是评估过程没有文件记录；尽管管理者能够预见地处理大多数控制问题，但仍存在一些影响严重的控制缺陷；员工意识到他们的责任是有效控制风险	关键 IT 流程是基于价值和风险驱动因素来确定的，有详细的分析，以确定控制需求和差距的根本原因，并寻找改进机会。除了简化的研讨会之外，还使用工具和进行访谈来支持分析，并确保 IT 过程所有者参与并驱动评估改善的过程
4. 管理	存在有效的内部控制和风险管理环境，有正式的评估记录，评估具有自动化和定期的特点，管理层会发现大多数控制问题，但并非所有问题都能例行识别，但对已确定的控制薄弱环节会采用较为有限的技术去处理	IT 流程关键度是在相关业务流程所有者的全面支持下定期定义的。控制需求的评估是基于策略和过程的实际成熟度，在经过包括关键干系人的全面和可度量的分析之后，明确评估责任，执行的改进策略由业务案例支持，持续监控实现预期结果方面的性能，偶尔组织外部控制审查
5. 优化	企业范围内的风险控制计划可以持续、有效地控制和解决风险，内部控制中心和风险管理与企业实践相结合，支持自动实时监测，并对控制监测、风险管理、合规执行承担全面责任。控制评估基于自我评估、差距及根本原因分析、员工积极参与控制改进	业务能力的变化考虑到 IT 过程的临界性，不需要重新评估过程控制能力。IT 过程所有者定期进行自我评估，以确认控制处于满足业务需求的正确成熟度级别，在考虑成熟度属性的基础上找到更有效的控制方法，并为关键过程寻求外部建议，进行独立评审，以确保控制达到期望的成熟度和按计划工作

图 10.5 ITGI 内部控制成熟度模型的说明

10.2.4 COBIT-COSO 连接

图 10.6 说明了 COBIT 如何通过为 IT 世界提供域、流程和控制活动来推广 COSO 概念，这些活动指导企业满足其认为适合自身环境的内部控制要求。

	重要性	COSO				
		控制环境	风险评估	控制活动	信息和沟通	监控
计划和组织						
定义战略性的信息系统规划	H		P		S	S
制定信息体系结构	L			P	P	
确定技术方向	M		S	P	S	
定义IT流程、组织和关系	L	P			S	S
管理IT投资	M		S	P		
沟通管理目标和方向	M	P			P	
管理IT人力资源	L	P			S	
质量管理	M	P		P	S	P
评估和管理IT风险	M		P			
项目管理	M	S	S	P		S
获取和实施						
自动化解决方案	M			P		
获取与维护应用软件	M			P		
获取和维护技术基础设施	L			P		
确保能够操作和使用	L			P	S	
获取IT资源	M			P		
管理变革	M		S	P		S
安全并授权解决方案和更改	M			P	S	S
配送和售后						
定义和管理服务级别	M	S		P	S	S
管理第三方服务	L	P	S	P		S
管理性能和容量	L			P		S
确保连续服务	M	S		P	S	
确保系统安全	H			P	S	S
确定和分配成本	L			P		
教育及培训用户	L	P			S	
管理服务台和事件	L	S			P	P
管理配置	M			P		
管理问题	M			P	S	S
管理数据	H			P		
管理物理环境	L		S	P		
管理操作	L			P	S	
监督与评估						
监测并评估IT性能	H				S	P
监测并评估内部控制	M					P
确保合规性	H			P	S	S
提供IT治理	H	P	S		S	P

解释：
H=高级
M=中级
L=低级
P=初级
S=次级

注意：COSO映射基于原COSO框架。该映射通常还适用于后来的COSO企业风险管理整合框架，该框架扩展了内部控制，提供了更强大、更广泛的关注范围，涉及更广泛的企业风险管理主题。尽管它不打算也不会替代原始的COSO内部控制框架，而是将内部控制框架并入其中，但COBIT的用户可以选择参考此企业风险管理框架，以满足他们的内部控制需求并走向更全面的风险管理流程。

图 10.6　COBIT-COSO 关系图

10.3 IT 基础架构库（ITIL）

ITIL 由英国政府在 20 世纪 80 年代中期开发，现已成为提供 IT 基础设施管理和服务交付的最佳实践的实际标准。ITIL 是英国政府商务办公室（OGC）的注册商标，该办公室拥有并开发 ITIL 的最佳实践框架。

ITIL 是通过企业对 IT 的日益依赖而发展起来的，并且得到了全球各种规模的组织越来越多的认可和采用。以前，对 IT 服务最佳实践的定义依赖于 IT 经理认为最佳的个人和主观判断。

与许多标准和框架不同，ITIL 的广泛采用已导致各种商业和非营利性产品供应商开发直接支持 ITIL 的产品。其主要基础设施服务管理产品已经改进，并围绕国际投资促进机构的方法进行组织，这反过来又促进了更广泛的接受。此外，ITIL 的增长还辅以 ITIL 专业咨询和经理认证的激增，这些认证可以提供对规划、配置和实施标准所需的专业知识的随时访问。

ITIL 为几乎适用于任何组织的基础设施和服务管理提供了一系列的实用参考和具体标准。服务支持功能可解决问题管理、事件管理、服务台管理、变更管理、发布管理和配置管理等问题。服务交付功能涉及容量管理、可用性管理、财务管理、连续性管理和服务级别管理。

10.4 ISO 27001

10.4.1 ISO 背景

国际标准化组织（ISO）自 1947 年成立以来，除了为各种业务和政府职能制定多项网络安全管理、软件开发和质量控制标准外，还为网络安全管理、软件开发和质量控制制定了多项标准。ISO 27001、ISO 17799 和 BS 7799 本质上是处理信息安全实践、信息安全管理和信息安全风险管理等不同方面的核心标准集。

BS 7799 的前身于 1993 年由英国贸易和工业部首次颁布为信息安全标准。信息安全标准由贸易和工业部发布两年后，正式成为英国标准 BS 7799。在最初发布之后，BS 7799 经历了 3 次不同的迭代，增加了信息安全管理标准和最新版本（2005），其中增加了信息安全风险管理指南。2000 年 12 月，BS 7799 转变为 ISO 标准 17799。国际标准社区更新了原来的英国标准，但 BS 7799 的核心基本上保持不变，尽管 BS 7799 本身已经停止。

ISO 27001 于 2005 年 10 月发布。此标准主要涉及 BS 7799-2 的主题，即信息安全系统的管理。制定此 ISO 标准是为了提供有效信息管理系统的指南。信息安全标准的基本原则之一是使用经济合作与发展组织（经合组织）关于信息和网络系统安全的原则。ISO 27001 是一系列信息安全管理和实践标准中的第一个。这一系列标准（27000）是为了“协调”其他公认的国际运营标准，即 ISO 9001（质量管理）和 ISO 14001（环境管理）。

尽管标准名称令人困惑，但采用和遵守标准可能同样具有挑战性。某些组织使用一个或多个标准版本作为实施框架，以指导内部信息安全实践、程序和控件的制定。某些标准的遵守情况可能由在当地（具体国家和地区）“认证机构”正式承认的合格评估员进行审计。全面采用这些标准并非易事，应进行大量的预先规划和分析。支持这些标准各个方面的咨询、培训和产品随处可见。尽管名称和范围不断变化，但这一系列标准已成为最受认可的和国际公认的信息安全实践、框架和准则集之一。

10.4.2 ISO 27001 概念

ISO 27001:2005 也称为信息安全管理业务守则，涉及信息安全学科中的 11 个主要领域。该标准概述了以下 11 个领域的 133 个安全控制：

- 安全策略。
- 组织信息安全。
- 资产管理。
- 人力资源安全。
- 物理和环境安全。
- 通信和运营管理。
- 访问控制。
- 信息系统的获取、开发和维护。
- 信息安全事件管理。
- 业务连续性管理。
- 合规。

10.5 美国国家安全局信息技术评估方法

INFOSEC 评估方法（INFOSEC Assessment Methodology，IAM）由美国国家安全局（NSA）制定，2002 年初纳入其 INFOSEC 培训和评级计划（IATRP）。虽然国家安全局在 2009 年就停止了对 IAM 的支持，但它仍然被广泛使用。

IAM 是一种信息安全评估方法，对评估活动进行基准分析。它将信息安全评估分为 3 个阶段：预评估、现场活动和评估后。每个阶段都包含确保信息安全评估一致性的强制性活动。然而必须指出，美国国家安全局的评分评估只包括文件审查、访谈和观察。在评估期间 IAM 不会进行测试。

1. 预评估阶段

预评估阶段的目的是定义客户要求、设定评估范围和确定评估边界、了解客户信息的关键性，并创建评估计划。IAM 同时衡量了组织信息关键性和系统信息关键性。组织信息由执行主要业务职能所需的信息组成。然后，通过分析支持主要业务功能的系统处理的信息来识别系统信息。

IAM 提供用于分析信息关键性的表格，为每个组织/业务职能和每个支持组织端口的系统创建一个表格。垂直方向由信息类型等组成，而水平方向包含机密性、完整性和可用性，为每个单元格分配信息关键性影响值。图 10.7 是人力资源组织信息关键性表格的示例。

信息类型	机密性	完整性	可用性
工资	H	H	M
福利	L	M	L
员工绩效评估	H	H	L

图 10.7 人力资源组织信息关键性表格的示例

2．现场活动阶段

现场活动阶段包括验证评估前阶段的结论、收集评估数据以及向客户利益相关者提供初步反馈。在 IAM 评估期间会对 18 个基准领域进行评估：

- 信息安全文档，如策略、程序和基准。
- 角色和责任。
- 应急规划。
- 配置管理。
- 识别和认证。
- 账户管理。
- 会话控件。
- 审计。
- 恶意代码保护。
- 系统维护。
- 系统保证。
- 网络/连接。
- 通信安全。
- 媒体控制。
- 信息分类和标签。
- 物理环境。
- 人员安全。
- 教育、培训和意识。

3．评估后阶段

收集评估信息后，将分析这些信息并将它们合并到评估后的最后阶段的报告中。最后阶段的报告包括执行摘要、对良好安全做法的确认以及关于组织总体信息安全态势的声明。

10.6 我国信息系统安全审计

10.6.1 背景

2016 年 12 月，国务院常务会议审议通过了《“十三五”国家信息化规划》，确定了重点工作、6 大主攻方向、10 大任务、16 项工程、12 项优先行动和 6 大政策措施，自此，信息安全被列为国家战略。

1．部分重点工作

1）要打破信息壁垒和“孤岛”，构建统一高效、互联互通、安全可靠的国家数据资源体系。

2）要加快高速宽带网络建设，打通入户“最后一公里”。

3）要构建网络和信息安全监测预警、应急处置等保障体系。

4）要开展 5G 关键技术研发和产业化、北斗系统建设应用、网络扶贫、普惠性在线教育等 12 项优先行动。

2．部署 10 大任务

1）构建现代信息技术和产业生态体系。

2）建设泛在先进的信息基础设施体系。

3）建立统一开放的大数据体系。

4）构筑融合创新的信息经济体系。

5）支持善治高效的国家治理体系构建。

6）形成普惠便捷的信息惠民体系。

7）打造网信军民深度融合发展体系。

8）拓展网信企业全球化发展服务体系。

9）完善网络空间治理体系。

10）健全网络安全保障体系。

10.6.2　信息系统审计的实施

1．一般原则

信息系统审计可作为独立的审计项目组织实施，或作为综合性内部审计项目的组成部分实施。信息系统审计划分为以下阶段：

1）审计计划阶段。

2）审计实施阶段。

3）审计报告。

4）后续工作阶段。

审计人员应采用以风险为导向的审计方法进行信息系统审计，风险评估应贯穿审计的计划、实施、报告与后续工作的各个阶段。

2．审计计划

内部审计人员在执行信息系统审计之前，需要确定审计目标并初步评估审计风险，估算完成信息系统审计或专项审计所需的资源，确定重点审计领域及审计活动的优先次序，明确审计组成员的职责，并以此制订信息系统审计计划。

信息系统审计作为综合性内部审计项目的一部分时，审计人员在审计计划阶段还应综合考虑相关内部审计的审计目标及要求。制订信息系统审计计划时，应结合其他相关内部审计具体准则中规定的因素。同时针对信息系统审计的特殊性，审计人员还应充分考虑以下因素：

1）高度依赖信息技术、信息系统的关键业务流程及相关的组织战略目标。

2）信息技术管理的组织架构。

3）信息系统框架和信息系统的长期发展规划及近期发展计划。

4）信息系统及其支持的业务流程的变更情况。

5）信息系统的复杂程度。

6）以前年度信息系统内/外部审计等相关的审计发现及后续审计情况。

3．信息技术风险评估

进行信息系统审计时，审计人员应当识别组织所面临的与信息技术相关的内/外部风险。

信息技术风险是指组织在信息处理和信息技术运用过程中产生的、可能影响组织目标实现的各种不确定因素。信息技术风险包括组织层面的信息技术风险、一般性控制层面的信息技术风险及业务流程层面的信息技术风险等。

审计人员在识别和评估组织层面、一般性控制层面的信息技术风险时需要关注以下几方面：

1）业务关注度，即组织的信息技术战略与组织整体发展战略规划的契合度，以及信息技术（包括硬件及软件环境）对业务和用户需求的支持度。

2）信息资产的重要性。

3）对信息技术的依赖程度。

4）对信息技术部门人员的依赖程度。

5）对外部信息技术服务的依赖程度。

6）信息系统及其运行环境的安全性、可靠性。

7）信息技术变化。

8）法律规范环境。

9）其他。

业务流程层面的信息技术风险受行业背景、业务流程的复杂程度、组织层面及一般性控制层面的控制有效性等因素的影响而存在差异。一般而言，审计人员应了解业务流程并关注以下几方面的信息技术风险：

1）数据输入。

2）数据处理。

3）数据输出。

4．审计内容

信息系统审计通常包括对组织层面信息技术控制的审计、信息技术一般性控制的审计及业务流程层面相关应用控制的审计。

组织层面信息技术控制的各个层面包括人工控制、自动控制及人工和自动相结合的控制形式。信息技术一般性控制是指与网络、操作系统、数据库、应用系统及其相关人员有关的信息技术政策和措施，可确保信息系统持续、稳定运行，支持应用控制的有效性。对信息技术一般性控制的审计应考虑以下控制活动：

1）信息安全管理。包括组织的信息安全管理政策，物理访问及针对网络、操作系统、数据库、应用系统的身份认证和逻辑访问管理机制，系统设置的职责分离控制等。

2）系统变更管理。包括组织的应用系统及相关系统基础架构的变更、参数设置变更的授权与审批，变更测试，变更移植到生产环境的流程控制等。

3）系统开发和采购管理。包括组织的应用系统及相关系统基础架构的开发和采购的授权审批，系统开发的方法论，开发环境、测试环境、生产环境严格分离，系统的测试、审核移植到生产环境等环节。

4）系统运行管理。包括组织的信息技术资产管理、系统容量管理、系统物理环境控制，系统和数据备份及恢复管理、问题管理和系统的日常运行管理等。

业务流程层面应用控制是指为了合理保证应用系统准确、完整、及时完成业务数据的生成、记录、处理、报告等功能而设计、执行的信息技术控制。对业务流程层面应用控制的审计，应考虑以下与数据输入、数据处理以及数据输出环节相关的控制活动：

1）授权与批准。

2）系统配置控制。

3）异常情况报告和差错报告。

4）接口/转换控制。

5）一致性核对。

6）职责分离。

7）系统访问权限。

8）系统计算。

9）其他。

5. 审计方法

审计人员在审计与信息技术相关的内部控制及流程中，可以单独或综合应用下列的审计方法来获取充分、适当的审计证据，以评估信息技术内部控制的设计有效性和执行有效性：

1）询问相关的控制人员。

2）观察特定控制的运用。

3）审阅文件和报告。

4）根据信息系统的特性进行穿行测试，追踪交易在信息系统中的处理过程。

5）验证系统控制和计算逻辑。

6）登录信息系统进行系统查询。

7）利用计算机辅助审计工具和技术。

8）在保证独立性、客观性及职业技能的质量控制前提下，利用其他专业机构的审计结果或组织对信息技术内部控制的自我评估结果。

9）其他。

信息系统审计人员可以根据需要，利用计算机辅助审计工具和技术进行数据的验证、关键系统控制/计算的逻辑验证、审计样本选取等；审计人员在充分考虑安全的前提下，可以利用可靠的信息安全侦测工具进行渗透性测试等。

审计人员在对信息技术内部控制进行评估时，应获得充分、可靠及相关的审计证据以支持审计结论完成审计目标，并应充分考虑系统自动控制效果的一致性及可靠性等特点，在选取审计样本时可根据情况适当减少样本量。在系统未发生变更的情况下，可考虑适当降低审计频率。

6. 审计报告和后续工作

在审计实施结束后，审计人员应以充分、可靠及相关的审计证据为依据形成审计结论与建议，出具审计报告，形成审计结果，追踪审计建议的落实并执行相应后续审计程序。

当信息系统审计作为综合性内部审计项目的一部分时，审计人员应及时与其他相关内部审计人员沟通信息系统内部审计的发现，并考虑依据审计结果调整其他相关审计的范围、时间及性质。

1）审核策划。

① 管理层授意。

② 建立内审程序。

③ 选取审核小组组长和成员。

2）审核准备。

① 制订审核计划。

② 准备检查序列。

③ 实施文件审核。

3）审核实施，进行现场审核。

10.7 本章小结

随着 IT 的成熟与发展，每个组织的 IT 部门通常都具有自己的操作管理方法。最终出现了框架和标准，为 IT 流程的管理和评估提供指导方针。本章在介绍内部控制的基础上，着重讲述一些当今与技术使用相关的最突出的框架和标准。

习题 10

1. 信息安全审计面临的挑战有哪些？请举例说明。

2. 在工作和生活中，你是否进行过信息技术评估？

3. 请简要概括信息安全审计流程。

4. 查阅资料，当前国内外信息安全审计的最新标准有哪些？你认为日后的框架和标准趋势是什么？

参 考 文 献

[1] 郑东，赵庆兰，张应辉．密码学综述[J]．西安邮电大学学报，2013(6):7-16.

[2] 寇晓蕤，王清贤．网络安全协议[M]．北京：高等教育出版社，2009.

[3] 蒋建春，马恒太，任党恩，等．网络安全入侵检测：研究综述[J]．软件学报，2000，11(11):1460-1466.

[4] 曹元大，薛静锋，祝烈煌，等．入侵检测技术[M]．北京：人民邮电出版社，2007.

[5] 朱建明，王秀利．信息安全导论[M]．北京：清华大学出版社，2015.

[6] 康海燕．网络隐私保护与信息安全[M]．北京：北京邮电大学出版社，2016.

[7] 阎慧．防火墙原理与技术[M]．北京：机械工业出版社，2004.

[8] 范光远，辛阳．防火墙审计方案的分析与设计[J]．信息网络安全，2012(3):87-90.

[9] 张宏科．路由器原理与技术[M]．北京：国防工业出版社，2005.

[10] 陈伟，李频．网络安全原理与实践[M]．北京：清华大学出版社，2014.

[11] 郝晓玲．信息系统开发[M]．北京：清华大学出版社，2012.

[12] 黎妹红，韩磊．身份认证技术[M]．北京：北京邮电大学出版社，2012.

[13] 冯登国，张阳，张玉清．信息安全风险评估综述[J]．通信学报，2004，25(7):10-18.

[14] 徐国爱，陈秀波，郭燕慧．信息安全管理[M]．2 版．北京：北京邮电大学出版社，2011.

[15] 陈忠文．信息安全标准与法律法规[M]．武汉：武汉大学出版社，2009.

[16] 中华人民共和国网络安全法[A/OL]．[2021-03-19]．http://www.npc.gov.cn/wxzl/gongbao/2017-02/20/content_2007531.htm

[17] 公安部，等．信息安全等级保护管理办法[EB/OL]．（2007-07-24）[2021-02-02]．http://www.gov.cn/gzdt/2007-07/24/content_694380.htm

[18] 姜红，亢保元，李春青．改进的保护身份的云共享数据完整性公开审计方案[J]．信息网络安全，2018(10):85-91.

[19] 李栋．基于扩展 FSM 的 Web 应用安全测试研究[J]．计算机应用与软件，2018，35(2):30-35,101.

[20] 刘星，牛艳芳，唐志豪．关于推进大数据审计工作的几点思考[J]．审计研究，2016(5):3-7.

[21] 冷继波．关于经济审计风险优化评估仿真研究[J]．计算机仿真，2017，34(4):216-219.

[22] 刘国城，王会金．基于 AHP 和熵权的信息系统审计风险评估研究与实证分析[J]．审计研究，2016(1):53-59.

[23] 任静，刘青雨．内部控制对社会责任信息披露的影响：基于媒体报道视角[J]．商业会计，2020(19):60-65.

[24] 王会金，刘国城．大数据时代政务云安全风险估计及其审计运行研究[J]．审计与经济研究，2018，33(5):1-11.

[25] 魏祥健．云平台架构下的协同审计模式研究[J]．审计研究，2014(6):29-35.

[26] 王笑，成林芳，翟亚红．信息安全风险评估服务资质认证发现[J]．信息安全研究，2018，4(10):946-953．

[27] 杨丽丽，王会金，刘国城．管理控制视角下云审计平台的建设与运行研究[J]．经济问题，2020(6):94-102．

[28] 周婷婷，李维安．信息环境波动与董事会风险功能：基于风险信息披露视角[J]．经济与管理研究，2016，37(5):105-112,144．

[29] DAVIS C，SCHILLER M，WHEELER K．IT Audit: Using Controls to Protect Information Assets[M]．2nd ed．New York：McGraw-Hill，2011．

[30] APPELT D，PANICHELLA A，BRIAND L．Automatically Repairing Web Application Firewalls Based on Successful SQL Injection Attacks[C]//IEEE.2017 IEEE 28th International Symposium on Software Reliability Engineering (ISSRE)．Piscataway:IEEE Press，2017．

[31] HASSAN M M，SULTANA S，AKTER M，et al．Broken Authentication and Session Management Vulnerability: A Case Study of Web Application[J]．International Journal of Simulation: Systems，Science & Technology，2018，19(2)．

[32] KHAMDAMOV R K，KERIMOV K F，IBRAHIMOV J O U．Method of Developing a Web-Application Firewall[J]．Journal of automation and information ences，2019，51(6):61-65．

[33] MA L，TAO L X，GAI K K，et al．A novel social network access control model using logical authorization language in cloud computing[J]．Concurrency and Computation: Practice and Experience，2017，29(14)．

[34] ZHAN X Y，MENG F L，LIU S M，et al．Comparing Performance Indicators for Assessing and Building Resilient Water Distribution Systems[J]．Journal of Water Resources Planning and Management，2020，146(12)．

[35] AGARWAL N，HUSSAIN S Z．A Closer Look at Intrusion Detection System for Web Applications[J]．Security & Communication Networks，2018:1-27．